安土一梦

室町末年与战国乱世

ANTU YIMENG

An Extensive Read on the History of Japan III

萧西之水 著

纵览日本史书系 ③

团结出版社

图书在版编目（ＣＩＰ）数据

安土一梦：室町末年与战国乱世 / 萧西之水著. --北京：团结出版社，2021.3
（纵览日本史书系；3）
ISBN 978-7-5126-8468-3

Ⅰ．①安… Ⅱ．①萧… Ⅲ．①日本－中世纪史 Ⅳ．① K313.3

中国版本图书馆CIP数据核字(2020)第229422号

出 版：	团结出版社
	（北京市东城区东皇城根南街84号 邮编：100006）
电 话：	（010）65228880　65244790　（出版社）
	（010）65238766　85113874　65133603（发行部）
	（010）65133603（邮购）
网 址：	http://www.tjpress.com
E-mail：	zb65244790@vip.163.com
	fx65133603@163.com（发行部邮购）
经 销：	全国新华书店
印 装：	三河市东方印刷有限公司

开 本：	165mm×235mm　　16开
印 张：	21.75
字 数：	228千字
版 次：	2021年3月　第1版
印 次：	2021年3月　第1次印刷

书 号：978-7-5126-8468-3
定 价：66.00元

（版权所属，盗版必究）

目录 contents

公历与日本历法对照问题　01
日本战国时代人名问题简述　02
创作初衷：把日本战国当成漫威宇宙　08

1. 室町体系

时人意识的根本转变（1428—1441）

（1）遗留问题：　12
　　　千疮百孔的室町幕府
（2）万人恐怖：　17
　　　六代将军足利义教的统治目标
（3）永享之乱：　22
　　　关东最早的混战
（4）嘉吉之变：　25
　　　六代将军足利义教遇刺与"管领政治"的建立

2. 东西联动
享德、应仁之乱（1454—1482）

（1）享德乱起： 32
　　镰仓公方家的复仇目的

（2）征伐迟缓： 37
　　将军插手与管领斯波家内乱

（3）同盟裂解： 41
　　细川、山名同盟的发展与终结

（4）御灵之战： 46
　　应仁之乱前夜

（5）大乱爆发： 48
　　应仁之乱的爆发与站队

（6）分崩离析： 53
　　应仁之乱的政治合作与"下克上"

（7）双双终结： 58
　　享德、应仁之乱的终结与影响

3. 细川内乱
幕府中枢崩溃与后遗症（1482—1507）

（1）金钩之阵： 64
　　九代将军足利义尚的去世与明应之变

（2）细川家变： 69
　　细川政元的继承人问题与遇刺

（3）出云1486： 72
　　尼子经久夺取月山富田城

（4）关东1486： 75
　　关东长享之乱与关东管领上杉显定之死

（5）伊豆1493： 78
　　伊势盛时的崛起与夺取伊豆国

（6）加贺1488： 80
　　政教合一势力本愿寺的崛起

（7）北九州1501： 84
　　大友家、大内家之战

4. 战场分断

战国大名此起彼伏（1493—1531）

（1）进军京都： 88
大内义兴介入细川家内乱与船冈山之战

（2）大乱之终： 92
大内义兴的离开与细川内乱终结

（3）相模1501： 95
伊势盛时夺取小田原城

（4）甲斐1515： 98
武田信虎的统一战争

（5）武藏1524： 101
北条氏攻克江户城与进军武藏

（6）安艺1525： 103
毛利元就的左右逢源

5. 天下大乱

决战背后的更新换代（1533—1551）

（1）北九州1534： 108
九州大名更新换代

（2）山城1536： 111
细川晴元挑动宗教战争

（3）下总1538： 114
第一次国府台之战

（4）美浓1541： 116
"蝮蛇"斋藤道三侵攻主君

（5）安艺1541： 119
大内家与尼子家的两场决战

（6）武藏1546： 123
攻灭关东传统势力的河越夜袭战

（7）信浓1548： 126
武田信玄攻略信浓与挫折

（8）越后1548： 129
"越后之龙"上杉谦信的崛起

（9）河内1549： 131
三好家内乱与三好长庆崛起

（10）三河1549： 135
小豆坂之战与人质故事

（11）安艺1551： 139
大内家内乱与毛利元就一统家族

6. 局部决战
战国大名的军事决战与政治连横（1554—1564）

（1）信浓 1554： 144
　　甲相骏三国同盟与三次川中岛之战

（2）安艺 1555： 149
　　严岛之战

（3）丰前 1559： 154
　　毛利家、大友家的门司城之战

（4）山城 1558： 157
　　三好长庆与十三代将军足利义辉的交战与和解

（5）关东 1560： 159
　　关越之战

（6）信浓 1561： 163
　　第四次川中岛之战

（7）关东 1564： 167
　　上杉谦信受困唐泽山城与第二次国府台之战

7. 风云突变
织田信长的崛起与近畿征服（1555—1571）

（1）织田家史： 170
　　尾张织田家的兴起与统一

（2）桶狭间山： 175
　　与小说不完全相同的桶狭间之战

（3）北上美浓： 179
　　织田、斋藤之战

（4）拥戴将军： 183
　　进京之战与十五代将军足利义昭的诞生

（5）包围网成： 189
　　织田信长深陷囹圄之元龟元年

（6）出云 1566： 194
　　夺取石见银山与尼子家灭亡

（7）备前 1567： 198
　　战国大名宇喜多直家的崛起

（8）伊予 1568： 201
　　毛利元就掌握伊予守护河野家

（9）越后 1568： 203
　　上杉谦信平定本庄城

（10）九州 1569： 206
　　立花山城之战与大内辉弘之乱

（11）近畿 1571： 208
　　火烧比叡山延历寺

8. 包围信长

武田信玄的最后一战（1568—1574）

（1）武田家变： 212
　　废除盟约与攻略今川家

（2）东下相模： 216
　　武田、北条之战与重新结盟

（3）决战三方： 219
　　拥有恐怖行动力的武田军团

（4）流放将军： 222
　　织田信长重夺近畿大权

（5）伊势1574： 225
　　织田信长屠杀长岛本愿寺僧徒

（6）上总1577： 226
　　安房里见家内乱与没落

9. 突破包围

织田信长破解包围网之路（1575—1582）

（1）长筱之战： 230
　　隐藏在军事斗争中的政治斗争

（2）平安乐土： 235
　　安土城建设与对峙上杉谦信

（3）如此内乱： 239
　　近畿国人的大规模叛变

（4）木津川口： 242
　　围攻石山本愿寺与木津川口海战

（5）武田末日： 246
　　围剿武田家

（6）敌在本能： 249
　　织田信长遇刺身亡与明智光秀的反叛原因

（7）越后1578： 255
　　御馆之乱与解决

（8）日向1578： 259
　　耳川之战与战国大名岛津家的蜂起

10. 袭取织田 — 羽柴秀吉走向『天下人』之路（1576—1584）

（1）初入西国： 264
西国军团长羽柴秀吉的初始努力

（2）濑户内海： 267
羽柴秀吉的海上谋略与水淹备中高松城

（3）中国回转： 271
本能寺之变结束后羽柴秀吉的动向及山崎之战

（4）清须会议： 275
围绕织田家后继问题的政治斗争

（5）攻灭柴田： 277
羽柴秀吉与柴田胜家的决战

（6）小牧战役： 282
羽柴秀吉与德川家康之战

（7）信浓 1582： 285
天正壬午之乱与战国大名真田家的崛起

11. 统一战争 — 丰臣政权体系的建立（1576—1590）

（1）太阁检地： 292
日本近世物流体系的构建

（2）四国讨伐： 296
羽柴秀吉平定杂贺众及四国岛

（3）就任关白： 297
丰臣秀吉为什么不想做征夷大将军？

（4）收服德川： 300
丰臣秀吉就任关白与德川家康臣从

（5）征讨九州： 303
丰臣秀吉大败萨摩岛津家

（6）沼田谈判： 307
围绕上野沼田领的恩恩怨怨

（7）小田原城： 310
1590 年灭亡北条家之战与政治博弈

（8）南陆奥 1586： 315
伊达政宗的军事失败与战略胜利

（9）南陆奥 1589： 319
伊达政宗的唯一胜绩与南下小田原

（10）中陆奥 1591： 321
"奥州仕置"与伊达政宗的政治危机

尾声：丰臣秀吉与日本战国为后世留下了什么？　　325
大事年表　　328
后记　　335

公历与日本历法对照问题

由于正文事件均发生于日本古代，大量史料均为旧历记法，故书中全部采用"日本年号（公历）"的记法，如"应仁元年（1467）"；由于文中公历对应于欧洲中世纪历法改革之前，故公历采用儒略历记法。公历年与旧历年之间在年底年初的具体日期上存在一些差异，正文中如涉及，会直接写全两套年月日体系，如一般虽然会写成"享德三年（1454）"，但具体日期会写成"享德三年十二月二十七日（1455 年 1 月 15 日）"。

有别于古代中国"明年改元"，日本自古至今均为"即日改元"，因而经常会出现一年两号现象，为行文格式统一，本文全部日本年号均采用当年的最后一个年号。如元龟四年与天正元年均可以对照于公元 1573 年，但仍以"天正元年（1573）"作为标记。日本年号相关的月日记法采用汉字、公历采用阿拉伯数字。正文中不再叙述。

日本战国时代人名问题简述

日本古代男性贵族武士的姓名构成规范十分复杂，一般由五个部分构成：

一是"氏"（uji），也称为"真姓"，象征着平安时代以前的出身姓氏，如源、平、藤原等，由于战国时代许多武士的先祖均为一般百姓，所以存在大量假托与冒用。

二是"姓"（kabane，亦作"可婆根"），是平安时代以前天皇赏赐的象征家格的姓氏，相当于荣典称号，如朝臣、宿祢等。

三是"苗字"（myōji），也称为"假姓"，最初是某"氏"迁居于某地后，为区别于其他同族人而产生的分支标记，久而久之成为分支姓氏，一般以所在地区为主，大家熟悉的足利、德川、武田、上杉均是这一类分支姓氏，四者均可以看作源氏的分支。正文中在叙述政治势力时，一般标记为"苗字+家"，如武田家、织田家等，但涉及"氏"概念的"源"、"平"、"藤原"、"丰臣"等，则均称为"源氏"、"丰臣氏"等。

四是"讳"（inami），也称为"真名"，即武士的本名，是正式场合使用的书面名字，绝大多数为两字构成，如"家康"、

"信长"，一般来说其中一字为"通字"（代代相传之字，标记同一苗字内的不同家系）。虽然包括大河剧中经常会以"家康公"、"信长样"来称呼，但在历史上这种称呼极为罕见，亦即对第三方提到这个人的时候才会这么说，下位武士在见到上位武士的时候不可以直呼其名（哪怕是加上"公"这种后缀）。

五是"通称"（tsūsyō），也称为"假名"，由于贵族在生活场合不直呼名讳，一般会有一个相对公用而稳定的"通称"，青少年时期一般为"×（之）郎、助、介、丞、进、左卫门、右卫门、左兵卫、右兵卫"等，比如德川家康为"次郎三郎"；成年以后一般称所获官位，如德川家康是"三河守"、织田信长是"上总介"、武田信玄是"大膳大夫"等。对于这一点描述较好的大河剧是2016年《真田丸》，其余战国大河剧都为了迎合现代观众需要而出现大量不符合时人称呼的调整。

日本武士在正式文书中会把上述名称连用，如武田信玄是"源朝臣武田大膳大夫晴信"，织田信长是"平朝臣织田上总介三郎信长"，等等。但由于这种称呼太长，俗称一般是"真名＋真姓"或者是"假名＋假姓"的组合，如织田信长要么是"平信长"（与《明史》中记载相同）、要么是"织田上总介"，或者把"假名＋假姓＋真名"组合为"织田上总介信长"，现代人熟悉的"织田信长"这类名称在战国原文中较为罕见（一般出现在诅咒文中）。但为阅读方便，本书中依然采取"织田信长"这类符合现代姓名规范的姓名。

一个例外是"戒名"（kaimyō），即武士在出家以后的法号。在中国与印度佛教中，出家以后应舍弃俗务，那么俗姓俗名也应舍弃，日本平安时代前后也大体如此，但到了战国时代，出家愈发成为一种拉拢佛教势力的方式，而不单纯是一种信仰，所以许多人在出家以后依然保留苗字，形成诸如"武田信玄"、"上杉谦信"等名称。

由于姓名组合较多，日本战国武将更改名称乃至苗字的现象非常普遍，造成同一人物出现大量不一样的姓名记载，给初涉日本战国史的读者提升不少门槛。为方便读者阅读，本书中每位战国武将一般只采取其最终名字，如"武田信玄"初名"武田晴信"，但正文中统一为"武田信玄"；但对于生前与死后名称不一样的，一般遵照生前原名，如北条早云在世时称"伊势盛时"。但在叙事中，一部分人物由于更换苗字后会造成歧义，或者更换名字本身有着非常重要的政治含义，会直接影响叙事，所以在正文中仍会保留一部分初名，需要注意的人物如下所示：

（1）足利义教：将军足利家出身，本在青莲院出家，戒名"义圆"。还俗后，应永三十五年（1428）三月十二日改名讳为"义宣"，正长二年（1428）三月十五日改为"义教"。正文统一为"足利义教"。

（2）足利义政：将军足利家出身，初名"义成"，享德二年（1453）三月二十六日改名"义政"。正文统一为"足利义政"。

（3）足利义稙：将军足利家出身，初名"义材"，明应七年（1498）九月改为"义尹"，永正十年（1513）三月改为"义稙"。正文统一为"足利义稙"。

（4）足利义辉：将军足利家出身，初名"义藤"，天文二十三年（1554）二月改为"义辉"。正文统一为"足利义辉"。

（5）足利义昭：将军足利家出身，本在奈良兴福寺出家，戒名"觉庆"。还俗后，永禄九年（1566）二月改名讳为"义秋"，永禄十一年（1568）四月改为"义昭"。正文统一为"足利义昭"。

（6）武田信玄：甲斐武田家出身，天文五年（1536）获名"晴信"，永禄二年（1559）出家，戒名"德荣轩信玄"。正文统一为"武田信玄"。

（7）三好长庆：阿波三好家出身，初名"利长"，天文十年

（1541）九月改为"范长"，天文十七年（1548）十月更名"长庆"。正文统一为"三好长庆"。

（8）大友义鉴：丰后守护大友家出身，初名"亲安"，曾用名"亲敦"（改名时间不详），大永四年（1524）三月九日改名"义鉴"。正文统一为"大友义鉴"。

（9）大友宗麟：丰后守护大友家出身，初名"义镇"。正文统一为"大友宗麟"。

（10）户次道雪：丰后国人户次家出身，初名"亲守"、曾用名"亲廉"、"鉴连"（改名时间不详），永禄五年（1562）跟随主君一起出家，戒名"麟伯轩道雪"；元龟二年（1571）奉命接受立花山城，并改为"立花"苗字。一般在大河剧与游戏中被称为"立花道雪"，为了不与立花山城原本敌对的领主立花鉴载家系相混淆，正文统一为"户次道雪"。

（11）武田胜赖：通称"四郎"，最初过继给信浓诹访家，公文记载有"诹访四郎胜赖"、"伊奈四郎胜赖"（武田胜赖是伊那谷高远城主）、"武田四郎胜赖"等多种记载，在武田信玄晚年回归武田本家。正文统一为"武田胜赖"。

（12）上杉谦信：初名"景虎"，越后长尾家出身；永禄四年（1561）闰三月十六日，接受"上杉"苗字与关东管领的通字"政"，更名为上杉政虎；十一月，改名"辉虎"；元龟元年（1570）出家，戒名"不识庵谦信"。由于上杉谦信继承关东管领上杉家是具有转折意义的历史事件，所以在永禄四年（1561）关越之战结束前称"长尾景虎"，后称"上杉谦信"。需要注意，上杉谦信日后收取的北条氏出身养子虽然名为"上杉景虎"，但不可与"长尾景虎"（上杉谦信）本人混为一谈。

（13）黑田官兵卫：出身于姬路城代黑田家，初奉城主小寺家为主君，因而少年时期称为"小寺万吉"（幼名），成年后曾用名"祐隆"、"孝隆",改名时间不明;天正八年(1580)小寺家灭亡后,跟随羽柴秀吉,改回"黑田"苗字,名讳改为"孝高";文禄二年(1593)八月因朝鲜战事失利而出家剃发,戒名"如水轩圆清",一般简称"如水"。正文统一为"黑田官兵卫"。

(14)丰臣秀吉:秀吉的姓名问题较为复杂。初名"木下藤吉郎秀吉",可推测苗字为"木下"、通称"藤吉郎"、本名"秀吉"。苗字改为"羽柴"时间不甚明确,一般认为在天正初年(1573—1580),通称也因获得官位而改为"筑前守",由于秀吉一直是织田家家臣,这一时期的正式称呼仿照主君的"氏"而称"平秀吉"。天正十三年(1585)七月十一日就任关白前夕,秀吉以公卿近卫前久为养父,因而改为以"近卫"苗字的"氏"藤原,书信中直接自称"藤原秀吉";天正十四年(1586)正式获得天皇赐"氏""丰臣"与"姓""朝臣",正式称呼改为"丰臣朝臣羽柴太政大臣秀吉",换言之秀吉的"羽柴"苗字事实上一直存续。甚至于到秀吉去世以后,一部分原属于秀吉的战国大名依旧在书信中自称"羽柴××"。为行文方便,就任关白前统一为"羽柴秀吉",就任关白后为"丰臣秀吉",正文中不再解释。弟弟秀长、养子秀次、两位名为"秀胜"的养子从例,但曾作为秀吉养子的"秀家"(即"宇喜多秀家")、"秀康"(即"结城秀康")、"秀秋"(即"小早川秀秋")不从例。

(15)德川家康:幼名"竹千代",三河松平氏出身。天文二十四年(1555)三月在今川家元服,获得"今川义元"赐字而称为"松平次郎三郎元信",获得官位后改名"松平藏人佐元康",永禄六年(1563)正式与今川家决裂后改名讳为"家康";永禄九年(1566)获得朝廷允许,改为从属于藤原氏的"德川"苗字,以获得"三河守"官位,因而这一时期的正式称呼为"藤原家康";至关原之战(1600)结束后,为获得征夷大将军的就任资格,特地将源氏吉良家家谱予以篡改,进而成为"源家康"。正文中,在讲述幼年人质经历时使用"松平竹千代",在今川义元去世以前短暂使用"松平元康",桶狭间之战后一律称为"德川家康"。

(16)蒲生氏乡:出身近江国人蒲生家,初名"赋秀",天正十三年(1585)改名"氏乡"。正文统一为"蒲生氏乡"。

创作初衷：把日本战国当成漫威宇宙

远离日本战国史而浸淫日本近代史多年，这次又重新提笔修订旧书《最懂！日本战国》，笔者深感一个重要问题：写好一本日本战国时代的通俗读物，比写一本日本近代历史的通俗读物要难得多。

毕竟，无论近代历史的史料如何繁多、如何难懂，起码有一条或两条彼此交会相关的主线。比如 2015 年以日俄战争为写作对象的《第〇次世界大战》，其突破口非常单一，日俄双方的政界、军界人物基本都是单线程，很容易撰写；2020 年以明治维新为写作对象的《明治国家建造史》更是重点足够突出，不需要针对某一年的具体事情反复撰写。但反观日本战国史，接近 150 年的历史中，除去初期的室町幕府崩溃与最后的织田—丰臣—德川这条主线，其余各大重点人物之间很难找到什么直接联系。比如相模北条氏与安艺毛利家，作为东西日本最大的两个家族，两者之间却几乎没有来往，这就给写作者造成非常大的压力。

写少了，总会有游戏粉、大河剧粉、小说粉觉得不够；但写多了，又对出版造成非常大的压力。

一般来说，写一段通史的范例历来有三个大的套路：以年代为标志的编年体，以人物、家族为标志的纪传体，以事件为中心的纪事本末体。我的出道作《谁说日本没有战国》用了第一种，《日本战国武将录》用了第二种，《最懂！日本战国》用了第三种。虽然写作能力有所欠缺，史料考证也不一定多么详细，但起码是照猫画虎出了三本书。如今再写日本战国史，实在是无法再开发出什么想象力了。

好在这些年，看了不少漫威出品的超级英雄电影，热衷于其中的剧情以及人物联系，现在也开始写自己的小说。于是便也诞生了一个有趣的想法：日本战国史成百上千位人物，诸多地点位置与历史背景，丰富的人物关系与价值体系，这本来就是一个类似于"漫威宇宙"一样的"日本战国宇宙"啊！

事实上论起"××宇宙"，日本大河剧就开始很多独立平行的"战国宇宙"，每一部剧本虽然都依托于战国历史，但对于人物性格与人物关系的刻画却迥然不同。比如对于丰臣秀吉的人物塑造，1996年《秀吉》着重描绘他"英主"的一面，2002年《利家与松》则看重他擅长权谋的一面，2011年《江——公主们的战国》把他塑造成一个丑角，2014年《军师官兵卫》强调丰臣政权下的政治恐怖气氛，2016年《真田丸》却又把他晚年的很多暴虐之举归结为误会。截至完稿时，2020年大河剧《麒麟来了》仍在热播中，而晚年丰臣秀吉究竟是如何形象也未可知。虽然这些创作方法从历史学角度或许都不值一驳，但从戏剧构建角度却非常成功，每个秀吉似乎都是生活在不同的平行世界中。

那么本书到底要怎么塑造"战国宇宙"呢？

虽然日本战国史这十年以来有了很多爱好者，但归根结底，更广大的读者群还是对这段历史提不起什么兴趣。说到原因，最重要的是缺乏代入感。毕竟，一段发生于几百年前的日本历史一来没有什么明确的借鉴意义，二来日本人独特的姓名方式让大家很容易把很多人记混（笔者有时候也分不清楚），三来一大堆看起来乱七八糟的地名让人完全不知所云。当一个对战国史全然不懂的人看到"1467年细川胜元与山名宗全爆发应仁之乱"这种描述后，光要理解人物关系、地理背景、时代背景就要费很大功夫，哪还能有多少精力来深入探讨历史的"剧情"本身呢？

本次撰写日本战国史，重点并不在"哪年哪月、谁干了什么事"这些考证考据工作（老实说，这本来也不是作家而是史家的工作），更多是要塑造一种时代背景，帮助大家了解时人的世界观与价值观，以最快速度带领大家进入"战国宇宙"。这就像是漫威漫画与电影的制作模式一样，在一次大规模的"复仇者联盟"大事件结束以后，每个英雄还会有他们自己的生活线条，还会在自己的"个人电影"里与其他英雄互动。当然，也会有一些英雄可能完全无法融入主线剧情，永远只能做个"番外篇"或小型"剧场版"。

那么，咱们的电影即将开始，请大家带好3D眼镜，一起进入纷繁复杂却又趣味横生的"日本战国宇宙"中！

1. 室町体系

时人意识的根本转变（1428—1441）

日本历史上一共三个幕府,第一个是镰仓幕府(1192—1333),第三个是江户幕府(1603—1867),中间的那个,就是室町幕府(1336—1573),而室町幕府后半期到江户幕府建立前期,就是所谓日本战国时代。

关于战国时代的上限与下限有很多争论,传统上认为起点在1467年爆发的"应仁之乱",但也有人认为应该以更早的嘉吉之变(1441)或更晚的明应之变(1493)作为起点;终点的争论则更多,比如织田信长第一次攻克京都(1568)、流放将军(1573)、丰臣秀吉统一日本(1590)、关原之战(1600)、大阪城夏之阵(1615)都有很多人支持,大家也是各有各的想法。

那么究竟哪个有道理呢?想理解这个问题,其实还是要知道一个基础理念:室町幕府是一个什么样的政府形态?如何统治整个日本?日本时人又是怎么理解这个幕府呢?

(1)遗留问题:千疮百孔的室町幕府

首先要理解,室町幕府的建立时期与日本的南北朝时期挂在一起(1336—1392),而且室町幕府是北朝的幕府,不是南朝的幕府。

事实上,第一任南朝天皇后醍醐天皇正是希望能够由自己亲

日本第二个幕府政权室町幕府创始人足利尊氏

政,才鼓动全国"尊皇"人士推翻日本第一个幕府镰仓幕府;但推翻幕府后,"尊皇"人士里实力最强的足利尊氏却又想开启第二个幕府政权,最终天皇带着象征皇位传递的"三种神器"(剑、镜、玉)跑出京都"另立朝廷"。

虽然是"一国两帝",但由于足利尊氏开创的室町幕府掌握着全日本绝大部分领地,后醍醐天皇只占据奈良县吉野山与九州岛北部一些弹丸之地,日本南北朝的实力对比非常悬殊,没过十几年,整个南朝连个能打的武将都没了。

那为什么南北朝时代还能延续56年呢?因为北朝的内斗实在太多。

室町幕府建立以后,先是足利尊氏与弟弟足利直义、儿子足利直冬出现对立,然后是幕府官僚位格最高的"三管领"细川清氏、斯波高经先后挨整。纵观室町幕府前50年历史,对付南朝的时间不是很多,北朝主要精力都用在内耗。为获取大义名分或寻求庇护,几乎每一个挨过整的武将都会投奔南朝,这就让北朝贵族愿意保存这么一个"法外之地",以免未来自己失势挨整的时候无处可去。直到南朝财政实在无法自给自足,才最终与北朝和解并送还"三种神器"。

日本武士不是以"服从主君"为天职吗?为什么会如此反反复复呢?

事实上,现代人理解的"武士道"是1899年哲学家新渡户稻造在日本古书基础上,提炼与西方骑士精神相近的部分总结而成,本质上是明治维新时期日本人为了争取西方人认同的一种理论工具,与历史上的武士价值观并没有直接关系。从实际历史来看,由于日本没有长期大规模的外族入侵危险,武士在诞生时期兼具"警察"、"军队"双重属性,甚至"警察"属性还要更强一些,所以同辈武士之间基本都是相对平等的关系。需要站队时,武士选择阵营并不是基于一种"忠诚"的义务,更多是基于"志同道合"的向往,所以在室町时代乃至后来的战国时代,武士改换门庭都不是什么新鲜事,甚至一家分为多个分支也十分常见。正如战国武将藤堂高虎所言"武士一生不换七次主君便非好武士",改换门庭、服从强者不但不是"叛逆"的象征,反而是"胸怀大志"、"良禽择木而栖"的表现。

应该说,日本第一个幕府镰仓幕府几乎是完全建立在武士"平等"的价值观体系上,幕府将军本质上是所有武士的"共主",而在将军麾下所有"御家人"(服从于幕府的武士)都是平等的。但由于镰仓幕府后期遭遇到元朝军队进攻("蒙古袭来",1274—1281),日本被迫在九州岛北部把平日充当"警察"的武士阶层重组为具有森严上下级体系的军队,以抵抗规模庞大的元军进攻。足利尊氏在1335年一度被后醍醐天皇的支持者击败,后迅速前往北九州,率领着这批以"主从制"构建起的虎狼之师杀回京都,正式成立室町幕府。

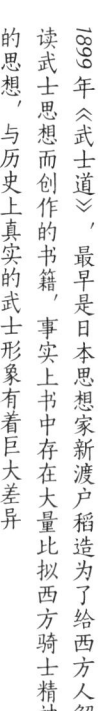

1899年《武士道》，最早是日本思想家新渡户稻造为了给西方人解读武士思想而创作的书籍，事实上书中存在大量比拟西方骑士精神的思想，与历史上真实的武士形象有着巨大差异

"主从制"替代"平等制"，这固然帮助日本抵抗住"元寇"，帮助足利尊氏建立的新幕府，却也带来一个严重问题：为什么你是"主"，我却是"从"？

争"主"念头一起，便再也无法消灭。这种诞生于"蒙古袭来"的"主从制"意识与日本武士传统的"平等制"观念互相对抗，成为室町幕府建立的两大基础理念。因而室町幕府体现出一种过渡时期的混乱状态：双方名义上具有"主从制"关系，但实际上，所谓"下级"的实际权力并不一定比"上级"要少，这也是战国时代"下克上"的根本原因。

最典型的便是"幕府将军"与"镰仓公方"的关系。"镰仓公方"是幕府初期设立于镰仓的机构，以镰仓幕府的首府也是如今旅游胜地镰仓为主城，管辖日本关东地区与东北地区的事务。从理论上说，镰仓公方是幕府将军的下级，各方面都必须遵守幕府的规定，但从实际权力来看，镰仓公方拥有与幕府相仿的独立官僚机构，关东与东北地区的各地守护大名也直接听命于镰仓公方，俨然是一个"国中国"。

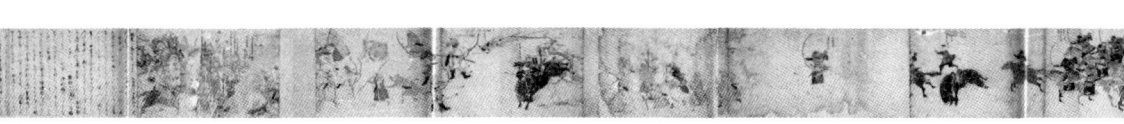

13世纪末期的"蒙古来袭"深刻改变了日本武士间的关系

自镰仓公方成立以来，二代公方足利氏满、三代公方足利满兼都曾经反对过幕府，可以看出镰仓公方一直觊觎将军的位置，这也为后来的动乱埋下伏笔。为了增强自身的控制力，三代公方足利满兼曾派出自己的两个弟弟前往日本东北部（1399），各自以关东进入东北的必经之地筱川、稻村设立"筱川公方""稻村公方"。然而有趣的是，不久后稻村公方遭到取缔，筱川公方倒戈支持京都幕府将军。这种丰富的政治图谱也让整个战国时代异常繁琐，很有可能一个率领着两三百武士的首领也会成为某场战役的关键性人物。

同样相似的便是各地"守护大名"与"守护代"的关系。室町幕府在日本各大分国（相当于中国省级单位）设置"守护大名"作为最高官职，但同时也要求各地守护大名常驻于京都或镰仓，封地由世代跟随的守护代家族管辖，久而久之守护代的实际权力就愈发增强,最终到达足以颠覆守护统治的地步。战国时代过去后,仍然在原守护分国逗留的守护大名家只有岛津家(萨摩、大隅)、宗家(对马)、伊达家(陆奥)三个位于日本边陲的家族,而战国名将尼子经久、长尾景虎(上杉谦信)、织田信长等人全部出身于守护代家族,可见守护代对守护的颠覆程度之高。

从某种意义上说,正是因为战国武士具有如此可怕的破坏力与不确定性,到了江户幕府时代,日本官方才会从中国朱子学借来名分论,要求武士阶层对主君绝对忠诚,甚至在近代进一步发展出"尊皇"的政治正确。现代人理解的"武士道"并不是对武士的基本要求,而是日本统治者对于理想武士形态的画像,是一种高级追求。

历史爱好者熟悉的人物关系要么是中国式的森严等级关系,要么是欧洲式的"我的附庸的附庸不是我的附庸",然而日本战国时代却并不属于二者的任何一方,而是在"平等制"向"主从制"转化过程中的一个中间形态。战国时代一般出现的状况,是各大地方领主都在想方设法强化"主从制"关系,而各领主的家臣、各地散落的"国人"(下级武士)、"地侍"(由高级农民转职的武士)阶层却都各怀鬼胎,游走于"忠诚"与"良禽择木而栖"之间的灰色地带。有时候主君获得成功,那么整个领国"一元化"就会得以完成,高度集中的组织性与铁一般的军事纪律会大幅提升军队的战斗力;但如果是家臣获得成功,那么主君的末日也就来了。

第一个受到冲击的,便是室町幕府第六代将军足利义教。

(2)万人恐怖:六代将军足利义教的统治目标

"万人恐怖,莫言莫言。"对于六代将军足利义教的统治,当时身居京都的皇族、伏见宫贞成亲王在日记里留下这样的记录,

"万人恐怖"之六代将军足利义教

"万人恐怖"四个字也成为足利义教时代的象征性话语。

从实际来看,足利义教一系列让人"恐怖"的动作却都有明确目标,毕竟从一开始,他获得将军之位就是一个"异例"。

应永三十二年(1425)二月,不满19岁的五代将军足利义量去世,由于他没有儿子也没有兄弟,室町幕府第一次出现将军直系血统断绝的现象。为了维护幕府统治稳定,他本已退休的父亲、四代将军足利义持又一次以大御所(退休将军)身份重新执政。

围绕将军继承权问题,很快便有人很感兴趣。当年十一月三十日,四代镰仓公方足利持氏向幕府递上文书,表示愿意继承幕府将军。不过四代将军足利义持并没有理会,据说他曾经做过生男孩的梦,并坚信自己还会继续生下男孩,所以继承人问题就一直拖着,拖到应永三十五年(1428)一月他本人去世。

继承人危机让幕府内部乱作一团。很快,幕府官僚家格最高的畠山、细川、斯波三大家族出面商讨对策，由于四代将军足利义持的血统断绝，他们只能把足利义持正在出家的4个弟弟的名字做成阄，并由管领畠山满家亲自在京都的武家圣地——石清水八幡宫殿前抽签，最终选定"青莲院殿"，即足利义教为新任将军。

这次结果让有志于将军之位的四代镰仓公方足利持氏大怒不已，正长元年（1428）五月，镰仓公方整军备战，准备直接进攻京都。幸好关东管领上杉家急忙在中调停，甚至编造谎言称有反叛势力即将进攻镰仓城，才将差点发生的战争阻止住。很明显，足利义教的即位基础并不牢固，一旦镰仓公方真的带兵来打，那自己的地位真的很难保住。

十月二十五日，将军足利义教对筱川公方与东北地区南部的十家国人发布命令，要求东北地区的大小事宜均听从筱川公方调遣。正长二年（1429）二月十二日，筱川公方与国人回信到达京都，所有人一致表示听从幕府命令。

将军足利义教自然是在筹划未来事项：如果未来与镰仓公方开战，筱川公方将是自己最好的帮手。但筱川公方也明显心怀鬼胎，他在八月三十日申请日后"统辖关东事务"，明显是在暗示希望接任镰仓公方的职位。针对这一要求，京都幕府展开激烈辩论，管领畠山、斯波两氏均未表示支持，然而另一大家族细川家却认为可以一谈。

得知幕府有意替换镰仓公方，关东管领上杉宪政在永享三年（1431）三月派遣使者当面向足利义教谢罪。但足利义教没有会见镰仓的使者，而是授意重臣对镰仓公方施压，要求他们誓言永不反叛。直到镰仓公方的使者签下这项协议，将军足利义教才在七月十九日姗姗来迟地接受镰仓公方使者的致歉。

1.｜室町体系　20

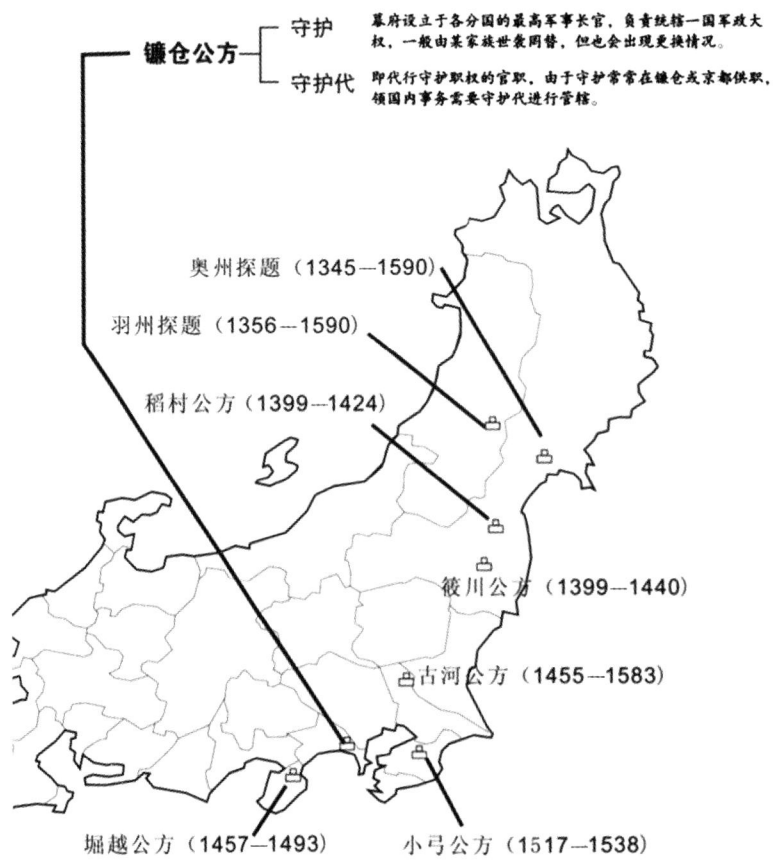

日本战国时期关东、东北地方政权一览

很明显，六代将军足利义教的初始统治目的，就是要保住自己的地位。毕竟他是室町幕府第一位世系有变化的将军，所以对于任何有可能妨碍自己权力的举动，足利义教都非常敏感。永享三年（1431）七月，足利义教废黜正室日野宗子，要知道足利将军家世代与日野家通婚，日野家本身又是公卿贵族，因此这种通婚一直是足利家与公卿之间交往的途径，足利义教在接任后不到三年就断绝这份关系，足见他意图摒弃"外戚"的决心；随后八月，幕府政所（政务部门）送来一份批评足利义教的文书，甚至认为他"年内失天下"，足利义教召开重臣会议，强迫政所执事（政务负责人）伊势贞经退隐，让其弟弟伊势贞国接任。

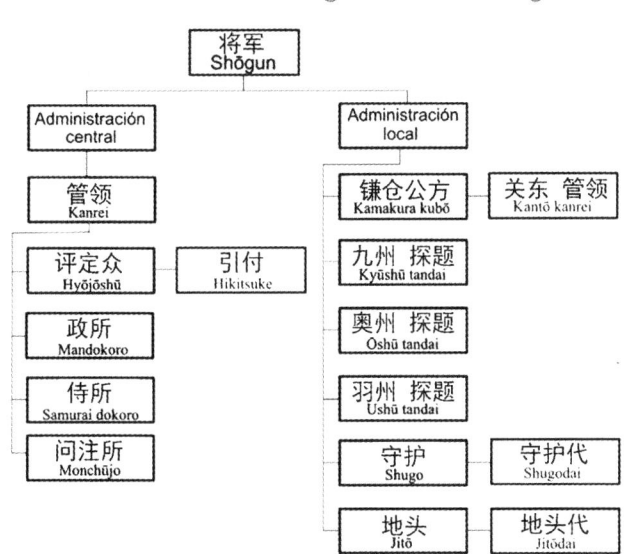

室町幕府主要官僚体系

摒除反对者后，足利义教依旧把目光投向东方。永享四年（1432）九月，足利义教来到骏河国，名为游览名胜富士山，暗地里却是在调停骏河国守护今川家的继承问题。骏河国守护今川范政不喜欢长子今川范忠，希望将幼子千代秋丸立为家督。但由于千代秋丸的母亲出身于关东管领上杉家，上杉家又是镰仓公方的臣从，足利义教便不希望骏河国这座进入关东地区的门槛与镰仓公方有什么瓜葛。最终今川家继承问题得到妥善解决。

游览富士山的举动让镰仓公方非常愤怒，永享六年（1434）八月，四代镰仓公方足利持氏也作出反击：联合京都东部的佛教圣地、比叡山延历寺僧徒设坛诅咒将军。于是九月十二日，室町幕府出兵封锁比叡山东部的琵琶湖水路，断绝延历寺与外界的联系，随后十一月十九日出兵包围比叡山。永享七年（1435）二月，延历寺派遣山门使节①前来求和，却遭到足利义教斩首，无奈之下，二月五日，延历寺僧徒放火烧毁主殿根本中堂，24名前来抗议的僧徒自焚而死。那句著名的"万人恐怖"也正是出自这一时期。

足利义教本人从小就在天台宗的青莲院修行，甚至在就任将军之前获得"天台座主"的称号，但由于延历寺认为足利义教理应包庇自己、做事非常出格，惹得足利义教非常生气，双方矛盾就此结下。但足利义教对比叡山依然存有感情，永享七年（1435）八月，足利义教重新任命山门使节，给予资金让延历寺重建根本中堂，等于是重新收编了这个难缠的政治势力。

（3）永享之乱：关东最早的混战

眼见延历寺遭到"查抄"，不愿再忍的四代镰仓公方足利持氏终于表现出反意：永享十年（1438）六月，足利持氏为长子召开成人礼（元服），为其命名为足利义久。

---

① 山门使节：康历元年（1379），三代将军足利义满从比叡山延历寺中选取了5位僧众，负责延历寺的保护以及幕府、延历寺之间的交涉工作。

室町幕府镰仓公方府旧址

一般而言，镰仓公方嫡长子继任时，都需要向幕府申请使节，然后从当时的幕府将军名字中取一字放入嫡长子的名字中。如二代公方足利氏满、三代公方足利满兼的"满"取自三代将军足利义满，足利持氏的"持"取自足利义持。这种形式的正规名称为偏讳授予，也可称一字拜领，是日本古代表示从属关系的重要风俗。除此之外，日本还有所谓"通字"，用以表示家族中不同的派系：在足利家内部，将军家的通字为"义"，镰仓公方的通字为"氏"，"义"的通字表示足利家是武家先祖源义家的直系后代、有权继承将军职位，镰仓公方的继承人擅自使用这个字就是公然表达对幕府的对抗情绪。

关东管领上杉宪实由于担心战端出现,一如既往表示劝阻,遭到足利持氏的反感。永享十年(1438)八月十五日,四代镰仓公方足利持氏北上进攻上杉宪实所在的上野国,"永享之乱"正式爆发。不久后,筱川公方从东北方向、信浓守护小笠原政康从正西方向分别进军关东地区,对镰仓公方的围攻战正式打响。为获得大义名分,足利义教特地向天皇申请锦御旗,派人送交给筱川公方,要求他作为前敌统帅,督促各方军队进攻镰仓公方。

　由于掌握着大义名分与实际君权,刚刚打了两个月,镰仓城就被幕府军攻克,四代镰仓公方足利持氏陷入腹背受敌的境地,不得不宣布投降并剃发出家,以示恭顺。永享十一年(1439)正月,上杉宪实念及主从之情,向幕府请求保住足利持氏的性命,但幕府经过重臣会议的讨论,认为留下他会成为日后的祸患根源,便要求上杉宪实不要留情。二月初,足利持氏意识到大限将近,将儿子们送出寺院,并在寺庙放火自焚。

　这场"永享之乱"虽然是四代镰仓公方足利持氏主动发起,但从六代将军足利义教的角度来看,这却是压制镰仓公方权力过程中的最后一步,使幕府集权更加稳固。

　按照足利义教的布置,目前的镰仓公方世系将会被取消,未来将要派遣自己的儿子接过日本关东、东北地区的统治权。这种想法不由得引起原镰仓公方系统支持者的恐惧,永享十二年(1440)三月,下总国结城城主、以地名为姓氏的结城氏朝收纳四代镰仓公方足利持氏的两个儿子,并宣布与幕府为敌,"结城之战"就此打响;六月,呼应结城氏的陆奥国国人石川氏也突袭支持幕府的筱川公方,逼得这位想要掌握权力的公方自尽,局势非常危急。

　不久后,幕府派遣"三管领"家的斯波持种为大将进入关东,率领各分国军队围攻结城。嘉吉元年(1441)四月十六日,城池告破,城中守将几乎全部阵亡,四代镰仓公方足利持氏的两个儿子,则被带出城池,三日后惨遭斩首。

然而,四代镰仓公方足利持氏并不只有两个儿子,他的三儿子、当时年仅4岁的永寿王丸就活了下来。就在幕府犹豫是否要杀掉他的时候,京都爆发让人瞠目结舌的暗杀事件,永寿王丸的性命也得以保全。这个孩子后来安全回到关东,在14年后引发比永享之乱规模还要大的动乱——享德之乱。

（4）嘉吉之变：六代将军足利义教遇刺与"管领政治"的建立

永享十三年（1441）一月二十九日,前述结城之战仍然处于胶着状态,六代将军足利义教曾一度命令自己的副手、"管领"畠山持国率军前往结城前线,却遭到拒绝。足利义教不禁大怒,立即撤销畠山持国的一切职务,并把畠山持国的弟弟畠山持永扶持为畠山家家督,一时间人心惶惶。

足利义教一直贯彻强势政治,这一点大家已经有所共识,然而直接撤销现任管领的一切职务,并重新委任下属家臣的家督,这种突破武士之间"平等制"底线的做法无疑引发众怒。碍于足利义教的强权,绝大部分贵族都是敢怒不敢言,但这无疑开启一个非常不好的先例,即"主从制"体系开始伸向"平等制"的最后一块自留地,也就是本家家督的任命与继承问题。一旦容忍这一点,那么以后武士之间就再无平等可言,而是要彻底向着"主从制"方向转化。

面对这一点，位格低于"三管领"的"四职"①家族的赤松家最为忧心。当时足利义教的一名侧室出身于赤松家，她的亲哥哥赤松贞村也受到偏爱②。然而问题在于，赤松贞村只是赤松家旁系成员，赤松家宗家当然会有所警惕，再加上足利义教轻易更换了管领畠山家的家督，确有一丝危机感无疑。恰好赤松家家督赤松满政与足利义教的关系并不好，为逃避惩罚，他选择装疯卖傻、隐居起来，同时设计刺杀足利义教的计划。

结城之战胜利后，京都很多贵族都对足利义教表示祝贺。从嘉吉元年（1441）五月底开始，足利义教先后来到公卿三条家、管领细川家的家里庆祝关东地区的胜利。于是到六月二十四日，当赤松家邀请足利义教前往自己宅邸内庆祝的时候，他想也没想就答应了，随行的还有"三管领"细川家、畠山家与"四职"山名家、京极家等各位大名。

宴会进行到中段时，足利义教座位背后突然冲出几十名全副武装的武士，猝不及防的足利义教被杀，其他贵族也纷纷遇刺或

---

① "四职"：室町幕府成立后将军队指挥与京都市区的警察、征税等职能归于"侍所"管辖，有资格就任"侍所所司"（长官）的家族一共有赤松家、一色家、京极家、山名家四家，这四家武士均为室町幕府与南朝天皇发生矛盾时支持幕府一侧的地方大名，因而获得幕府给予的大量封地。位格虽然稍低于"三管领"家族，但由于掌握着广袤的土地与庞大的军队，他们在室町幕府官僚体系中起到了中坚作用。

② 记载1441年嘉吉之变的《嘉吉记》认为，将军足利义教贪图赤松贞村的"男色"，对赤松家庶流的赤松贞村情有独钟，招致嫡流赤松满佑、赤松教康等人的不满。然而赤松贞村出生于1393年，比出生于1394年的足利义教还要大一岁，双方少年时期也不认识，很难想象如何能做"男色"。

室町幕府主要贵族家格

		担任守护职	担任幕府职
三管领	斯波（武卫家）	越前、尾张、远江	管领
	畠山（金吾家）	纪伊、河内、越中	管领
	细川（京兆家）	摄津、丹波、赞岐、土佐	管领
御相伴众	一色	丹后、伊势、三河	侍所所司
	畠山（匠作家）	能登	
	细川（赞州家）	阿波	
	山名	但马、备后、安艺	侍所所司
	赤松	播磨、备前、美作	侍所所司
	京极	出云、隐岐、飞驒	侍所所司
	大内	周防、长门、丰前、筑前	
国持众	土岐	美浓	侍所所司
	六角	近江	
	今川	骏河	监视镰仓公方
	细川（上和泉家、下和泉家）	和泉	
	山名（伯耆家、石见家）	伯耆、石见	
	武田（豆州家）	若狭、安艺	
	富樫	加贺	

遭到重伤，只有三名贵族逃出生天。赤松家眼见计划已成，立刻烧毁自己的宅邸，向着自己统治的播磨国奔逃而去。

六月二十五日，从前一天宴会中死里逃生的细川持之惊魂甫定，立刻召集在京大名开会商讨对策。会议上首先确定三项议案：一是将军职位由足利义教的嫡长子足利义胜继承；二是向天皇申请讨伐赤松家的旨意，并要求细川家、山名家为首的军事贵族整军备战，准备进攻赤松家；三是在当时年纪尚幼的七代将军足利义胜有能力行使将军权力之前，管领细川持之作为"代官"掌握大权。

其中第三项显得颇为重要，由于新任将军年龄幼小，权力不可避免地落入管领手中。从这个时点开始，一直到永正四年（1504）细川政元去世，管领政治一直是日本政治的核心问题。事实上，开启战国时代的应仁之乱，彻底架空将军权力的明应之变，乃至细川政元之死都是由管领政治所带来的。

这三项议案确定后，管领细川持之又通过一项震动全日本的议案：赦免以前被足利义教贬斥的家臣。

应该说，足利义教在任时期过度专断，很多被贬斥的大名也很有情绪，在这个危急时刻发布赦免令，的确能够增进管领的权力。但这样做的漏洞也很大。就畠山家而言，畠山持国被足利义教贬斥出京，改由畠山持永作为新任家督。但当赦免令发布以后，畠山持国便可重回京都恢复职位，新旧家督之间的矛盾就会产生。事实上畠山家内乱正是从畠山持国、持永这一代人发端，到二人各自的儿子出场时，便形成危及整个幕府中枢安危的大乱。某种意义上，整个战国时代的发端性历史事件都可以归因于嘉吉元年（1441）六月二十五日的政策变化，或许临危受命的细川持之并没有意识到，自己的政策反转会给整个日本造成何种的动荡。

时人意识的根本转变（1428—1441） 29

室町幕府三代将军足利义满修建的鹿苑寺金阁，这也是室町幕府极具象征意义的建筑之一，但随着室町幕府的衰落，这座寺庙在战国时代失去大量领地，附属建筑尽数遭到摧毁，只剩下一个孤零零的金阁。该金阁于1950年遭烧毁，目前京都金阁寺是1955年重建。

    管领细川持之妥善解决嘉吉之变带来的后遗症，同时用赦免令收买人心，这为细川家日后的发展壮大打下基础。虽然细川持之本人在嘉吉二年（1442）就早早去世，但他13岁的儿子细川胜元却在日后继承衣钵，成为日后应仁之乱的东军统帅。
    西军统帅也在这一次嘉吉之变的事后处理中出现。嘉吉之变过了半个多月后，山名家军队作为幕府军主力进攻播磨国。

由于山名家家族成员在嘉吉之变中也遭到刺杀,山名家军队在家督山名持丰的率领下显得异常勇猛,最终在当年九月,山名持丰攻克赤松家的播磨坂本城,谋划这次刺杀的赤松满佑自焚而死。凭借战功,山名家接受赤松家留下的备前、美作、播磨三国,山名家的领地从过去的六国扩张至九国,造成山名家势力膨胀,本次出兵的军事领袖山名持丰也成为日后应仁之乱的西军统帅。

2. 东西联动

享德、应仁之乱（1454—1482）

在整个日本提到"先の戦争"（上次战争），一般说的是二战，毕竟整个日本在1945年都遭遇大空袭。但由于京都没遭遇空袭，京都人其实对这场战争并没有多深的记忆，在京都如果提到"先の战争"（上次战争），一般说的就是这场爆发于15世纪的应仁之乱。

以应仁之乱作为开端，最早是感性因素为主。毕竟主战场一直是京都，双方雇用的农民军队来来回回把京都烧了十多年，整个京都从富贵奢华一下子崩溃成了乱城，这在重视身份制度的日本而言可谓礼崩乐坏，直到织田信长进入京都（1568）修缮皇宫，整个乱象才大体告一段落。

但需要注意的是，应仁之乱并不是一个孤立事件，而是与当时日本爆发的另一场大乱，即关东地区从1454年爆发的享德之乱彼此联动。正是因为对享德之乱的镇压过程出了问题，京都贵族之间的矛盾才陡然增大，进而形成引发整个日本大乱的大事件。

（1）享德乱起：镰仓公方家的复仇目的

由于嘉吉之变（1441）很快爆发、六代将军足利义教遇刺，随即继任的七代将军足利义量又在不久后（1443）因为痢疾而去

八代将军足利义政

世,日本一时间既没有将军也没有镰仓公方统治,形成权力真空。直到宝德元年(1449)四月二十九日,六代将军足利义教的另一个儿子足利义政①才正式接受征夷大将军的职位,开始传奇生涯。

但由于足利义政年龄尚幼,他从没有发布过一封御内书,而是由管领代替将军发布"御教书"。"教"在日语公文中为"指示"之意,因此这类文书从名义上是"将军指示",但实际流程却是管领拟定文书内容,再以"将军指示"之名义发布,可以看到细川持之留下的管领政治有着多么严重的影响。

就在足利义政接任八代将军时,足利持氏的小儿子永寿王丸也在寻求支持,希望能够重新回到镰仓公方的位置。但决定永寿王丸回归镰仓公方之位的关键性人物,依然是前关东管领上杉宪实。

关东永享之乱(1439)结束以后,上杉宪实备感自己没有尽到关东管领的责任,决定退位出家。但由于结城之战又起,他只好回到关东管领的位置上重新主持政务。文安四年(1447)三月,

---

① 足利义政幼名三春。宝德元年(1449)四月十六日,三春元服改称足利义成,享德二年(1453)三月二十六日,足利义成更名足利义政,为行文方便,此后通称足利义政。

上杉宪实再度请辞关东管领，而且态度坚决。作为一直维护着京都幕府与镰仓公方之间和平的受信赖人物，上杉宪实的离任为幕府方面所不愿看到。但既然去意已决，也无法强求，幕府便一方面要求上杉宪实的嗣子上杉宪忠继任关东管领，另一方面要求在信浓国流亡的永寿王丸回归镰仓公方的位置。

就这样，在六代将军足利义教废除镰仓公方后整整第十年，宝德元年（1449）八月，永寿王丸更名为足利成氏，就任第五代镰仓公方。到足利成氏继任以后，镰仓公方的权威已经从关东、北陆、东北地区十多个分国减少到关东地区九国。所以他就任以后的第一个重要目标，就是要恢复镰仓公方往日的权威，而由于关东管领上杉家曾在之前的永享之乱里协助京都幕府，足利成氏自然也把报复目光投向他们。

就任仅仅八个月后，宝德二年（1450）四月，镰仓公方与关东管领上杉家之间马上出现矛盾。足利成氏流亡信浓期间，曾得到关东地方国人的支持，受到他的信赖，因而回归镰仓公方以后也将这些人提拔为近侍，并要求恢复小山、宇都宫、千叶三家在永享之乱期间被剥夺的领地。足利成氏有意用这些地方国人逐步取代关东管领上杉家的位置，上杉家自然要反对，四月二十一日，镰仓公方的军队与上杉家军队在如今镰仓附近的旅游度假胜地——江之岛海岸交战，足利成氏依靠结城成朝等人的军队击败对手，逼得上杉家家督上杉宪忠等人逃出镰仓城。这场小规模动乱惊动幕府，双方经过幕府管领畠山持国的协调暂时罢兵。

从理论上说，足利成氏这一次主动挑事，本应受到幕府处罚，但管领畠山持国不但没有这么做，反而向幕府申请，把足利成氏的官阶向上提拔一级，从"从五位下左马头"升格为"从四位下左兵卫督"。为什么会这样呢？原因有两点，第一，镰仓公方在十年前被攻灭时，恰是畠山家的竞争对手——细川家担任管领时

从江之岛俯瞰附近海岸

期,那么他保护镰仓公方足利成氏,就等于是在反击细川家;第二,畠山持国本人也曾经被六代将军足利义教赶出京都,流亡数年,这让他更有可能理解与同情自幼丧父的足利成氏。

不过畠山家内部却出现继承人危机。畠山持国没有嫡子,于是将弟弟畠山持富立为继承人,但在文安五年(1448)却突然召回庶子畠山义就成为新的继承人,这也是战国时代经常出现的"弟弟还是儿子"困局。对于变更继承人,弟弟畠山持富并无怨言,但由于畠山持国长期重用在野时期的重臣游佐氏,就让畠山家传统重臣神保氏颇为不满。于是神保氏借口庶子畠山义就的母亲出身低微,不愿支持他作为继承人,享德元年(1452)弟弟畠山持富去世后,神保氏支持其子弥三郎作为继承人。这就让畠山持国的权力基盘受到严重影响,被迫在当年十一月辞去管领职务,这一职位也由后来应仁之乱的东军主帅细川胜元占据。

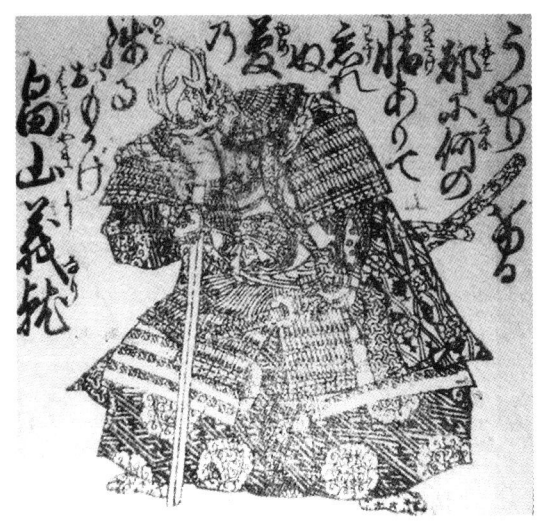

畠山义就

　细川胜元上任以后,对待镰仓公方的态度又一次反转:享德二年(1453)三月,幕府要求镰仓公方的所有文件必须副署关东管领上杉宪忠的文书才能实行。幕府这种亲近关东管领的态度让足利成氏大失所望,这就让永享之乱积累的矛盾再度激化。

　足利成氏本想继续倚仗畠山持国,但畠山家内乱已经悄然开启。享德三年(1454)四月,游佐氏进攻神保氏宅邸,杀死神保氏家督与嗣子,受到神保氏拥护的弥三郎只好逃出京都,并寻求管领细川胜元的支持。细川胜元看到这个削弱畠山家势力的大好机会,便私下支持弥三郎一派的支持者袭击畠山持国宅邸,畠山持国宣布隐居(相当于退出政坛),畠山义就在游佐氏的拥护下在八月底逃离京都。随后足利义政与弥三郎会面,正式认可弥三郎作为畠山家的继承者。经此一役,畠山持国心力交瘁,在第二年就走完了人生路,只留下远方的足利成氏无人照料。

　足利成氏为凸显自身地位的重要性,马上发动政变。享德三年十二月二十七日（1455年1月15日），距离新年只有三天时间，足利成氏以庆贺新春为名，在镰仓公方御所设下酒宴，邀请上杉宪忠等22名家臣赴宴，随后喝令身边武士将22人尽数斩杀。与此同时，成氏军受命进攻上杉家宅邸，上杉家其他成员被迫连夜逃出镰仓城。双方经过短暂准备，于享德四年（1455）一月底先后交战于武藏国南部的立河原与分倍河原两地，最终上杉家丧失主帅、大败而归，足利成氏获得先期成功。

享德之乱爆发后，八代将军足利义政、管领细川胜元迅速调集关东地区附近的各路军马加入讨伐足利成氏的军队。六月中旬，骏河守护今川范忠的先锋攻克镰仓城，足利成氏等于丢掉大本营，无奈之下只能在前线附近的古河城扎下阵营，因此这位五代镰仓公方也被称为初代古河公方。

但始料未及的是，虽然幕府动员大军，还请得惩罚足利成氏的天皇诏书（纶旨），足利成氏却依然占据优势。无奈之下，上杉家沿着下野国只木山—武藏国五十子城—江户城构建一条封锁线，足利成氏掌握着东部的下野、常陆、下总、上总、安房五国，上杉家掌握西部的上野、武藏、相模、伊豆四国。此后三十年间，关东局势几乎没有出现变化，而象征着大义名分的锦御旗，三十年里一直插在五十子城的城楼上。

（2）征伐迟缓：将军插手与管领斯波家内乱

享德之乱只是幕府大乱的前奏曲，这起发生在距离京都数百公里以外的动乱，最终通过另一大管领家斯波家内乱而内卷到幕府中央。

长禄二年（1458）五月，八代将军足利义政向庶兄足利政知发下征讨关东的旗帜，要求他作为总大将执掌军队征讨前线，只要击溃足利成氏，那么足利政知就会成为新的镰仓公方。为不让他成为光杆司令，幕府试图集结一支庞大的军队，从东北、信浓、东海道三条路向关东进发，这里面最重要的人物便是远江守护、拥有管领就任权的斯波义敏。他是否能够按时出动，就成为其他守护是否出动的关键性指标。

为什么是斯波义敏呢？原因不在斯波义敏本人有着何种能力，而是因为斯波家的地位非常特殊。一来作为远江守护，斯波义敏把守着东海道的关键地区，不可避免地承担起进军关东的重任；二来他的父亲斯波持种曾经在20年前作为平定永享之乱的主力出兵关东，使得斯波义敏也有了出兵的义务；三来斯波家与奥州探题大崎教兼之间有着血缘关系，如果斯波军能够出动，相信大崎军也会随之一起行动。考虑到这三点，足利义政坚持要求斯波义敏出面作为主力。

但当时的斯波家却面临前所未有的内乱。斯波家曾在应永年间（1394—1428）把持管领之位近二十年，占据越前、远江、尾张三个从近畿通往东部地区的沿线领国，权势如日中天。足利将军家为了限制斯波家发展，特意拉拢其家臣，亦即担任越前远江两国守护代的甲斐家，几乎每年元旦都会来到甲斐家在京都的宅邸祝贺新年。虽然名义上甲斐家是斯波家的家臣，但在甲斐常治这一代，甲斐家获得将军出行的"陪臣"地位，这就等于是在幕府内拥有独立的家格，越前国也更像是甲斐家而非斯波家的领土。

从父亲斯波持种一代开始，斯波、甲斐这对主从矛盾就非常尖锐。斯波持种出身于大野斯波家，主管家族内部事务，随后由于斯波宗家断嗣才得以让儿子斯波义敏入门。所以当幕府要求斯波义敏前往关东平定享德之乱，斯波义敏便赌气拒绝率军前往，并派军队北上夺取越前国甲斐家领地。九月中旬，整个越前国基本被斯波义敏的心腹堀江利真所夺取。

　　足利义政对斯波义敏延误出兵之事大怒,于是在十一月十五日禁止双方继续交战,要求斯波义敏前往指定地点备战。双方虽然各自撤军,却各怀鬼胎:甲斐常治本人虽然去了前线,却让儿子甲斐敏光在越前国驻守;斯波义敏干脆拒不出征,徘徊在近江国以备不时之需。

越前国金崎城原址(对岸山坡),该城位于港湾之中,易守难攻

　　长禄三年(1459)三月,足利义政任命甲斐常治为越前守护代,并要求越前国附近势力支持甲斐家军队回归越前国。此举立刻激化矛盾,斯波义敏公然违反幕府的指令,围攻只有两百人驻

守的金崎城。五月十三日，斯波军从海上派遣五十艘船只、万余士兵准备进入越前国，但海上突然刮起台风，船只几乎全部沉没，军队实力也遭遇非战斗性损伤。甲斐常治从敦贺城突围，斯波军损失八百多人。虽然八百人似乎不是很多，但在轻装步兵（足轻）未普及的情况下，征战沙场大多以世代侍奉主君的武士组成，八百人损失对于强大的斯波家而言也不啻于毁灭性灾难。

斯波义敏之所以没能出兵关东，与幕府的矛盾态度有着直接关系。幕府希望斯波家作为主力平定享德之乱，却又不愿意看到斯波家坐大，因而一边催促斯波义敏出发，一边又放任甲斐常治夺权。但从斯波义敏的角度来看，后方越是不安定，他就越不可能出兵关东。

足利义政立即剥夺斯波义敏的权力，逼迫其传位于嫡子松王丸，随后宽正二年（1461）九月，幕府又把斯波家家督地位授予九州涩川家出身的斯波义廉。涩川家是继任镰仓公方足利政知的家宰，让这个家族的成员担任斯波家家督，无疑是要借用幕府权威重塑斯波军。斯波义廉也获得斯波家传统家臣甲斐家、朝仓家的支持。

虽然重新任命斯波家家督，但享德之乱讨伐军的组织却更加困难起来。一来拥有斯波家血统的斯波义敏被废，这就让认同斯波家血统的奥州探题大崎教兼不再愿意出兵帮助幕府；二来斯波义廉并没有过人之处，更缺乏统御军队的能力。更重要的是，到宽正三年（1463）初，斯波义廉的生父涩川义镜在政治斗争中失去地位，被驱逐回九州本家，彻底淡出政治舞台。一系列问题让足利义政不得不重新审视自己当初的换人策略，于是这位将军借助生母去世之机大赦天下，赦免了曾经抗命的斯波义敏。

虽然斯波义敏只是获得赦免，还没有恢复斯波家家督之位，但足以让斯波义廉感受到危机。于是斯波义廉迅速找到母亲的本家，亦即"四职"之一、有资格出任侍所所司（负责军队指挥与京都警察、征税）的山名家寻求庇护，随后迎娶山名家家督山名宗全的女儿为妻。

（3）同盟裂解：细川、山名同盟的发展与终结

熟悉应仁之乱的读者一定了解，这场动乱的东、西两军主帅分别为细川胜元与山名宗全。但有趣的是。这两人虽然引爆日本历史上空前之乱，但两人之间本来没有矛盾，细川胜元甚至迎娶山名宗全的养女为妻。这又是怎么回事呢？

嘉吉之变后，山名家凭借战功成为最大获益者，获得11个领国的守护职（日本总共六国），重现室町幕府初期山名家的"六分之一殿"盛况。但由于这11个领国中有3个来自于嘉吉之变中

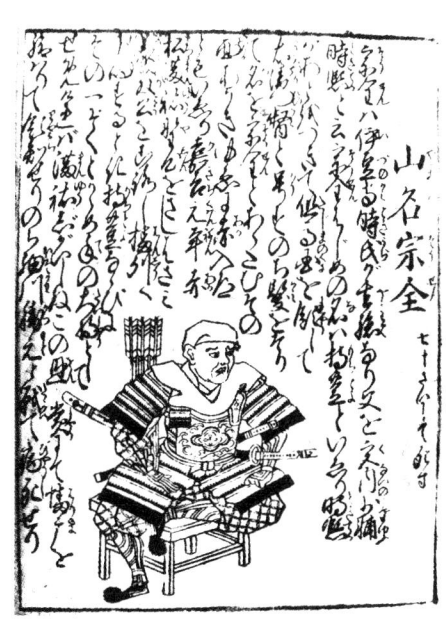

应仁之乱的西军主帅山名宗全

遭到打压的赤松家，山名宗全还是感受到危机，因而将两位养女嫁给周防守护大内教弘与管领家出身的细川胜元，三家之间凭借姻亲而维持起同盟关系。这层同盟关系也体现在畠山家内乱中。

若是在中国古代，畠山家内乱其实没什么可说，就应该由畠山持国的儿子畠山义就来继任；但在时人价值观里，还存在"嫡庶"之分，庶子能获得的继承权少之又少，所以即便是叔叔与庶子产生矛盾，家臣中也会有人认为"庶子"不足与谋。借助这种思想，细川、山名同盟支持本来没有任何政治前途的"弟弟之子"弥三郎，反对"儿子"畠山义就接任。摄于细川、山名同盟的军事力量，足利义政只得暂时屈服，允许弥三郎就任畠山家家督。

但不久后，足利义政不喜欢细川胜元、山名宗全两人对局势指手画脚，于是将矛头对准山名宗全。享德三年（1454）十一月二日，亦即畠山家之乱爆发后不久，足利义政突然召集所有大名讨伐山名宗全，这次讨伐举动在管领细川胜元的劝阻下中止，但山名宗全不得不辞去山名家家督之位，宣布隐居。如此一来，弥三郎失去支持，最终在康正元年（1455）十月丢掉位于大和国宇智郡的最后一个据点，陷入流亡岁月。

按理说，局势到这里就应该告一段落。但畠山家家臣团之间的内部矛盾本就众多，将军足利义政的态度又持续反复，这就让家臣团之间的矛盾持续激化，内乱不止。康正三年（1457）六月，为平定大和国多武峰僧徒与中村村民之间的矛盾，畠山义就假传圣旨，以足利义政的名义平息这场纷乱。事后得知消息的足利义政大怒不已，立刻将畠山义就的家督之位与封地一同剥夺，这就让幕府对待畠山家内乱的态度出现又一次反复。

看到这个机会，细川胜元立刻在长禄二年（1458）六月求得足利义政对山名宗全的赦免令，允许山名宗全回到京都，这个举动让细川、山名支持的弥三郎一派重新恢复气势，并在长禄三年

（1459）七月获得幕府的赦免。虽然弥三郎本人在这一年无子而终，但他的弟、亦即畠山持富的第二子畠山政长还是继续获得细川、山名两家的支持。长禄四年（1460）九月，畠山政长受封为畠山家家督，而之前深受将军信任的畠山义就则不得不逃往大和国支持者的领地；又经过三年多的包围作战，畠山政长击溃畠山义就在河内国的所有支持者，距离最终胜利指日可待。

但就在宽正三年（1463）十一月，幕府发布大赦令，这个举动虽然是为了解放斯波义敏，但也同时让畠山义就脱离罪人身份。可以看到，足利义政面对斯波家、畠山家内乱时态度不停反复，经常因时局而打乱之前的部署，政策朝令夕改，那么只会让内乱更加严重起来。关东的享德之乱之所以长期未能平定，应仁之乱之所以走向爆发，也正起因于此。

既然将军足利义政支持斯波义敏，那庇护斯波义廉的山名宗全就需要在足利将军家内部找到一个新的庇护人，于是他选择投靠将军的弟弟足利义视。由于足利义政长期没有嫡子，宽正四年（1464）十一月，足利义视结束早年的僧侣生涯，成为将军候补人选。恰好足利义视的辅佐者正是女婿细川胜元，所以山名宗全希望借助姻亲关系获得庇护，保全斯波义廉的人身安全。起码到这一时期，这对翁婿的政治关系依旧不错。

但事情发展很快出乎所有人的意料。宽正五年（1465）十一月二十三日，足利义政的正室妻子日野富子生出一个男孩，也就是后来的九代将军足利义尚，于是继畠山家后，足利将军家也面临着"弟弟还是儿子"的继承人问题。军纪物语《应仁记》曾经记载，在将军儿子足利义尚出生后，生母日野富子特地请求山名宗全，一定要保证足利义尚能够顺利接替将军之位。山名宗全非常感动，立刻成为"儿子派"，而站在"弟弟派"的细川胜元就成为他的对手，这也是应仁之乱的原因。

将军弟弟足利义视,他也成为应仁之乱的导火索

但必须明白,当时除去斯波家、畠山家内乱双方之间是彻底的敌对关系之外,其他的高级贵族之间并没有什么血海深仇,最多只是思路上的不同,甚至足利义视与山名宗全也是过从甚密,多方势力缠绕在一起,形成一种你中有我、我中有你的混乱局面。

事实上对于幕府"三管四职"七大家族而言,最大的威胁是朝令夕改的将军足利义政本人,所以在"弟弟还是儿子"的问题面前,细川、山名同盟还是要首先限制将军反复无常的政治态度,这就让他们把矛头对准幕府政所执事伊势贞亲。所谓"政所"掌握着室町幕府的财权与领地诉讼事宜,长期由伊势家世袭,经过代代相传,伊势家逐步脱离武士形象,而是成为一个单纯的贵族官僚,到伊势贞亲这一代,更是成为将军足利义政行使权力的左膀右臂。某种意义上,伊势贞亲象征着将军集权,管领家则象征着家臣分权,这一对矛盾从室町幕府成立伊始就一直存在。

应仁之乱东军首领细川胜元

宽正五年（1465）十月，将军足利义政授意，政所执事伊势贞亲策划，斯波义敏回到京都。据说这一时期，斯波义敏将妹妹嫁给伊势贞亲做侧室，甚至赠送很多金银给伊势贞亲作为谢礼。而文正元年（1466）七月，幕府命令斯波义廉停止参加幕府会议，要求他将斯波家宅邸让与斯波义敏。如此一来，山名宗全就坐不住了，他立刻派遣军队进入京都保护斯波家宅邸，而足利义政也立即调遣细川胜元的军队进入京都，准备强行推行政策，战国时代也险些提前一年开始。

不过关键时刻，伊势贞亲却出了政治问题。九月五日，伊势贞亲将矛头指向将军弟弟足利义视，声称他有可能帮助山名宗全对抗幕府；但当天晚上，得知消息的足利义视就亲自申诉清白，经过一夜长谈，两兄弟和解。于是伊势贞亲立刻成为进谗言的小人，他连夜逃出京都，而失去支持的斯波义敏也一并逃走，细川胜元、山名宗全两方面军队一起绞杀伊势贞亲势力。

失去伊势贞亲，足利义政独裁势力等于少去一条臂膀，更难限制属下内斗，而细川胜元、山名宗全两人也就彻底放下盟友关系，成为对手。这起"文正政变"爆发后不到半年，十二月二十日，细川胜元的长子出生，之前从山名宗全那里过继的山名丰久脱离养子身份，宣告细川、山名同盟正式解体。

（4）御灵之战：应仁之乱前夜

讲了许多细川、山名同盟的合作，那为什么双方又会反目成仇呢？

一是细川家与大内家之间存在利益矛盾，日本当时与明朝、朝鲜半岛的贸易均要通过濑户内海航行，那么以堺港为经济基盘的细川家便与把控关门海峡的大内家之间存在天然矛盾，山名家封地与大内家之间的经济关联更加密切。二是细川家内部存在反感山名家的呼声，比如细川胜元少年时期的辅佐者细川持贤就一直对联盟山名家颇有微词。

更为直接的因素便是斯波义廉、畠山义就两人的合作。宽正五年（1465）九月，足利义政率领斯波义廉等人来到奈良春日大社参拜，这里距离奈良地区最大的政教合一势力——兴福寺只有咫尺之遥，斯波义廉便通过畠山义就的支持者取得联系，赠予对方良驹一匹、武士刀一把，双方结为同盟。要知道，这一时期的斯波义廉正有可能被废斯波家家督，而畠山义就则有可能获得畠山家家督，这两人结为同盟，那么无论任何一人保住管领家家督之位，都可以帮助对方提升地位，可算是从两个方向买了一份保险。

畠山家谱系示要

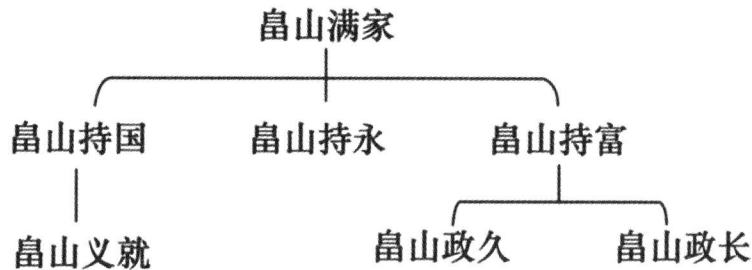

畠山家谱系

文正元年（1466）十月，就在京都爆发文正政变后，畠山义就率军进攻河内国的畠山政长领地，而分别支持畠山义就与畠山政长的兴福寺僧徒则在大和国大打出手。交战正酣之际，将军足利义政要求双方议和，并允许脱离罪人身份的畠山义就进京。到十二月底，畠山义就率军接近京都，并大肆收缴军费。如此一来，畠山义就很可能重新获得家督之位，这无疑让畠山政长非常焦虑。

焦虑迅速成真。应仁元年（1467）一月二日，足利义政本来在畠山政长的宅邸中庆贺新年，但酒喝到一半，却突然离开了畠山家宅邸，并征召畠山义就进入京都参与幕府会议。

足利义政虽然在政治上有一定抱负和手段，但在处理家督继任问题时，他却缺乏父亲足利义教的果决。如在斯波家督的问题上，他虽有自己的考虑，却一直在斯波义敏、斯波义廉两人之间摇摆不定，并没有疑人不用、用人不疑的决心。此番畠山政长正在最为紧要的关头，他却转而支持畠山义就，必然会引起家臣间的争夺。

一月五日，足利义教在山名宗全宅邸中接见畠山义就，但这一次见面中，细川胜元、畠山政长等人却完全没有参与。接下来十多天里，山名宗全的军队包围畠山政长的宅邸，要求他限期离开京都。再到一月十七日，足利义政为防事态扩大化，要求细川胜元、山名宗全两人不许干涉畠山家内斗。

经过彻夜思考，一月十八日凌晨，在大雪纷飞的恶劣天气下，畠山政长烧毁畠山家宅邸，并来到京都东北部的上御灵神社布阵。下午，畠山义就的追击军队开始进攻上御灵神社，直到第二天凌晨，双方的战役仍然处于胶着状态。这时，山名宗全、斯波义廉不顾足利义政的反对，依然派遣军队支持畠山义就，到十九日天亮之前，畠山政长的军队失败，畠山政长本人藏匿到细川胜元的宅邸中。

上御灵之战可谓应仁之乱的预演之战。既然山名宗全可以完全不顾将军足利义政的命令，擅自出兵干预其他管领家的内部事务，那么细川胜元也就没有理由再保持平衡，他也决定集中兵力支持畠山政长，与山名宗全的军队开展决战。从二月中旬开始，细川家动员四国岛的军队纷纷集中到京都，随着五月十一日若狭守护武田信贤抵达京都，应仁之乱的东军全部形成。

西军的聚集稍显缓慢，除去山名家军队等主力军队外，最主要的外援——周防守护大内政弘由于距离较远并没有在第一时间赶到。直到战役打响后的七月十九日，大内政弘率领的西国八大领国的三万人、五百艘战船才从海陆两个方向到达播磨国室津。据估计，这一时段东军兵力大约为16万人，西军为11万人。

（5）大乱爆发：应仁之乱的爆发与站队

东西两军双双进入京都后，也各自开始列阵：东军驻扎在以细川家宅邸、室町幕府御所为中心的京都北侧及东侧,西军则主要驻扎在京都西侧河流——堀川两岸的山名家宅邸与京都中心区的斯波义廉宅邸。而双方的"东军""西军"称呼也自然是来自于这种布阵位置。

应仁元年(1467)五月二十六日清晨,细川胜元率先发难,进攻距离室町御所西边三条街之远的正实坊、实相院地区,包围西军先锋一色义直的宅邸。到二十七日晚,东西两军在天皇居住的京都御所附近交战,东军虽然获得胜利,但细川家庶家成员的宅邸大多被烧毁,双方战事从军队之间的互相攻击转为对贵族宅邸的烧毁。

五月二十八日,将军足利义政希望压制住京都之乱,于是分别派人向细川胜元、山名宗全两人下停战令,同时将护卫分为三队,分别把守室町御所的大门,防止乱兵突入。动乱刚刚开始之际,足利义政大体上是持中立态度。但一月的上御灵之战中,足利义政的命令并没有得到山名宗全的遵守,于是这一次细川胜元也决定不遵行足利义政的命令,反而要求足利义政授予自己象征将军权威的"牙旗",同时希望朝廷向山名宗全下达处罚纶旨。

应仁之乱

对于这一要求，将军足利义政的妻兄、朝廷内大臣日野胜光坚决反对。他认为如今东西两军的混战是家臣内斗，如果贸然授予任何一方"牙旗"，那就是授予其大义名分，东军很可能号召更多势力加入战争，全国大名都会被席卷进来。细川胜元不再据理力争，而是直接派遣军队包围日野家宅邸，以烧毁宅邸作为威胁，最终日野胜光闭门不出，而难以承受巨大压力的足利义政也在六月三日正式授予细川胜元以"牙旗"，同时任命弟弟足利义视为征讨西军的名义统帅。

虽然从理论上说，日野胜光的"家臣内斗"理论有着一定意义，但室町幕府的将军并不似后世江户幕府将军一样独揽大权。由于南北朝时代常年战乱，为了动员更多士兵与资源，守护大名更深层次地与领国内的"国人"群体展开合作。所谓"国人"初意是指某个领国的人，但由于能有名有姓的人都是该地豪族，有的是富商巨贾，有的是高等农民，有的是寺庙神社之主，因而"国人"也就固化为一个专有名词，成为拥有一定地盘、能统领一定百姓之人。战国时期日本政略逻辑最大特点，就是要想方设法拉拢各地国人为己所用。

镰仓幕府时代，日本全国的战争规模有限，需要武士也有限，于是镰仓幕府将军本身可以越过中间阶层直接向基层武士团发布命令，这也就是所谓"御家人"。但随着"国人"势力崛起，全国顿时出现大量过去不在武士名单中的新人，这就让室町幕府的运作体系遇到新的问题，那就是一份征召令没办法直接下达给某个具体的武士团，而只能下达给与国人关系密切的守护或守护代，再通过守护或守护代把这些人组织起来。管理层级的复杂化就让足利将军家直接统辖武士与军队的能力显著下降，他所能管辖的范围，事实上仅限于三管领四职（近畿与西国）、镰仓公方（关东）、奥州探题（东北地区）、九州探题（九州地区）这个层级，如果这些层次的人不听将军的话，尤其是不听这个朝秦暮楚的足利义政的话，那将军也就全无办法。

而享德之乱与应仁之乱，就是这个"全无办法"现象的总爆发。长期处于中层的大名终于意识到，原来为一己私欲也可以挑起战争，而且自身可以动员的实力可以这么强。而长期位居"武家栋梁"的室町幕府将军，却是那么弱小。

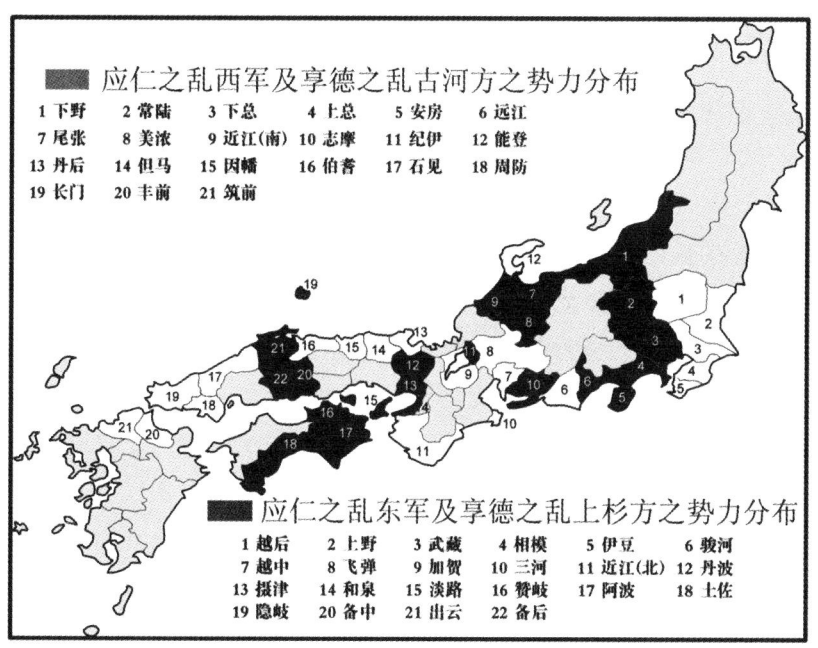

应仁之乱东西军对峙简图

应仁之乱东西军之对比

6月2日，僧人寻尊曾经对东西两军的主要大名进行了罗列，另一位僧人经觉在后来进行了补充，罗列如下：

西军成员：山名宗全、山名教之、山名胜丰、斯波义廉、畠山义就、畠山义统、土岐成赖、六角高赖、一色义直、富樫政亲等。

东军成员：细川胜元、细川成之、细川持久、细川胜久、细川成春、京极持清、赤松政则、武田信贤、畠山政长等。

京都附近东西两军对垒，这也让关东地区享德之乱的对峙形式发生一定变化。应仁二年（1468）四月十一日，古河公方足利成氏给家臣岩松成兼一封信，提到希望与斯波义廉、山名宗全、畠山义就等西军将领结盟，意在共同对抗将军足利义政。事实上，早在应仁之乱发生以前，细川胜元就同反对足利成氏的关东管领上杉家沟通，希望他们阻击古河军。如果西军将领与足利成氏之间合作，双方就能对东军形成一个范围更广的包围圈；而足利成氏一旦获得优势，古河军就可以直接击穿东海道、进京帮助西军。这种思路获得西军的认可，双方最终在九月达成合作。

政治合作与分化还不仅于此，将军权力弱化更让原本亲近自己的弟弟足利义视也开始自我怀疑。应仁元年（1467）八月，不愿意担任东军名义总大将的足利义视选择逃出京都避难，虽然第二年春天短暂回归，但到了应仁二年（1468）十二月十三日，足利义视又一次出逃，他徒步来到京都东北部的比叡山，兄弟之间宣布正式决裂。西军为了弥补自身缺乏大义名分的情况，便抓住这个好机会，派遣使者来到比叡山游说，邀请足利义视作为统帅加入西军，于是十天后，足利义视正式投靠西军，并成为"西幕府将军"。文明元年（1469）一月十八日，足利义视在山名宗全宅邸接受西军将领的朝贺，西军将领献上马匹、武士刀等礼物，西幕府的权威正式树立起来。西幕府的创立让本来对西军有一定好感的足利义政彻底站在东军一边，但由于足利义政没有军事动员能力，细川胜元成为名副其实的东军实际统帅。

在应仁之乱中，部分家族会一家分裂为两派，分别支持东西两军。如伊势贞亲、伊势贞藤兄弟分别作为东西两个幕府的政所执事；再如山名宗全虽是西军核心人物，其子山名是丰却投靠东军。这种情况早在源平之战中就出现过，后来的关原之战中也会发生。究其原因，日本人是为"家名"而奋战的群体，对于家族延续的重视度非常高，所以一旦出现两派势力争斗的情况时，一部分家族就会为保存家名而分别支持两军。

在这种民族性格与意识的驱使下，全国各地大名纷纷站队，应仁之乱也从以烧毁为主的热战进入到以政治角力为主的对峙阶段。

（6）分崩离析：应仁之乱的政治合作与"下克上"

细川胜元、足利义政对于西幕府的建立一方面非常恼怒，另一方面也有所忌惮，害怕足利义视真的会在西军的支持下推翻东幕府。文明二年（1470）初，京都的战事基本结束，近畿地区的主战场转移到西南部的摄津国，细川胜元着手策划分裂西军的将领。

他们首先瞄准劳师远征的大内政弘。东军一方面以正统将军身份要求大内家领地附近的各路豪族进攻大内家，另一方面也在

西军重将大内政弘

大内家内部树立反对势力。这年二月四日，足利义政任命大内政弘的叔父大内教幸为新任大内家家督，此举造成大内家内部的极大震动。二月九日，大内家一封大内家臣的联名信被誊写、分散到了京都的街头巷尾，其中大内家臣表示会在保证大内教幸领地的前提下加入东军，东军分化大内家的努力获得一定成功。

六月十三日，西军方面传出流言，提出西幕府将军足利义视与畠山义就之间不和，甚至要求后者切腹自尽。这个传言让西军阵脚大乱，西军平均每天都会有五十多名武士叛逃东军。因此，西军的土岐成赖、一色义直乃至山名宗全本人都开始向东军申请议和。这本来是应仁之乱第一次临近结束的好机会，但由于细川胜元不想原谅山名宗全，最终未成功。

随即，善战的大内政弘又开始反击。他集结军队，在七月中旬开始对京都西南部木津川一带的细川家领地发动攻击，十余家当地国人不得不投降，大内政弘的势力深入细川家内部，逼得细川家不得不依靠当地国人的力量抵挡，这也在一定程度上分化了细川家的权力。

就在西军刚刚稳定下局势的时候，关东地区的变乱再起。文明三年（1471）三月，古河公方足利成氏集结军队进攻幕府征讨军的大本营堀越御所，但没能成功。趁着古河军不在老巢，上杉家派遣家老长尾景信率领六千军队攻克古河城，足利成氏被迫向东退却，处境十分尴尬。

足利成氏的失败让西军，尤其是斯波义廉受到严重的冲击。作为斯波家内乱的中心人物，斯波义廉、斯波义敏两人分别获得山名宗全、细川胜元的支持，这是不争的事实。另外，由于足利义政对足利成氏一直采取镇压态度，斯波义敏作为联络奥州探题和支持堀越公方的重要人物，受到关东上杉家的支持。现在上杉家取得胜利，斯波义敏在斯波家内乱中的地位就上升了。

享德、应仁之乱（1454—1482）

古河城遗址

　　斯波义廉的地位下降导致家中重臣朝仓孝景的叛乱。早在应仁二年（1468），东军就曾劝降朝仓孝景发布文书，一开始没有获得回应。随着局势逐渐对东军有利，朝仓孝景准备投奔东军的传言也越来越多，文明三年（1471）五月二十一日，将军足利义政授予朝仓孝景以越前守护之职（并非世袭）；六月六日，朝仓军正式对斯波家另一重臣甲斐家统领的越前国发动进攻。鏖战一年有余，到文明四年（1472）八月，朝仓军攻克甲斐家在越前国的主城府中城，原越前守护代甲斐敏光逃跑，战役取得阶段性胜利。之后，朝仓家与甲斐家围绕越前的战役还是零星进行，直到应仁之乱结束后甚至朝仓孝景去世后的文明十三年（1481）九月，朝仓家才彻底击败甲斐敏光在越前国的支持势力。

一般认为，朝仓孝景进攻越前国的行为是战国时代"下克上"的开始。所谓"下克上"指的是室町幕府设定的上级遭到下级的进攻而受损。朝仓孝景的出现促使以室町幕府地位作为中心的制度逐渐瓦解，代之以实力决定利益归属。当时公卿甘露寺亲长在日记里评价朝仓孝景为"天下恶事始行之始祖"；公卿一条兼良与朝仓孝景谈判，也以"言语道断"（不可理喻）评价他。但之所以有这种看法，不仅是因为朝仓孝景反对自己一直跟随的主君斯波义廉，更是因为他的反叛造成东西两军的实力发生变化。原本由西军势力控制的越前国被东军攻克，意味着从近畿通往全国各地的所有陆路都已被东军封锁，那么西军不可避免地走向颓势。

文明三年（1471）的关东局势变化以及朝仓孝景的反叛让西军陷入危险境地，山名宗全代表西军向细川胜元提出议和申请。文明四年（1472）一月，东西军谈判再度展开，处于弱势的西军将领畠山义就、大内政弘均发誓永不复仇，但随后，由于东军内部大量将领反对，和议最终还是无法实现。而且就在二月，关东局势出现反转，足利成氏重新动员起军队夺回古河城，更加促使西军将领不愿意同意这个有些低姿态的和平议案，东西两军的对峙持续进行。

在战争进行过程中，一股新的军事力量逐渐登上舞台，这就是所谓"足轻"。足轻，在一些记载中也称"疾足"，字面翻译为轻装步兵，大多是临时凑集的农民。由于战乱，东西两军兵力缺乏，便临时征调农民，分发给一些简陋的盔甲和武器，进行简单的训练后投入战斗。虽然这些人并不一定擅长作战，但足轻的诞生促使战争形势从武士依靠个人武艺或小组配合的个人战，转为以集团冲锋为主的集体作战。所谓乱拳打死老师傅，一个足轻

战国时代足轻的一般形象,总体是一群缺乏武器装备同时也没有道德底线的士兵

或许无法杀死一个武士,但足轻的数量优势却可以碾压个人战时期高高在上的武士群体。

足轻的雏形早在平安时代就已出现,一开始是作为保障后勤而出现的随从阶层。应仁之乱中关于足轻最初的记载发生在应仁二年(1468)六月八日,东军派遣足轻三百人进攻山名宗全的宅邸,将其中的瞭望塔烧毁,因此还获得细川胜元的赏赐。

虽然作战能力提升,但足轻的组织性、纪律性较之武士都差了许多。趁着战乱,足轻洗劫京都贵族与民家。一些土民商人为了赚钱,甚至雇用一些足轻假扮为东西军的某一方展开洗劫。正因如此,公卿一条兼良在政治教科书《樵谈治要》中将足轻列为绝对禁止的项目,认为足轻"危害远超恶党"。恶党是镰仓、南北朝时代出现的反体制豪族的名称,到了室町时代慢慢减少,一直被统治者作为反面教材对待。能够超越"恶党",足以说明足轻在许多旧贵族的心目中已经是颠覆秩序的邪恶化身。但另一方面,这其实也说明足轻极大地改变了军事作战的属性,曾经以武士之间比拼武艺的个人战形态逐渐消失,代之以高烈度的集体战。

(7)双双终结:享德、应仁之乱的终结与影响

经过数年交战,东西两军都是难以为继,恰好在文明五年(1473)三月至五月间,东西军两位大将山名宗全、细川胜元相继去世,这让双方终于开始走向和平。半年后的十二月,将军足利义政宣布隐居,将军之位让给足利义尚,幕府事务则交予内大臣日野胜光、将军夫人日野富子代理,着手操办起两军议和之事。

经过长达一年的谈判,到文明六年(1474)四月三日,山名家、细川家两家族达成和议。但要明白,这只是东西军两位总大将的议和,各自阵营中的大名普遍心怀鬼胎,生怕议和后自身性命或封地难保。于是这番和议并没有让东西两军罢兵,也没有保证"西幕府将军"足利义视一定能够安全,仅仅是让细川、山名两家停战而已。

文明八年(1476)九月十四日,足利义政向西军最强势力大内政弘发布御内书,要求他退兵回国,事情又有了转机。随着当年十二月十二日足利义政与弟弟足利义视和解,文明九年(1477)五月三日,大内政弘向日野富子献上三十贯钱,接着又单独献上五十贯钱作为与足利义政商谈的中介费用,最终退隐将军足利义政表示愿意保证大内政弘领地安全。十二月十一日上午,大内政弘烧毁自己在木津川附近的大本营,踏上返回领地的征途。在返回之前,大内政弘带领着西军将领与足利义政进行了交谈,与东幕府之间达成了和解。

以大内政弘回国为标志,这场延续11年的应仁之乱彻底结束,而随着应仁之乱结束,关东的享德之乱也朝着结束的方向走去。

在享德之乱爆发的二十余年里,关东大名也大量动员地方豪族与底层农民组成足轻军队,而在常年的征战中,上杉家内部涌现一位指挥集团作战的名家,即江户城的创建者太田道灌。太田道灌最为著名之桥段,便是曾著《足轻兵法》送给管领细川胜元。书中强调要以步速较快的足轻为主力,以最快速度围困对手单骑挑战的主将,只要把将领砍翻下马,战役就很好进行。虽然这套理论在中国或许并不算出众,但在刚刚从个人战走向集团战的日本而言,却属创举。太田道灌也因而被封为当时日本的"兵法之神"。

文明八年(1476)六月,在关东管领上杉家与古河公方足利成氏对立的大格局下,山内上杉家重臣长尾景春却突然发动叛乱,

太田道灌

声明投靠古河公方一侧，不到半年时间就把关东管领上杉显定逼得逃出大本营，一时间上杉家陷入战略劣势。就在这个时候，太田道灌站了出来，聚集自己在江户城的军队，在扫除江户城周围支持古河公方的国人势力后，于文明九年（1477）五月北上包围长尾景春驻扎的武藏国钵形城。

眼见"兵法之神"来袭，长尾景春顿感慌乱，连忙要求古河公方出兵援助，于是七月初，足利成氏的军队前来钵形城附近支援。太田道灌连忙采取调虎离山策略，吸引数量庞大的古河军来到远离长尾景春之处驻军，十月十四日，太田军一举进攻长尾军，长尾景春只好率领随从逃跑。十二月二十四日，失去盟军的古河军来到了利根川南岸布阵，上杉军主力也在二十七日来到了河对岸。就在这时，戏剧性的一幕发生了：天上突降大雪，气温也骤降不止，士兵们再无战意。看到这种情况，双方只得停战，各自退兵回城。

在逼退古河军后，太田道灌继续对长尾景春的残部展开追击，终于在文明十二年（1480）六月十三日，长尾景春的最后一个据点——日野城被上杉军攻克，长尾景春只身逃到古河公方府邸，希望能够讨得救兵。

但经过24年的战争，足利成氏已经厌倦，加之支持他的西军将领都回到了各自领国，京都地区已经重归平静，席卷关东的享德之乱也开始走向结束。文明十四年（1482）十二月二十七日，经过长时间的商讨，古河公方与幕府之间达成停战协议，足利成氏保留关东地区九个领国的统治权，而西南部的伊豆国则交由堀越公方足利政知统治。

发生在同一时段的应仁之乱与享德之乱互相影响和作用，将整个日本带入动乱中。就关东地区而言，虽然足利成氏保住了对于关东九国的统治权，但事实上，甲斐国已经被武田家牢牢掌控，上野、相模、武藏三国则是山内、扇谷两大上杉家的地盘,足利成氏能够影响的领国只有东部五国,绝对掌控的地区更是只有古河城附近的地区而已,其他地区的豪族都逐渐开始自立。由于幕府的影响力越来越弱,关东逐渐走向一块独立战场,直到织田信长时代晚期,近畿与关东地区才恢复了直接联系。

而应仁之乱导致的后果也非常严重。表面上看,战役以东军将领获胜、西军将领无功而返为终结,但事实上,战争中的每一个武士贵族都是失败者。为了争夺京都附近的地盘,各守护大名被迫远离领国,将更多权力交给在领国驻扎的守护代,这就让守护代成为统领地方国人的关键性人物。守护大名长期在京都驻守的结果,就是领国被守护代甚至国人所控制,这就为室町幕府的官僚体系崩溃埋下隐患。

更重要的是,应仁之乱、享德之乱让各地农民四散奔逃,严重打乱室町幕府原本的封建庄园制生产体系。室町幕府开展动员与生产的基层单位是"庄园",即由基层武士在一片相对固定的区域里承担农业生产、收缴税赋、征召兵役等任务,农民以家庭为单位、与基层武士存在人身依附关系,基层武士对农民拥有法律裁判权;只要交足税赋,幕府派驻六十六国的守护也不能干预庄园内部运营(守护不入权),庄园内部好似独立王国。许多武士都以庄园名称作为自己的苗字,如足利将军家的"足利"即来自于下野国足利庄。

但在连年战乱中,许多庄园遭遇兵乱而烧毁,甚至原本的基层武士家族也遭到屠杀,如此一来许多原属于庄园的领民就只得全部搬离,前往其他地区开垦新田,形成村落。由于缺乏领主统领,新村村民大多采取自治形态,推举有实力的农民成为村落的领导人与保护者,指挥大家兴修水利、分配田地、处理纠纷。有时候,大家会用粮食来雇用落魄武士保护村子,这种村落的新形态也成为黑泽明名作《七武士》的灵感来源。当然，更多时候，这些村落还是会寻求一些新兴的地方国人保护，通过上缴税赋的方式形成利益纽带。

由于幕府中央持续战乱，这些新兴村落并没有被纳入统计账簿中，那么幕府仅依靠衰落庄园体系的动员能力自然持续下降，而逐渐收拢这些新兴村落的地方国人势力却越来越大，中央势力的弱化与地方势力的增强便是可以预见之事。

3. 细川内乱

幕府中枢崩溃与后遗症(1482—1507)

应仁之乱结束后,室町幕府中枢受到严重摧残,幕府将军对于守护大名的控制权显著降低。不过即便如此,幕府还大体能对守护阶层做到令行禁止,在应仁之乱中崛起的管领细川家更是巩固自身权力基盘,在幕府中央独揽大权,甚至能够自由废立将军。

但问题也出在这里。既然细川家的地位猛然崛起,那么众人觊觎的位置也自然从将军变成管领,从各种足利将军家的成员变成号称"半将军"的细川政元,自然也要面对继承人选择问题。

在细川政元独霸近畿时,全国各地的守护代势力逐步起复,在出云、越后等地争夺权力,将应仁之乱时期开始的"下克上"继续发扬光大。

(1) 金钩之阵:九代将军足利义尚的去世与明应之变

八代将军足利义政隐居后,将军之位就传给儿子足利义尚。当年应仁之乱之所以爆发,一大原因便是足利义政面临着"弟弟还是儿子"的问题。而事到如今,儿子已经长大成人,继任将军,但父亲仍然不愿意放权,反而是继续在幕后操纵幕政,保留着守

九代将军足利义尚

护任免权、军事指挥权与寺院势力的诉讼裁判权等诸多权力,足利义尚只有一般的诉讼裁判权。

足利义尚当然不甚满意,于是组建属于自己的政治势力"奉公众",这就与拥护足利义政的"奉行众"之间起了矛盾。文明十七年(1485)四月,众臣朝拜将军,但"奉公众"却因为自己是现任将军的内侍,想要在"奉行众"之前进入内殿,这就让一直服侍退休将军的"奉行众"大为不满。由于足利义尚授意,"奉公众"占据优势,因此"奉行众"除留下一人之外,全部称病不朝。

足利义政为平息事态,要求"奉行众"首领布施英基退位隐居,遭到拒绝。足利义尚便派遣四名"奉公众"进攻其宅邸,经过管领细川政元的帮助,布施英基逃出京都。但残留下来的"奉行众"却全部遭到了剃发流放处分,六月,足利义政被迫出家为僧,足利义尚的反击获得胜利。

年轻气盛的足利义尚逼退父亲后,希望进一步扩大自身的权力基础。这一时期,近江守护六角高赖侵占许多寺院、神社的领地,遭到"奉公众"告发。于是长享元年(1487)九月十二日,幕府军出征近江,在足利义尚的设想中,降服六角高赖只是第一步,美浓守护土岐成赖、越前守护朝仓孝景都是他要征服的对象,这种对守护权力的挑战充分显示出青年将军足利义尚的血气方刚。

面对足利义尚来势汹汹,六角高赖却极擅用兵法门,使用一千多名"牢人"(犯人)加以反扑,使得幕府军队难以推进。战争进入持久战以后,足利义尚便逐渐丧失兴趣,每日在位于钩庄的阵中吟唱和歌,观看能乐,这就让随行许多幕府家臣很不满。但就在下属家臣表达不满之前,长享三年(1489)三月二十六日,足利义尚去世,年仅二十五岁,可谓出师未捷身先死。

足利义尚的去世让母亲日野富子悲痛不已,但她随即恢复理性,开始物色下一任将军。经过甄选,她推荐足利义政弟弟足利义视之子足利义稙作为候选人,但足利义视毕竟在应仁之乱中做过"西幕府将军",这就让管领、东军后代细川政元很不满意,惧怕足利义稙上任后会对曾经的东军成员加以清算;于是,细川政元提出另一个提案,即拥立足利义政庶兄、远在关东的堀越公方足利政知第二子为候选人。但这一时期,日野富子执意要立足利义稙,细川政元也没有明确反对。

不过,足利义稙对接任将军显得颇有心机。延德二年(1490)一月退隐将军足利义政去世后,足利义稙强行夺走了象征将军之位的服装、铠甲等信物,并在七月五日就任十代将军。这种蛮横态度引起日野富子的强烈反感,她便与细川政元达成协议,决定伺机废黜足利义稙,共同拥立足利政知的儿子作为继承人。后半年里,足利义稙的父母先后去世,这就让他失去父母双方的人脉支持,变得更加孤立。为了打破孤立局面,足利义稙主动参与征讨畠山家残余势力的战争。

十代将军足利义稙

应仁之乱的爆发原因之一便是畠山家内乱,但在应仁之乱结束后,畠山家内部仍分为两派,以京都为界在山城国内部展开南北对峙,不过到了文明十七年(1485)十二月,常年受到兵乱之祸的山城国人忍无可忍,于是组织山城国南部三个郡的15岁至60岁男性农民集会于宇治平等院,催促畠山家退兵,于是两者达成暂时性妥协。其中畠山政长保留畠山家在河内、大和两国的势力,而畠山义就则保留越中、纪伊两国,双方约定休兵。

但畠山政长仍然念念不忘消灭自己的堂弟,他看准机会,在拥立足利义稙为十代将军的过程中出工出力,于是足利义稙就任将军以后,便投桃报李,帮助畠山政长进攻畠山义就的残余势力。由于畠山义就已经去世,足利义稙便在明应二年(1493)二月出发河内国,征讨畠山义就的继承人畠山基家。

但这一次,细川政元却在背后搞起小动作。趁着足利义稙远

京都附近的旅游景点宇治平等院

离京都,细川政元将他心目中的将军候选人、足利政知第二子悄悄接入京都。随后四月二十三日,细川政元烧掉畠山政长位于京都的居所,派遣密使与前线的畠山基家联络,两面夹击将军足利义稙与畠山政长的军队。闰四月十九日,细川政元开始进攻足利义稙等人所在的正觉寺,最终畠山政长自尽,足利义稙也遭到软禁。

　　在部分历史学家看来,这起明应之变是日本战国史的开端,因为应仁之乱虽然是天下大乱的开始,但幕府中枢神经依旧存续。但如今"下克上"都已经克到"武家栋梁"将军身上,这就意味着管领的权力已经彻底超过将军。明应三年(1494),细川政元拥立足利政知的第二子为十一代将军足利义澄,这也是室町幕府历史上首次由管领直接参与将军废立之事,幕府管领不仅可以废黜将军、决定将军继嗣,甚至可以把原来将军囚禁流放,这自然说明战国时代最为流行的"下克上"已经到来。

但畠山政长的后继者畠山尚顺并没有就此认输。他首先派遣家臣寻找足利义稙，将他营救出来，并通过海路辗转送到畠山尚顺领有的海港——越中国放生津。以放生津为中心，足利义稙收拢畠山家旧部形成"越中公方"，继续与幕府作对。

明应六年（1497）九月，畠山尚顺在纪伊国起兵进攻河内国，并在明应八年（1499）一月逼死站在细川家一侧的畠山基家。随即"越中公方"足利义稙与越前国朝仓家联合，沿琵琶湖下溯至近江国，与京都东侧的政教合一势力比叡山延历寺僧众结合在一处，再与畠山尚顺联手夹击京都。但这年七月十一日，细川政元派遣军队再度烧毁反对自己的比叡山延历寺；九月，细川家击败畠山尚顺，足利义稙只能远逃至日本本州岛最西部的周防国接受庇护。

通过一系列的军事行动，细川政元巩固以管领为中心的政权体系，他也获得"半将军"的诨名，把持管领位置长达二十年之久。

（2）细川家变：细川政元的继承人问题与遇刺

细川政元的人生不可谓不戏剧性。他一出生就瓦解细川、山名多年联盟，冥冥中注定一生都会是重要的政治人物。

管领细川家是一个庞大而复杂的家族体系，细川胜元、细川政元父子都属于细川宗家，世代都有资格继任管领，由于宗家的家督都会世袭右京大夫这一官职，细川宗家又以右京大夫的唐朝中国官名"右京兆"称为"细川京兆家"，此外细川家还可以分出"典厩家"、"阿波守护家"、"野洲家"等分支。宗庶之间互相扶助，让细川家权倾朝野。

但细川政元本人却并不信任任何一个分家。文明十一年

3. | 细川内乱

"半将军"细川政元

（1479）十二月，从属于细川家的丹波国人出现内斗，年幼的细川政元前往调停，却遭到绑架并一直关到第二年春天才获得解放。这段经历让他非常渴望获得一些直接服侍于自己的家臣团，于是在成长过程中，他逐渐把侧近的安富元家、药师寺元长、药师寺元一等年轻人纳入所谓"内众"，也成为细川政元执政的核心力量。

由于不信任任何外人，细川政元迷信起所谓"修验道"。"修验道"是日本古代的山岳信仰（自然崇拜）与佛教进行融合后的一种宗教派别，其信徒认为，如果在山岳中进行严酷的修行，最终能够悟道并获得超自然"验力"，达到长生不老。但教派有不成文规定，修炼者不可接近女色，也有说法认为细川政元偏好男色，因此利用"修验道"作为幌子。但无论哪种正确，细川政元都没有妻子儿女。

由于坚信自己可以长生不老，细川政元无意传位，而是先后收取澄之、澄元、高国三个养子，希望三人能够通力协作，巩固细川家势力。但问题在于，三人的出身与政治资源都完全不同：细川澄之出身的公卿九条氏是摄政关白家的成员，同时也是细川政元收取的第一个养子；细川澄元出身的阿波守护家掌握着细川家主力军队，帮助细川家挺过整个应仁之乱；而细川高国出身的野洲家在血缘关系上同京兆家最近，三者都有着充分的理由认为自己是当仁不让的继承人。

于是，细川家家臣们也开始站队：细川政元身边的"内众"认为自己效忠于出身高贵的细川京兆家，没必要向出身于其他分家之人俯首称臣，倒不如拥护有着更为高贵血统的细川澄之；细川澄元本身拥有强大的军事实力，只需要阿波守护家内部支持即可；三人中势力最弱的，便是出身野洲家的细川高国，因而在争斗初期也不受重视。

进入晚年以后，细川政元也开始猜忌一直跟随自己的"内众"。永正元年（1504）闰三月，细川政元突然解除"内众"药师寺元一的摄津国守护代职务，这让药师寺元一这位长期效忠细川政元的家臣非常愤懑，立刻竖起反旗，甚至与反对细川政元的畠山尚顺联合一处。这起反乱虽然遭到镇压，药师寺元一也自尽身亡，但细川家大厦已经开始出现倾颓。

永正三年（1506）四月，为援助盟友若狭武田家，细川政元派遣养子细川澄之、细川澄元各自进攻丹后守护一色义有，再到永正四年（1507）四月，细川政元亲自率军进入丹后国。但抵达前线后，细川政元却突然声称厌恶战乱，要放弃一切地位去远足修行，随后在细川家发动总攻之前，细川政元突然率领细川澄元的军队返回京都，只留下细川澄之的军队在前线作战。

细川政元的奇怪举动让"内众"大失所望，一来失望于他猜忌跟随多年的老家臣，二来是认为细川政元还是想把管领位置传给拥有细川家血统的细川澄元,这就意味着"内众"在未来不得不屈居于阿波守护家,而阿波守护家本身又有自己的家臣团,自己不一定能占到便宜。两相思考下,永正四年(1507)六月二十三日,细川政元准备修炼修验道,正在沐浴更衣时,"内众"成员香西元长、药师寺长忠串通了侧近家臣,将细川政元刺杀在浴室中,随后拥立细川澄之为主君,就任管领之位。

对于"内众"的叛变,细川家几乎全员表示反对,其余两位养子细川澄元、细川高国联合近畿重臣以及河内守护畠山家共同反扑。七月底,刺杀细川政元的香西元长、药师寺长忠的主城相继被攻克,八月一日,阿波守护家的军队攻克管领细川澄之在京都的居所,细川澄之切腹自尽。紧接着第二天,细川澄元来到京都参拜十一代将军足利义澄,接任管领职位。

但细川澄元的继任却引发了近畿国人新一轮的不满。细川澄元作为阿波守护家的后代,与近畿地区根基深厚的京兆家国人存在冲突。阿波守护家的首席重臣三好之长更是由于实行了严酷的政策而遭到了反抗,出身于野洲家的细川高国趁机将近畿国人囊括在手中,伺机而动,而细川家延续三十年的内乱也即将拉开大幕。

(3)出云1486:尼子经久夺取月山富田城

近畿战乱频仍,全国各地也出现动乱,战国时代第一次由守护代颠覆守护的举动,便爆发于远离京都的出云国。

尼子经久出生于长禄二年(1458),不过由于记录缺失,他的少年时代始终有些含糊。只有一项相对准确的记载:文明六年(1474),尼子经久前往京都,请求守护京极家减免五分之四的税额,守护京极家不但没有同意,反而把尼子经久扣押为人质,

尼子经久

用以威胁他的父亲继续为己效力。当时恰逢应仁之乱，京极家支持东军，但出云国本身却处于西军的大内家与山名家领国夹击中，如果出云国守护代造反，那很可能重复朝仓孝景夺取越前国的故事。于是尼子经久青年时期一直作为人质度过，直到文明十一年（1479）才回到领国，接任尼子家家督与出云国守护代职位。

少年时期的人质经历与目睹应仁之乱让尼子经久备受打击，不愿继续为幕府官僚体系效力。于是回国以后，尼子经久开始私下联络出云国东部国人，秘密推倒众多幕府机构，并将属于守护京极家的寺社领地全部纳为己有。当时出云国拥有一个对朝鲜半岛的通商港口——美保关，而此地收取的商业关税是以单列形式缴纳给京极家。为了更好地控制美保关，从文明十四年（1482

十二月开始，尼子经久拒绝上缴关税。

这时候的幕府早已从应仁之乱的战乱中恢复过来，于是在文明十六年（1484）三月通令出云国国人一起围攻尼子经久。出云国国人大体可以分为东西两部分，东部三郡（能义、意宇、岛根）出现大量以冶铁、贸易为主的新兴村落，逐步被尼子经久收编到自己麾下；而西部却存在着以杵筑大社（出云大社）为核心的寺社庄园势力，于是出身于西部的盐冶氏、三泽、三刀屋等国人均反对尼子经久试图扩张的举措，对其发动猛攻。最终主城月山富田城被各路军马围困，尼子经久只好放弃抵抗，随后被流放出领地。守护代职位由西部国人盐冶氏接任。

这件事若是发生在室町幕府时代前期，或许尼子家再无兴复的可能，然而应仁之乱出现"下克上"后，尼子经久也不再拘泥于旧有秩序，而是广泛联络出云各地国人，集结各方势力，为恢复自身地位名誉努力。文明十八年（1486）除夕夜，尼子经久甚至与专门从事祭祀表演的贱民阶层"贺麻众"结为同盟，趁着他们在月山富田城表演"千秋万岁"舞，率领武士一百余人杀入城内，最终将这座号称易守难攻的城池用政变方式巧妙夺回。长享二年（1488），尼子经久更是击退西部国人三泽家的反击，获得全面胜利。

尼子经久之所以选择这一时间点反扑，也是因为守护京极政经也在文明十八年（1486）离开出云前往京都，并前往京极家的另一大领地——北近江，试图进攻夺取京极家家督地位的另一位京极家成员京极高清。直到延德元年（1489）京极政经才得到近江国人的帮助击败对手，并获得幕府的认可。

但就在这一时期，十代将军足利义稙接任，他对于京极政经的个人能力深表怀疑，因而在明应元年（1492）十二月突然宣布废黜京极政经的家督之位，改由京极高清接任；即便是明应政变导致足利义稙下野,但他的命令已经发出,这就让京极高清在明应三年(1494)九月顺利回归北近江,双方战火重燃。在如此的政治打击下,京极政经只得逃离京都回归出云,而尼子经久也恰到好处地拥护京极政经,这就让双方最终走向和解,尼子经久也重新获得出云国守护代之职。京极家的内部斗争在永正二年(1505)才最终结束,这场旷日持久的斗争让贵为幕府四职之一的京极家实力大幅衰弱,而尼子经久也在出云国觅得进一步发展的良机。

(4) 关东 1486:关东长享之乱与关东管领上杉显定之死

关东地区在经历享德之乱后,仅仅平静了数年时间,就爆发了第二次大规模内战。这一次交战双方便在关东管领上杉家内部,即山内上杉家与扇谷上杉家的战争。

室町幕府初代将军足利尊氏的母亲出身于上杉家,因此在室町幕府建立后,上杉家成为辅佐镰仓公方的头号重臣,世袭关东管领职位,由于居所在镰仓城山内地区(神奈川县镰仓市山内),故称为山内上杉家;扇谷上杉家则以镰仓城扇谷地区得名。这两大上杉家也是上杉家最主要的分支。

两上杉家的矛盾来源于享德之乱后期的长尾景春之乱。长尾景春是山内上杉家的臣子,但其发动的大乱却是由扇谷上杉家的太田道灌所平定,这让山内上杉家颇为不满。另外,随着太田道灌的势力扩大,扇谷方的实力有超越山内方的苗头,于是乎当时的关东管领亦即山内上杉家家督上杉显定便担心扇谷方会来争夺关东管领的职位,便设计分化扇谷上杉君臣。

针对太田道灌这位当时的"军神",上杉显定在民间散布谣言,声称他日后将凭借自己修建的江户城、河越城两城，展开反叛行动。而且上杉显定向扇谷上杉家许诺，只要上杉定正除掉太田道灌，他就会代替扇谷上杉家除掉长尾景春。扇谷方对功高震主的太田道灌心存戒心，于是文明十八年（1486）七月，扇谷方要求太田道灌前来汇报工作，随即派遣杀手在太田道灌沐浴过程中杀掉这位绝世名将。据说太田道灌去世前夕，仅仅留下了四个字的遗言——"当方灭亡"。"当方"指的是扇谷上杉家，换句话说，他意识到如果自己去世，那么扇谷方难逃灭亡的命运。太田道灌一语成谶，六十年后天文十五年（1546），扇谷上杉家被逼入死路。

如今江户城原址内还有「道灌壕」

诛杀功臣太田道灌让扇谷方失去人心，太田道灌的长子太田资康迅速投奔山内上杉显定。长享二年（1488）二月至六月，上杉显定率领一千人军队反复对山内方发起进攻，但始终未能获得成功。山内军接连失利，并非是由于扇谷方强大，而是因为对手获得古河公方足利成氏与长尾景春支持。十一月十五日，扇谷、古河联军开始反攻，他们在山内上杉家主城钵形城南部击败了山内军。上杉家三次内战都以占据劣势扇谷方取胜，局势便如同之前的关东动乱一样，陷入了僵持。

由于关东在15世纪已经有过两次动乱，整个关东地区的内部势力已经损耗殆尽。为了填补空缺，扇谷上杉家开始寻求外援支持。明应三年（1494）十月，51岁的扇谷方家督上杉定正去世，古河公方足利成氏随即转而支持山内方，扇谷方被迫联合伊豆、相模两国国人北上抵抗山内方进攻，这里面就有日后极负盛名的战国大名伊势盛时（北条早云）。

面对扇谷方的增援，山内上杉显定则在永正元年（1504）十月从越后守护家求得援军，将扇谷方最重要的河越城团团围困，并切断城池对外的所有必经之路。于是到永正二年（1505）三月，扇谷方被迫求和，山内方强迫扇谷方更换家督，和议最终达成。

在与古河公方结盟后，上杉显定有意重建关东旧秩序，甚至将二代古河公方足利政氏弟弟迎立为养子，预备接任下任关东管领。

不过好景不长，永正四年（1507）八月，越后国守护代长尾为景杀死越后守护上杉房能。听说亲弟弟被杀，上杉显定立刻在永正六年（1509）七月率军进入越后国进攻长尾为景，然而由于手段过于急躁，上杉显定遭到支持长尾为景的越后国人围攻，最终在永正七年（1510）六月二十日被围自杀。

长享之乱后，关东地区旧势力已经难以为继，诸如北条早云等来自外部的新势力开始进军关东,成为这片地区的新兴霸主。

(5)伊豆1493:伊势盛时的崛起与夺取伊豆国

"该活的人让他活,该死的人让他死,这就是政治!"这是北条早云的名言。纵观整个战国时期,有很多家族新兴崛起,但以一个纯粹"外人"身份进入某一片土地并打下一片天下,只有北条早云与北条家做到了。不过北条早云是这个人死后的敬称,在他还活着的时候,称呼一直都是伊势盛时,或者按照法号称伊势宗瑞。

关于伊势盛时的出生年份,从江户时代以来一直认为是永享四年(1432),但按照这个方法推算,伊势盛时到了56岁才有长子伊势氏纲(北条氏纲),又在60岁以后接连有了4个儿女,与当时的一般情况不相符。在文书记载中,"伊势盛时"的名号

伊势盛时(北条早云)

初见于文明十三年（1481），成人礼也应该在这一时段前不久，而按照永享四年推算，此时的伊势盛时已经50岁高龄，进行成人礼非常奇怪。所以近年来，日本史学家大多选择了康正二年（1456）作为伊势盛时的出生年份，按此推算，文明十三年（1481）实行成人礼的他为26岁，而长子伊势氏纲出生时的他为32岁，较符合常理。

另外关于伊势盛时的出身，江户时代的小说中都记载为浪人，即无业武士。但据研究，伊势盛时是政所执事伊势贞亲的亲戚，父亲是备中国荏原庄的国人伊势盛定。从青年时代开始，伊势盛时就作为九代将军足利义尚的"奉公众"供职于幕府。

伊势盛时能够登上历史舞台，机会来源于骏河国今川家的内乱。文明八年（1476），骏河守护今川义忠战死，嫡长子龙王丸与今川义忠的从兄弟小鹿范满争夺守护之位。由于伊势盛时是今川义忠的妻兄，于是他就作为幕府"奉公众"的一员来到骏河国调停，最终决定在龙王丸15岁之前先暂时居住在另一座城池，而让小鹿范满代行守护职权。

到了长享元年（1487），龙王丸已过15岁，然而小鹿范满却无意让出骏河守护。这一时期上报至幕府后，十一月九日，伊势盛时再次来到骏河国，这一次他率领军队直接攻克小鹿范满的居所，以幕府使节身份确立龙王丸即今川氏亲为新任守护。而为了表彰舅父功绩，今川氏亲特地将领地最东端的兴国寺城交给伊势盛时作为封地，伊势盛时便辞去幕府"奉公众"职位，在地方专心经营领地。

为了扩大领民规模，增加生产力，伊势盛时大量收留因战乱而四散逃亡的难民，引导开垦新田，完善城主与国人、自治村落之间的指挥与协作机制，还把税率从"一公一民"（50%）下降为"四公六民"（40%），吸引大量民众前来投奔，兴国寺城成为伊势盛时乃至北条氏崛起的重要基础。

延德三年（1491）七月一日，位于伊豆国的堀越公方内部发生动乱，二代堀越公方足利茶茶丸杀死继母及一名异母弟弟，伊势盛时虽然预测到未来的伊豆国会出现大乱，但仍然静待事态变化。到明应二年（1493）秋天，京都的幕府管领细川政元扶植十一代将军足利义澄，而这位将军正是足利茶茶丸杀死的继母之子，于是他在上任后，第一件事就要求诛杀足利茶茶丸。

既然诛杀足利茶茶丸已经成为幕府的正式号令，那么伊势盛时便不再犹豫，立刻策反长期对足利茶茶丸不满的伊豆国国人，派遣军队与他们一起杀向堀越公方居所，足利茶茶丸被迫逃出。没过一个月，伊豆国全部平定，伊势盛时顺势在堀越御所东边建立韮山城，触角渐渐伸进关东地区。而足利茶茶丸在辗转抵抗数年后，最后在明应七年（1498）八月被伊势军逮捕并切腹自尽。

伊势盛时能够进入伊豆国，除去有着幕府大义名分支撑外，长享之乱期间山内、扇谷两上杉家的矛盾也是重要因素。据《镰仓九代后记》记载，由于山内上杉家支持堀越公方，扇谷上杉家希望能够通过伊势盛时进攻堀越公方削弱山内方的势力。正因如此，伊势盛时暂时作为扇谷上杉家的同盟军进入关东，而他最重要的成就便是获得小田原城的统治权。

（6）加贺 1488：政教合一势力本愿寺的崛起

随着应仁之乱爆发，庄园制进一步衰退，全国都出现大量的自治村落，这些闲散的农民集团在战国时代大量出现，也成为战国时代持续动乱的导火索。对于这种变化，本愿寺八代宗主莲如早已敏锐地察觉到了，他也培养出战国时代最具特色的政教合一势力，即战国大名本愿寺。

佛教进入日本以后获得了重大的飞跃，并在长期的发展中与日本传统的神道教结合在一起，甚至成为了默认的国教，很多天皇、将军、大名在退位后也会选择出家。日本佛教鼎盛时期在全国大概有 46 万座佛寺。在日本，最早传入的佛教派系为天台法华宗，简称天台宗，比叡山延历寺便是天台宗圣地。继天台宗后，临济宗、日莲宗、曹洞宗、净土宗也相继出现，本愿寺势力属于净土真宗，如今仍有传承。

净土真宗由镰仓时代的亲鸾法师（1173—1263）开创，但他在世的时候宗派势力并不大，直到亲鸾圆寂后数十年，他的墓葬地，位于京都的大谷庙堂才成为正式寺院，并受到当时在位的龟山天皇赐予"久远实成阿弥陀本愿寺"，"本愿寺"自此成为正式的寺院名称。经过百余年的发展，本愿寺的教徒已经从京都遍

莲如

布近江国、加贺、越前等领国，势力颇为庞大。但由于经营不善，到了八代宗主莲如即位时，整个寺院的财政已然入不敷出，只能作为青莲寺的末寺存在于世。

宽正五年（1465）一月八日，青莲寺的总本山比叡山延历寺发布敕令，由于本愿寺所宣传的教义与天台宗延历寺的教义不同，予以宗教制裁，在数百名延历寺僧兵进攻下，莲如只好携带着亲鸾法师的塑像逃出京都。直到应仁元年（1467）三月，本愿寺派才获得赦免，但莲如却被迫隐居。

隐居以后的莲如选择远行。应仁二年（1468），莲如徒步从近畿来到关东，又来到北陆的越前国。一路上，他亲身接触应仁之乱与享德之乱的血腥残酷，也认识到各地自治村落的大规模发展。经过长时间的思考，文明三年（1471）四月，莲如决定定居佛教信徒众多的越前国吉崎地区，建立新的所谓"吉崎御坊"。

传教过程中，莲如放弃所有佛像崇拜，只将"归命尽十方无碍光如来"的十字名号确定为本愿寺供奉的"本尊"。更换"本尊"，无疑是针对当时散布各地的自治村落而设计的崭新策略：农民出身低微，文化程度不高，难以理解高深的佛教理论，更没有足够资财制作佛像。如果让他们信奉某个具体的佛像，必然会造成传教缓慢。于是本愿寺宣称，无论高低贵贱皆可信仰本派，本派不崇拜佛像，也不需要制作工艺复杂的佛像，只需称颂"归命尽十方无碍光如来"十字名号，便可认定为教众。这为与自治村落之间的联盟提供基础。通过与自治村落联合，莲如逐渐开始本愿寺的世俗化过程，凝聚起一支不可小觑的武装。

这时，越前国东部的加贺守护富樫家发生内乱，为本愿寺势力提供良机。

由于室町幕府的政策在三十年间反复变化，加贺守护富樫家内部也出现家督争执，尤其在应仁之乱中，投奔东军的守护富樫政亲与拥护西军的部分加贺国人之间产生矛盾，这些加贺国人拥立弟弟为新任家督。富樫政亲邀请本愿寺僧徒进入加贺国帮忙平乱，内乱刚刚得以平定，富樫政亲却不希望莲如继续扩展势力。无奈之下，莲如只在文明七年（1475）放弃吉崎御坊回到京都。

久违京都数年以后，莲如不再把目光仅仅放在一个破破烂烂的京都，而是把目光投向整个近畿地区，巩固不同地区本愿寺信众之间的联络，形成完善的陆上与水上交通渠道。从文明十年（1478）到文明十五年（1483）之间，莲如分别开辟纪伊国鹭森别院、京都山科本愿寺两座分寺，再加上近江国支持本愿寺势力的园城寺，莲如构建起一个以京都为中心、纪伊为后方、北陆地区为前哨站的完整通信与物流体系。日后这个体系又在明应十年（1492）加入伊势国长岛城的愿证寺，体系建立让近畿地区的陆运与水运有机结合起来。后世本愿寺能够在近畿地区拥有相当程度的影响力，靠的便是这条通信与物流网。

《信长之野望》等日本战国游戏的玩家都有所了解，加贺国在战国时代的大部分时间都以"卍"作为家纹，这便是本愿寺势力的象征。本愿寺势力对于加贺的控制，正是开始于这一时期。

长享元年（1487），九代将军足利义尚讨伐六角家，加贺守护富樫政亲派兵援助，趁着这个机会，73岁高龄的莲如与反对富樫政亲的加贺国人结盟，共同发动越前国、加贺国的本愿寺僧兵一起攻击富樫家主城高尾城。得知消息，长享二年（1488）初，富樫政亲脱离幕府军队，回到加贺国平定叛乱，但当年六月，富樫政亲受到本愿寺势力围攻，只得在高尾城内切腹自尽，加贺国的本愿寺僧人获得巨大胜利。

富樫政亲死后，加贺国人与本愿寺共同拥立富樫政亲的叔父富樫泰高就任加贺守护，由于本愿寺势力已经逐渐崛起，这位富樫泰高也逐步成为他们的傀儡。虽然加贺国一直到享禄年间（1527—1532）之间还存在守护职位，但加贺国已经不再是武士大名拥有的领土，而变成"百姓之国"，希望沐浴于宗教势力下的领民纷纷投身于本愿寺与加贺国，这让本愿寺势力获得长足发展。

（7）北九州1501：大友家、大内家之战

九州岛虽然地处日本边陲，但由于距离朝鲜半岛很近，千年来一直是日本接受国外文化的基地，这也塑造出九州地区与其他地区截然不同的文化色彩，以博多港为中心的远洋贸易更是让北九州地区成为当时日本经济最为发达的地区。

也正因如此，北九州很早就受到关门海峡对面的本州岛最西端势力、周防守护大内家的重点关注。应仁之乱结束后，西军重将大内政弘返回领国，并在文明十年（1478）对筑前守护少贰家发动攻击，将以博多港为中心的丰前、筑前两国纳入掌中，这也就意味着关门海峡两岸的主要土地均落入大内家之手。大内家的存在也对位于丰前国南部的丰后守护大友家形成威胁。

相比丰前、筑前两个富庶分国，大友家拥有的丰后、筑后两国的产能就显得非常贫瘠，对大内家也不能硬抗。于是文明十六年（1484），大友家十六代家督大友政亲让位给儿子大友义右（十七代家督），这位儿子的妻子正是大内政弘之女，这就使得大内家、大友家在这一段时间内相安无事，大友家甚至还能获得大内家的照顾。

不过由于大内家的压力始终存在，退隐的大友政亲与家督大友义右之间产生严重矛盾。到明应五年（1496）五月，大友义右年纪轻轻就突然去世，一说是被父亲大友政亲毒杀。但巧合的是，就在儿子去世后一个月，父亲大友政亲也因病去世，这就使得大

友家一时面临着无子可嗣的尴尬局面。

为了缓解压力,大友家家督转而由大友义右的叔父大友亲治来担任。家督去世以后由叔叔即位,这一点引发大友家领内不满。就在明应五年(1496)七月,支持大友义右的丰后国人举兵叛乱,逼得大友亲治出兵扫平叛乱。为了维护大友家的统治基盘,大友亲治被迫向当时的管领细川政元请求协助,这就引来当时的大内家家督大内义兴不满。毕竟在日本与明朝、朝鲜半岛的贸易方面,大内家与细川家彼此敌对,那么大友家家中如今既没有亲近大内家的势

大内义兴

力,又跑去与商业对手暗通款曲,那么自然受到大内义兴的敌视。

随即,大内家试图拥立大友家另一名成员、当时正在出家的僧人大圣院宗心作为新任家督。明应七年(1498),大友亲治与大圣院宗心开始交战,这一时期大内义兴由于进攻西边的少贰家残部而未能向东援助,使得大圣院宗心战败而亡。由于担心大内家介入,大友亲治迅速退隐,并将位置传给年仅11岁的儿子大友义长(十九代家督)。虽然大内义兴随后立刻回兵进攻大友家,但由于连续作战导致士兵疲惫,大内军在丰后玖珠郡一战中折损

两员大将，大内家试图控制大友家的计划受到挫折。

恰好这一时期，被管领细川政元驱逐的十代将军足利义稙四处奔逃，而大内义兴却主动在明应八年（1499）十二月将这位流亡将军迎至自身领地周防国。就在这里，足利义稙要求大内义兴发动进京之战，帮助他夺回将军之位。

看到大内义兴与废黜将军站在一条战线上，大友家更选择与大内家敌对，家督大友义长更是通过管领细川政元，向十一代将军足利义澄申请到继承大友家家督的合法性文件。既然是借助十一代将军获得合法性，就意味着大友家正式与支持十代将军的大内义兴划清界限。文龟元年（1501）闰六月九日，管领细川政元操控天皇发布旨意，宣布大内义兴为"朝敌"，并要求大内家领地附近的大友家、少贰家残部共同发起进攻。

接到命令后，已经退隐的大友亲治、失去领地的少贰家军队纷纷组织起来，对大内家的马岳山城发动突袭。马岳山城海拔216米，位于大内家统治的丰前国与大友家统治的丰后国之交界地区，这片地区靠近海洋、呈冲积平原状态，马岳山城所在的两座山峰恰好是唯一一个制高点，是兵家必争之地。趁着大内家不备，大友家、少贰家军队迅速在闰六月二十日夺取马岳山城，杀死守城的大内家重将；不过一个月后，大内家军队又趁着大友家、少贰家军队立足未稳而夺回马岳山城。

由于双方互有胜负，大内家、大友家在北九州地区大体形成对峙稳态，这也为双方在16世纪前期的大战打下基础。

4. 战场分断

战国大名此起彼伏（1493—1531）

进入十五六世纪的交界点，日本各地旧秩序已然松动，京都地区爆发的细川家内乱严重摧垮了幕府的执政体系，各地守护与国人势力逐渐涌动，将日本按照地区分散为一个又一个狭小的战场，各个战场开始出现"战国大名"这个"新生物"。

"大名"是"大名主"的简称，日本古代以"名"作为税赋收缴单位，"名主"便是负担一个"名"的生产与税收责任之主。如果一个人负担较多"名"的税赋任务便会被称为"大名主"，后来虽然"名"的概念不复存在，但"大名"的说法却逐渐与"诸侯"相类似，存留下来。"战国大名"是历史学家为了考察这一时期大名的内部管理形态而创造的词语，一般而言，战国大名拥有强大的军事实力，对属下国人与自治村落有独立的管辖权，内部建立起相对完善的等级制度与赏罚制度，关东西南部的北条氏、甲斐国武田家、安艺国人毛利家等家族便成为这一事物的先驱。

（1）进军京都：大内义兴介入细川家内乱与船冈山之战

永正四年（1507），管领细川政元遭到刺杀，随后第二位养子细川澄元在细川家军队的支持下杀死刺杀者并夺取管领之位。

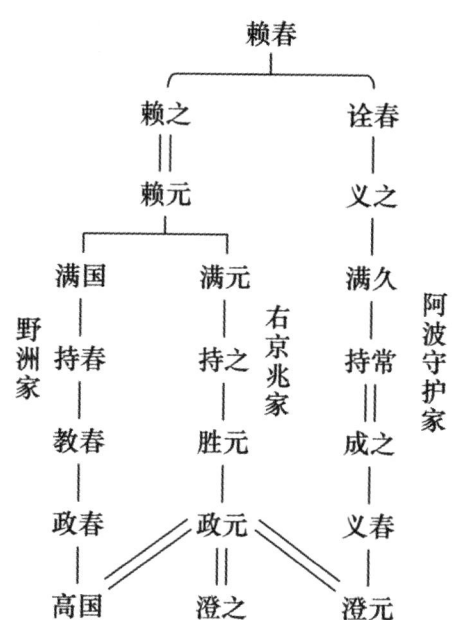

细川家谱系示要

细川家谱系（单线代表父子，双线代表养父子）

但细川家内乱才刚刚开始，不久之后，细川政元的第三位养子细川高国也蠢蠢欲动，试图联络周防守护大内义兴进军京都。

大内家与细川家的冲突早已公开化，而随着细川政元去世，大内义兴也认为良机已到，立刻在当年年底开始整备军队，分批出发。大内家宣布拥立十代将军足利义稙复位，不承认十一代将军足利义澄的合法性，这让细川澄元大吃一惊，于是在永正八年（1511）初委任义弟细川高国作为中介人与大内军进行议和。但细川高国却临阵倒戈，在三月十七日宣布与大内义兴结盟。

由于惧怕大内义兴的军队，四月九日，细川澄元率领军队离开京都,来到近江国甲贺郡避难。就在细川澄元离开京都的第二日,细川高国从伊贺国起兵进京,十一代将军足利义澄被迫出逃;二十七日,大内义兴的先锋军队渡海来到堺港,细川高国亲自来到堺港迎接。经过两个月的季节,七月一日,足利义稙、细川高国、大内义兴进入京都,分别获得了将军、管领、管领代官的职位,十代将军足利义稙结束十三年的外逃流亡生涯,复位成功。

但是细川澄元并没有认输。永正六年(1509)六月十七日,细川澄元率领三千军队横渡琵琶湖,来到京都附近的如意岳布阵,准备发动奇袭。但计划立刻遭到察觉,大内义兴率领两万军队反戈一击,澄元军大败。再到十月,细川高国趁势进攻近江国,细川澄元只好率领家老三好之长渡海出逃,回到自己的基盘所在地,亦即四国岛最东部的阿波国。

船冈山

细川澄元重整旗鼓，从永正八年（1511）七月中旬开始渡海回到近畿，很快，联络支持自己的河内守护畠山尚顺、播磨守护赤松义村分别起兵，对京都形成合围之势。眼见势头不妙，十代将军足利义稙与管领细川高国、大内义兴出逃到但马国，细川家从阿波国带来的军队控制京都。

但不巧的是，支持细川澄元的十一代将军足利义澄就在这时抑郁而终，使得支持细川澄元的军队士气猛降。大内义兴趁这个机会，在八月二十三日夜晚狂攻京都西北部的船冈山城，逼得城池守将自尽，战线缺失一角。船冈山决战后，细川高国稳固住自己的地位、与大内义兴在京都共同执政，而细川澄元又一次返回四国岛阿波国，两股势力共同存续，形成所谓"二川分流"格局。

细川高国与大内义兴确立政权基础，立刻着手利益分配，其中最引人关注的是遣明船的利益分配问题。所谓遣明船，即当时日明勘合贸易的一种形式，由日本幕府派遣官方船队，持日本国王的印信向中国出口商品。船队的主人虽然是日本幕府，但商品的利益分配却被掌握堺港、博多港两座港口的细川、大内两家把持，大内义兴举兵进京，目的之一是夺取遣明船的专属权。

从永正七年（1510）开始，细川高国、大内义兴准备共同派遣遣明船，其中细川家一艘，大内家两艘，双方各自组织货源、收取利润。但为了独占利益，任职于细川家的明朝商人宋素卿事先给明武宗时期的当权宦官刘瑾进献贿赂，于是第二年（1511）遣明船正式进入宁波港时，细川家所属船只首先开展贸易，而轮到大内家船只开启贸易时，官方贸易已经结束，他们只能想办法在民间售卖，这就让大内家的利益受到一定损失，造成细川高国与大内义兴之间也开始互不信任，为双方的矛盾埋下隐患。

（2）大乱之终：大内义兴的离开与细川内乱终结

永正五年（1508）船冈山之战虽然以细川高国、大内义兴的胜利告终，但这里也暗藏祸根：就在船冈山之战进行前，以毛利家、吉川家为主的大内军三名安艺国人擅自脱离军队，返回领地，再到第二年三月，另有五名安艺国人也返回领地。

之所以离开领地，主要是因为长年战争需要太多军费，而这些国人显然无法支撑如此高昂的开支。这凸显出大内家军队的构成基础非常薄弱，整支军队并不具备严格的组织化、制度化特征，一旦遇到困难就有可能分崩离析，这便是庄园制崩溃后、自治村落遍地开花后的问题。随着大内义兴驻扎在京都的时间越久，大内家对于领国的影响力就会愈发下降，于是

细川高国

大内义兴就有了离开京都之念。

恰好这一时期，已经改名的十代将军足利义稙与管领细川高国之间又是矛盾丛生，大内义兴也无力支撑这个脆弱的细川政权。最终在永正十五年（1518）八月二日，大内义兴率军队离开京都，十月五日回到阔别十年之久的山口城。细川高国政权随着大内义兴的离去也逐步走向崩塌，盘踞在四国岛多年的细川澄元一派再度开始反攻。

只不过，从这一时期开始，细川澄元已经年迈难动、继任的幼子细川晴元又较为年轻，于是四国岛的细川军更多是由阿波守护家老三好之长来指挥。

永正十六年（1519）十一月，三好之长率领军队播磨国登陆，围攻细川高国方的越水城，到永正十七年（1520）二月二日城池陷落。这时，与细川高国出现矛盾的将军足利义稙与细川澄元内通，将细川高国从京都赶到近江坂本城，虽然细川高国随后联合近江大名六角家、京极家一同返回京都，但十代将军足利义稙与管领细川高国的矛盾已然无法调和。

永正十八年（大永元年，1521）三月，将军足利义稙从京都出逃。由于他的出逃正好发生在后柏原天皇即位之前，天皇大怒不已，要求细川高国拥立新将军。经过反复思考，细川高国将十一代将军足利义澄的长子足利义晴立为十二代将军。足利义稙逃出京都后辗转来到四国岛阿波国细川家领地，并在大永三年（1523）去世，细川晴元继续拥立其子足利义维。这一次操作后，细川晴元与细川高国等于都是拥立过去敌对的主君之子为新的主君。

明应之变以后，足利义视、足利政知两个派系围绕着将军职位进行了反复争夺，直到室町幕府灭亡，这种争斗方才宣告结束。其中十代足利义稙、堺公方足利义维、十四代足利义荣属于足利义视派系,而十一代足利义澄、十二代足利义晴、十三代足利义辉、十五代足利义昭则属于足利政知派系。但有趣的是,足利义维与足利义晴是亲兄弟,只是由于足利义维过继给足利义稙,双方才继续对立起来,足见日本人的重视点不在于血统,而更在于家名与家系。

细川高国的内部矛盾还没有结束。大永六年(1526)七月,丹波守护细川尹贤诬陷细川高国的重臣香西元盛私通敌军,细川高国不由分说斩杀香西元盛。对此,与香西元盛结为同盟的波多野稙通、柳本贤治真的内通了细川晴元方面,晴元军重新登上近畿舞台。大永七年(1527)二月十二日,细川晴元、细川高国两方军队交战于京都西部的桂川原,细川高国大败,只好在十四日带着足利义晴逃亡到近江坂本城。接着,三好之长的长孙三好元长拥立足利义维在堺港设立了御所,即所谓"堺公方",类似于近畿地区的模拟将军府。

细川高国虽然被迫离开京都,但并没有放弃回来的努力。享禄三年(1530)六月二十九日,他设计暗杀掉曾经背叛自己的重臣柳本贤治。同时,细川高国出兵两万帮助播磨守护代浦上村宗平定播磨一国,赢得浦上氏的帮助。十一月六日,高国、浦上联军攻克摄津国大物城,计划在第二年重新进入京都。

享德四年(1531)三月十日,三好元长率军七千来到河内国天王寺地区,二十五日,阿波守护细川持隆率领八千军队来到堺港保护堺公方,与布阵于中岛地区的细川高国、浦上村宗联军对峙。但在对峙的最关键时刻,六月二日,高国、浦上联军的后援——播磨守护赤松政佑却临阵倒戈,从背后协助晴元军作战。细川高国再次惨败,最终在大物城被迫自杀,延续三代的细川家内乱结束。

细川家内乱表面上仅仅是细川澄元、细川晴元与细川高国的内部斗争。但在双方不断的内讧中，周防守护大内义兴、出云守护代尼子经久、近江六角家等各地大名都借机扩大自身势力，细川家内部最核心的阿波守护家统治权也遭到三好元长的架空，这使得细川家实行管领政治的基础彻底崩塌。与此同时，随着庄园制的陆续解体，各地国人、自治村落纷纷崛起，降低了细川军的动员能力。管领政治从六代将军足利义教去世开始出现，到此为止基本成了强弩之末。

管领政治的出现加快了将军权力的弱化，但由于管领在名义上不具备将军权力，一旦管领内部出现纷争，极容易受到外部势力的冲击，这种理论在冥冥中也预言了细川家内乱导致的后果。同时，由于将军拥有名义权力而管领拥有实际权力，这种矛盾也促使历代将军、管领之间都存在矛盾。自从十代将军足利义稙后，历代将军都未能逃脱被流放甚至被杀的怪圈，与这种名义、实际权力错位有着密切关系。

就在近畿地区乱作一团之际，关东地区的伊势家也抓住机会，扩大自身地盘，这也成为战国大名北条氏始祖。

（3）相模 1501：伊势盛时夺取小田原城

小田原城位于海滨，是从伊豆国进入相模国的要道，明应五年（1496）七月，山内上杉家对这里展开攻击，经过激战，扇谷军失利，小田原城城主大森藤赖则投靠山内军，开城投降。也正因如此，伊势盛时作为扇谷方的同盟军，便有了进攻小田原城的正当性。

对小田原城的攻击战，历来说法如下：明应四年（1495）二月某日，伊势盛时谎称在狩猎时，有猎物逃入小田原城附近的箱根山，让百余名士兵化装成猎手来到小田原城附近。深夜，伊势盛时派遣军队找来一千头牛，点燃牛角，牛痛苦不堪而冲向小田原城，即所谓"火牛阵"。大森藤赖以为大军来袭，便逃出了城池，小田原城被大森藤赖拱手让给了伊势盛时。

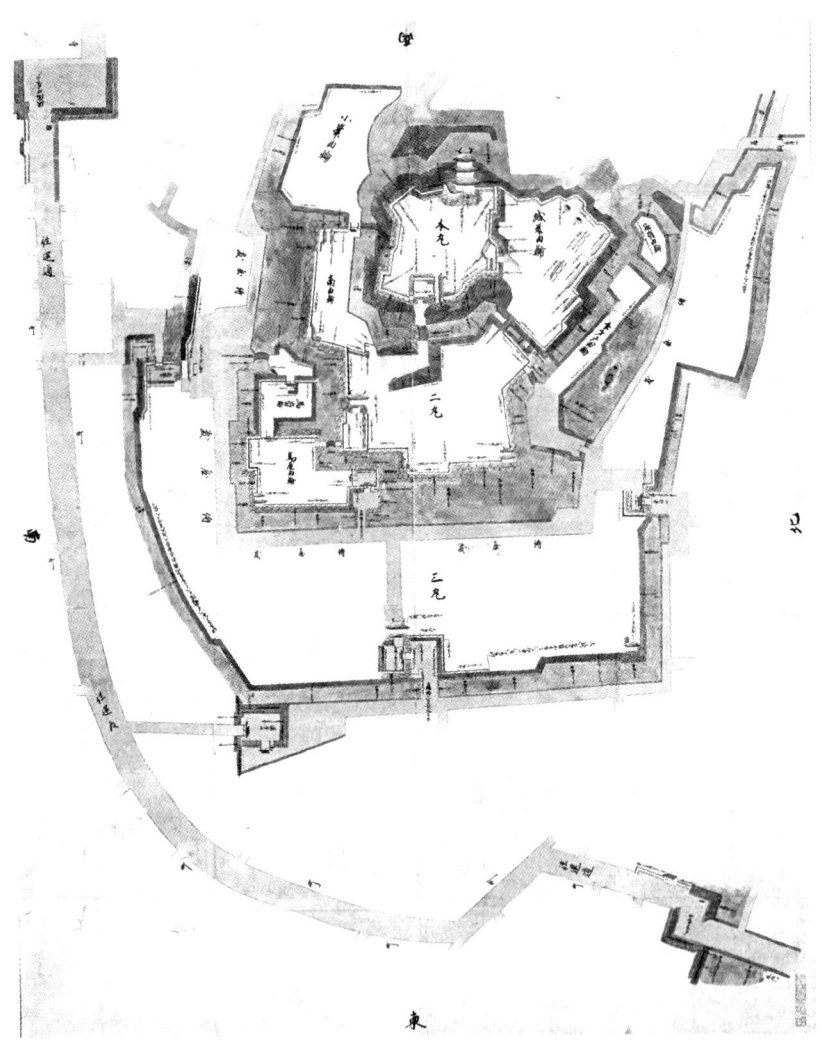

小田原城图

然而这个戏剧性很强的桥段却没有禁得起史实考证。事实上直到明应五年（1496）七月的时候，大森藤赖依然是小田原城主。若非如此，大森藤赖不可能带着城池投靠山内方，这个传说可看作是戏说。经过史学家考证发现，明应十年（文龟元年，1501）三月二十八日，伊势盛时将小田原城附近的走汤山寺社领地没收。按照惯常步骤来看，这种没收是攻克城池以后对附近领地的连带接收，可以推测伊势盛时攻克小田原城的确切时间，大致是在明应十年（1501）春天。

伊势盛时跃跃欲试，长享之乱却突然在永正二年（1505）戛然而止，这就让伊势盛时必须获得新的大义名分，或者，干脆就是独力挑战所有既存势力。

永正四年（1507），越后守护代长尾为景发动"下克上"，杀死越后守护上杉房能，三年后又将前来援助的关东管领上杉显定杀死，好不容易平静几年的关东地区再度混乱。看到这种态势，伊势盛时彻底摆脱听从幕府等传统势力的姿态，转而与越后守护代长尾为景结盟，攻击距离自己最近、实力最为弱小的扇谷上杉家。从永正六年（1509）八月开始，伊势盛时试图进攻扇谷方的武藏国江户城，不过他行至半途，就遭到相模国人三浦家的阻击。三浦家是盘踞在镰仓城东南部三浦半岛的传统武士，拥有强大的地方动员与组织能力，给伊势盛时的扩张造成巨大麻烦。经过两年左右的对峙，永正八年（1511）十一月，伊势盛时被迫一度向扇谷方求和。

短暂修正后，永正九年（1512）八月上旬，伊势军再次举兵，接连攻克扇谷方三浦家的冈崎城、镰仓城等重要城池，确立对相模国的大体支配权。由于镰仓城位于海滨谷地中，出入不便且容易遭到水路攻击，伊势盛时重新在镰仓城北部山地中修建新的玉绳城，以作为控制相模国的核心城池。最终在永正十三年（1516）

七月，伊势军攻破扇谷家在相模的最后一个据点新井城，相模国完全落入伊势盛时手中，而他的人生也基本走入暮年。征服相模国后三年（1519），伊势盛时最终走完人生之路，由于儿子日后改名北条氏纲，伊势盛时也最终获得"北条早云"的尊称。

与同时代的细川政元相似，北条早云在关东接连消灭堀越公方，击垮扇谷上杉家，夺取相模国镰仓城，几乎把室町幕府统治机构破坏殆尽，宣告以军事实力为竞争核心的战国时代正式开启。当然深究起来，北条早云能够如此迅猛地占领关东地区西南部最为富庶的伊豆国、相模国，也是因为有着京都伊势家的显赫背景与骏河今川家这个亲戚在背后支持。只是如果没有独家秘诀，显然无法在关东这片百战之地稳住脚跟。北条早云的独家秘诀在于两点：一是顺应据实、巧妙配置手头资源，借助敌人内乱巩固自身势力；二是对领民采取较低税收，使北条氏领地比其他竞争对手的领地更具有吸引力，促进自身领地的发展。北条早云作为战国大名北条氏始祖，的确无愧于战国枭雄之称号。

（4）甲斐1515：武田信虎的统一战争

就在关东地区乱作一团时，位于山地甲斐国的甲斐守护武田信虎也开始平定周遭，建立一个权力更为集中的政权，而他一生的四方平定也为儿子武田信玄的崛起打下基础。

与当时其他大名一样，甲斐武田家围绕家督与守护之位也存在内部争斗。永正四年（1507）二月，年仅十四岁的武田信虎在父亲去世后接过家督之位，但与此同时，他的两位叔父油川信惠、岩手绳美也对家督之位虎视眈眈，这也是他面对的第一次挑战。经过为期一年的拉拢与征战，永正五年（1508）十月至十二月，武田信虎杀死两位叔父与支持叔父的甲斐国人小山田信隆。

左：武田信虎
右：武田神社，原武田家"踯躅崎馆"所在地

不过，小山田家是盘踞在甲斐国东部所谓"郡内"地区的重要豪族，郡内地区距离富士山很近，周围多山多湖，容易形成封闭地形，因而吸引许多农民迁居并形成聚落，如今富士山风景名胜山中湖、河口湖都在这一地区。虽然武田家可以杀掉小山田家的家督，但仍需要有一个强有力的家臣帮助自己延伸统治。于是到了永正七年（1510），小山田家继任者迎娶武田家女子，双方达成和睦。

一波未平一波又起，永正十年（1513）五月，甲斐国南部的河内地区国人穴山信悬遭到幼子清五郎杀害，随即嫡子穴山信风便杀死清五郎，带领全族及领地投奔南部接壤的骏河守护今川家。眼见能够夺取这块地盘，永正十二年（1515）今川军开始攻入甲斐国，这也成为武田信虎半生的难题。

由于穴山家叛乱，甲斐国西部国人大井信达也宣布投靠今川家，将武田信虎、小山田家军队击退。永正十三年（1516）九月二十八日，今川军进入甲斐领地攻击武田家主城川田馆，不过遭到击退；第二年（1517）一月十二日，今川军又一次绕过河口湖攻克富士山脚下的吉田山城。就在危急时刻，今川家出现内乱，终于让遭到今川家入侵的武田信虎可以喘一口气。

之所以敌不过今川家，重要原因还是今川家在骏河国拥有狭长的海岸线，可以收取大量税赋，相反甲斐山地贫瘠，地形险恶，难以形成强大的战斗力。结合之前作战经验，武田信虎决定不再正面对垒，而是凭借甲斐国地形优势建设易守难攻的城池。渡过难关后，永正十六年（1519）八月开始，武田信虎在甲府山地修建新的居馆（踯躅崎馆），此外还在东北部丸山修建要害山城作为"诘城"，即主城本丸。一般武田信虎会在踯躅崎馆生活，但到了战争时期就会率领全部武士爬上要害山城防御。

为了强化统治，武田信虎要求属下大名来到踯躅崎馆居住，弱化国人与领地的关系，这自然也遭到一定程度的抵抗。永正十七年（1520）五月，甲斐国人栗原信重、今井信是、大井信达等人突然宣布从踯躅崎馆退出，而武田信虎也毫不含糊前往追击，先后降服三家国人。稳固后方后，武田信虎开始着手从今川家手中收复失地。

大永元年（1521）二月二十七日，今川家家臣福岛正成沿着富士川北上进攻甲斐国；八月，武田信虎南下富士山脚下的河内地区，降服先前叛逃今川家的穴山家。得知这一点，今川军在九月北上进攻刚刚被武田家教训过的大井家，这就逼迫着武田信虎一度离开踯躅崎馆，回到要害山城。也正因为有要害山城，今川军不敢贸然攻击，只能选择回避，这就给了武田信虎以喘息之机。

最终在十月至十一月间，武田信虎重整军队击败今川家。这段时间，武田信虎正妻大井夫人撤退到要害山城里，并生下嫡长子，这也就是后来的武田信玄。

彻底击退今川家以后，武田信虎来到富士山，参加久远寺举办的"御授法"，独自围着富士山火山口绕行一圈。这场仪式看起来只是宗教行为，但如果想到富士山本身就是武田家与今川家势力的交会之处，再加上双方刚刚进行过一场大战，这可以看作武田家向今川家宣示权威。这次"御授法"成为武田家发展的转折点，武田信虎从过去那个时常受到今川家侵袭、受到国内国人困扰的普通守护大名，一跃成为拥有自主发展能力的战国大名。

（5）武藏1524：北条氏攻克江户城与进军武藏

早在伊势盛时去世之前三年，嗣子伊势氏纲就已经接过家督，对大后方伊豆、相模两国开展内政治理。而在父亲去世后，为了表明其正当性，便声称自身为镰仓幕府执权北条氏后人，进而在大永三年（1523）更改苗字为"北条氏"。由于执权北条家世代盘踞关东，故而从"伊势"改名"北条"的举动，无异于与关东管领上杉家在礼法上产生不可调和的矛盾，这当然是北条氏纲有意为之。不仅如此，他还把主城从伊豆国迁移到相模国小田原城，将战略重心转移至关东地区。

正因如此，上杉家开始在政治上破坏北条氏的各项举措。首先是北条氏纲试图与三代古河公方足利高基联姻之事，就遭到扇谷上杉家的强烈反对。大永四年（1524）一月十日，山内、扇谷两上杉家放弃仇恨，重新合并一处，双方打起古河公方的旗号，防御北条氏进攻。北条氏纲便不再犹豫，发兵进攻关东传统势力。一月十三日，北条家攻克南武藏的江户城，随后又在三月攻克以岩付城为中心的北武藏地区，迈出进军武藏国的第一步。

但武藏平定战并不容易。从七月开始，两上杉军重新集结，收复北条氏纲夺走的岩付城，直到第二年（1525）二月北条氏纲才把这一地区重新收回。从作战月份可以看出，这一时期双方的主要战时都是在旧历一至三月、五月至九月之间打响，这主要是因为战国时代日本仍然实行兵农一体的生产与作战策略，为了确保粮食生产正常进行，所有战役就必须在农闲时节才能进行，一到农忙时双方就必须罢兵休战，这一现象直到织田信长实行兵农分离改革后才有所改善。

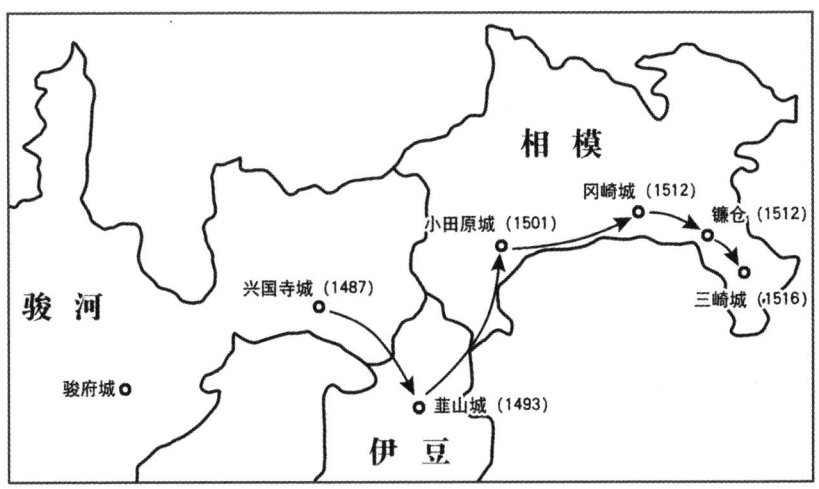

北条早云征服关东之路

大永五年（1525）九月，两上杉家改变策略，不再正面与北条氏纲作战，而是绕过南武藏，直接在十一月夺取后方的相模国玉绳城，等于切断北条氏纲的后路。第二年（1526）五月，位于如今东京湾对面的安房国里见氏也宣布加入上杉家一方，他们凭借水军优势渡海抵达武藏国品川地区，威胁江户城。北条氏纲没有办法，只得与上杉家、里见氏求和，最终将岩付城等呗北武藏地区全部让渡出去。应该说，虽然关东传统势力已经不再具有强大的竞争力，但若是所有势力合兵一处进行困兽之斗，新兴的北条家还是难以应对。于是北条氏纲开始寻找关东传统势力的内部矛盾，意图分个击破，这也就有了日后的第一次国府台之战。

（6）安艺1525：毛利元就的左右逢源

毛利元就是战国中前期最负盛名的武将，他从安艺国山区一介弱小国人，通过不断的谋略与征战而一跃成为西国最强大名，进而在江户时代以长州藩的身份继续生存下去，不得不说是一个能力极强同时运气极佳的武将。而他之所以能够成功，便起源于安艺国人应对外部战事的内部联盟。

早在永正年间，从属于大内家的毛利家、吉川家等八家国人便缔结攻守同盟：八家国人绝不遵从任何来自幕府将军与各地大名的命令，一切都要以八家利益为主；如若有人胆敢侵犯任何一家，其余七家都要予以鼎力相助。

缔结攻守同盟的原因，是因为当时的安艺国正处于出云守护代尼子经久的威胁下，局势危急。看到尼子经久蠢蠢欲动，大内义兴在永正十二年（1515）三月派遣女婿武田元繁回到安艺国，武田元繁的领地位于如今广岛湾的佐东银山城，是控制濑户内海航运的重要地区，所以派他回去就是为了加强防御力量。但谁承想回到安艺国以后，武田元繁立刻与大内家女子离婚，随即倒戈加入尼子家，开始攻取广岛湾一带的重要领地。

武田元繁随即与拥护大内家的八家国人发生矛盾，永正十四

4. | 战场分断　　104

毛利元就

年（1517）十月三日，武田元繁、熊谷元直率领五千军队包围了毛利家占据的有田城；数日后，毛利家、吉川家派遣1150人率军援助，日后西国地区的霸主、年仅20岁的毛利元就即将打响首战。

在行军前往有田城的途中，毛利、吉川联军与熊谷元直的五百名侦察兵进行了遭遇战，熊谷元直不幸被弓箭狙杀，军队溃散。十一月，毛利元就来到了有田城附近与武田元繁的军队交战，经过一天的战斗，武田军遭到了毛利军的围攻，武田元繁本人落马身亡。在两场战斗中，毛利元就掌握了战国初期战斗中主将位置明显的特点，特意要求弓箭手集中火力于主将身上，这是他能够连续两次击杀主将的关键原因。

毛利元就的成功让他受到周遭势力尤其是出云尼子家的青睐。大永三年（1523），尼子经久派遣家臣龟井秀纲寻求与毛利家联盟，毛利元就随即愿意充当尼子家先锋，进攻大内军藏田房信驻扎的镜山城。六月十三日,毛利元就策反藏田房信的叔叔藏田直信,双方里应外合攻克镜山城。毛利家与安艺国人集团投奔尼子家,也意味着尼子家势力深入安艺国这个山区与海港交会的地区。

不过就在这个时候,毛利元就与弟弟相合元纲之间又开始竞争家督之位,而尼子家由于不愿意看到毛利元就坐大而站在相合元纲一侧,这让毛利元就大失所望,在大永四年(1524)斩杀相合元纲后开始盘算着如何反击尼子家。与此同时,大内义兴派遣军队从周防国进入安艺国,降服盘踞在如今旅游胜地严岛神社的严岛神主友田氏,这就让毛利元就重新燃起归顺大内家之念。

大永五年(1525)三月,毛利元就派遣家臣来到大内家商讨归附,大内家随即将如今广岛湾附近领地封给毛利家。相比之下,当年毛利元就投奔尼子家只获得五十贯的封地,如今大内家却愿意赏给他1370贯封地。通过反复更换合作主君的行为,毛利元就的力量逐步壮大起来。

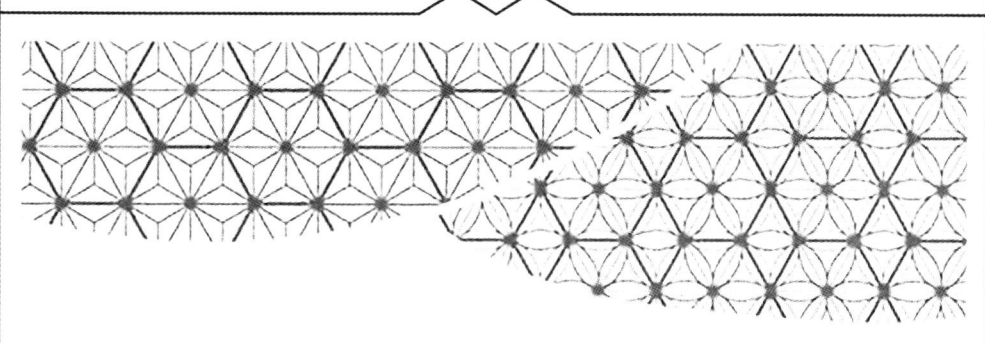

5. 天下大乱

决战背后的更新换代（1533—1551）

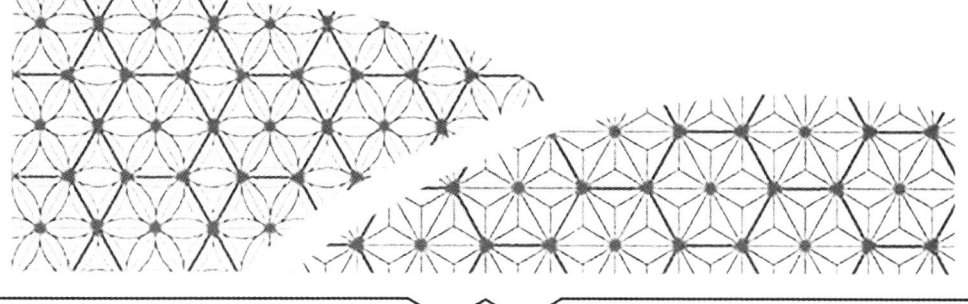

随着战国大名此起彼伏的出现，日本也进入最为动乱的天文年间（1532—1554），日本各地动乱频繁，部分战国初期崛起的大名也进入决战期，西国的大内家与大友家、尼子家，东国的北条家与关东传统势力，近畿的细川家与家臣三好家纷纷开始进行大规模交战。但这一时期，战斗于战国时代前期的主要大名都已经更新换代，继任大名的作战能力显著落后，使得麾下重臣替代主君成为实权掌控者，促使许多后期崛起的战国大名崭露头角。

（1）北九州 1534：九州大名更新换代

享禄元年（1528）年底，曾发动进京之战的周防守护大内义兴去世，促使庞大的大内家进入一个新的动荡期。这一时期，大内家对位于东侧出云国的尼子家采取和睦态度，甚至在享禄四年（1531）七月允许从属于大内家的毛利元就与尼子经久的嫡孙尼子晴久之间结下兄弟之约。之所以如此，也是因为来自西侧的大友家、少贰家压力逐渐增强，新继任大内家家督的大内义隆需要先行东顾，毕竟北九州的贸易口岸博多港对于大内家较之出云国要更加重要。

不过正如细川家军权旁落于家老三好家一样，大内义隆并没有亲自率军出发，而是在享禄三年（1530）派遣筑前国守护代杉兴运代替自己统领九州兵将一万余人，对位于博多港西南侧的肥前国少贰家发起进攻。有趣的是，少贰家的处境也完全一致，家督少贰资元严重缺乏地方组织基础，只能依靠肥前国水江城主龙造寺家、锅岛氏等地方国人帮助自己抵抗进攻。虽然双方打响的"田手畷之战"以少贰家胜利告终，但龙造寺家也逐渐代替主君，向着独立的战国大名方向发展而去。

大内义隆

在这个问题上，位于大内家领地南侧的大友家相对好一些，家督大友义鉴尚具有一定军事能力。为了援助少贰家，天文元年（1532）八月，大友义鉴发布讨伐大内家檄文，不过由于家臣宗像氏延在进攻大内军过程中战死，大友家难以继续进军。即便十一月进取丰前、丰后边境也未能占到便宜，最终在十二月大内家出兵以后被迫撤退。

天文二年（1533）一月，少贰家抓住大内军与大友军鏖战之机，继续在西侧发动进攻，意图在博多港与大友军会师。面对大友家从南侧、少贰家从西侧的夹攻，大内义隆在三越派遣家老陶兴房出马，先是南下攻克大友军占领的立花山城，彻底将大友家势力从筑前国清除出去。七月陶兴房又回兵进军博多港南部的太宰府，尽全力清剿少贰军。再到十一月，大友义鉴的兄弟、过继给肥后菊池氏的菊池义武由于与兄长不睦而投靠大内家，派遣肥后国人军队从背后威胁大友家领地的正后方，让大友家腹背受敌。

进入天文三年（1534），大内家、大友家的决战逐渐打响。四月，陶兴房率领大内军三千人来到大友家领国丰后国边境的大村山驻扎，而大友义鉴也出资雇用附近农民与浪人，亲自率领六千人军队在丰前、丰后两国交界处抵抗。四月六日的战役中，大友军虽然占据优势，但奈何布阵太散，大友义鉴的本阵遭到陶兴房集中火力偷袭，最终不得不退却。但大友军周围的农民与浪人集合起来围困大内军，最终人数处于劣势的陶兴房只得撤退。虽然战役本身以大内家失败告终，但大友军同样遭遇重创，双方伤亡惨重，只得休战。

大内家与大友家谁都无法降服谁，那么双方就都继续攻取更为弱小的敌人：天文三年（1534）四月二十八日，大友军继续向西南方向进发，将菊池义武围堵在主城内，最终在第二年（1535）十二代将军足利义晴的斡旋下，大内家、大友家宣布议和，而菊池义武也宣布归顺大友家；随后天文五年（1536）夏天，大内家军队再度向西进攻少贰家，这一次大内家将少贰家属下的龙造寺家、锅岛氏拉拢到自己一侧，而失去左膀右臂的少贰资元被逼自尽，大内、大友等几家之间的恩怨情仇暂告一段落。最终到天文七年（1538）三月，大内、大友两家重臣设宴正式和解，大内家将筑前国一部分领地交还给大友家。

大内义隆与大友义鉴和解后，终于腾出手来继续向东，与出云尼子家决战。

（2）山城1536：细川晴元挑动宗教战争

细川家内乱历经三十年终于结束，但接任细川家家督与管领之位的细川晴元却并不消停，他对自己的麾下重臣、在堺港拥立"堺公方"的三好元长产生猜忌。趁着河内国内乱之机，细川晴元这位权谋家开始对功高盖主的三好元长展开攻击，这一次他借助的力量便是盘踞近畿的本愿寺僧徒。

早在细川政元时代，本愿寺势力便奉行与管领合作的原则，九代宗主实如甚至亲自率军帮助细川政元平定近畿。细川家内乱发生之际，由于细川高国对本愿寺存在敌对态度，本愿寺便选择支持细川晴元。

享禄四年（1531）八月，河内国守护代木泽长政与守护畠山义尧之间出现对立，木泽氏主城饭盛山城遭到畠山义尧、三好元长联军的围攻。由于细川晴元偏爱木泽长政而对三好元长有所猜忌，于是命令畠山、三好联军退兵。但天文元年（1532）五月，畠山、三好联军再度围困了饭盛山城，细川晴元勃然大怒，决定依靠本愿寺十代宗主证如的力量消灭三好元长。

三好元长本人是佛教日莲宗信徒，因此在过去本愿寺与日莲宗之间发生争斗时，三好元长曾经率军进攻过本愿寺。念及这点，证如决定支持细川晴元，他动员了近畿地区的三万军队前往饭盛山城。六月十五日，畠山、三好联军被击败，畠山义尧阵亡，三好元长切腹自尽。如此一来，五年前由三好元长拥立的"堺公方"

骑马武士的形象从平安时代末期至战国中前期没有太大变化

足利义维也仓皇逃跑。

不过利用完本愿寺势力以后,细川晴元又立刻翻脸不认人,随即联合净土真宗本愿寺派的主要对手日莲宗。恰好这一时期,近畿地区的日莲宗僧徒也对本愿寺非常警惕,京都附近甚至传出了"本愿寺会进入京都攻击日莲宗"的流言。对于本愿寺的强大,细川晴元也非常忌惮,便宣布反对证如。

从八月初开始,日莲宗僧徒聚集起来,同时进攻本愿寺位于堺港的浅香道场以及本愿寺势力的核心地区——京都东侧的山科本愿寺,本愿寺的重大危机到来。八月二十四日早晨,细川、日莲宗联军将山科本愿寺重重包围,总兵力达到了四万人,山科本愿寺随即告破，整个寺院笼罩在一片火光中。

总寺被烧毁后，证如只好来到石山御坊避难，并将石山御坊改为"石山本愿寺"，正式作为总寺统领本愿寺势力。从此开始一直到天正八年（1580）本愿寺势力退出政治舞台，这里都是本愿寺势力的总寺。本愿寺移居石山御坊的举动，虽然让他们暂时离开了政治中心京都，但由于位置并不远，又可以躲避京都频繁发生的政治动乱，故获得长足发展。

既然遭到细川晴元攻击，本愿寺便探索与其政敌、细川高国弟弟细川晴国合作。天文二年（1533）五月二十六日，细川晴国派遣两三千兵马进入京都西侧山地布阵，表明支持本愿寺僧徒的态度。由于细川晴元、木泽长政乃至日莲宗僧徒全部都聚集在石山本愿寺附近，京都防务虚弱。一番战斗后，细川晴国大获全胜，顿时信心倍增，旋即切断京都与石山本愿寺之间的道路，逼得细川晴元被迫求和。后天文四年（1535）十一月，证如与细川晴元、日莲宗僧徒等势力议和，本愿寺的"天文法难"宣告结束。

先是利用三好家打击细川高国，然后用本愿寺打击三好家，后来又用日莲宗打击本愿寺，"拉一派打一派"多年，细川晴元逐步把手中牌全部打光。而随着天文五年（1536）七月比叡山延历寺制裁日莲宗，21座京都附近的日莲宗寺院全部遭到拆毁，机关算尽的细川晴元终于失去佛教势力支撑。

到这里也出现一个有趣的桥段：十一月，近畿佛教内斗刚刚结束，细川晴元便来到三好家位于京都的宅邸做客。由于重臣三好元长刚刚被细川晴元间接逼死，三好家便只能由刚刚十五岁的新任家督三好利长前来迎接，而三好利长也就是日后在近畿地区极为强大的战国大名三好长庆。

（3）下总 1538：第一次国府台之战

目光转向关东地区。北条家第二代掌门人北条氏纲在进军武藏受挫后，便着手通过关东传统势力的内部矛盾扩大自身的势力。

三代古河公方足利高基与弟弟足利义明之间存在矛盾，后足利义明便从古河城逃出来，在上总国人真里谷武田家、安房国人里见氏的拥戴下自立为"小弓公方"（据点在下总国小弓城），这无异于挑战哥哥古河公方的关东统领地位。借助这个机会，北条氏纲便试图与古河公方联姻，然而对于北条家的介入，关东管领上杉家却极力阻止，于是北条氏纲试图"拉一派打一派"的想法受到挫折，再加上 1520 年至 1530 年前期北条家受到关东传统势力围攻，只能疲于应付。

但进入天文年间，崭新的机会又来了。天文三年（1534）七月，

北条氏纲

上总国人真里谷武田家家督去世,两个儿子开始争夺继承权,这便让这个新近诞生的小弓公方体系内部出现分裂。争夺战中,弟弟获得包括小弓公方在内的其他势力支持,哥哥武田信隆处于弱势,意图寻求帮助。但由于小弓公方体系本身就是脱离古河公方体系而诞生,那么古河公方与关东管领上杉家自然愿意看到他们内部分裂,自然也不会给予支持。思考下,武田信隆便求援于关东地区的"外人"北条氏纲。

北条氏纲当然也愿意拉拢各路国人,便答允武田信隆的要求。恰好,小弓公方足利义明的妹妹正在镰仓出家,这正好是北条家领地,于是北条氏纲便通过这层关系联系到足利义明,要求小弓公方释放掉目前处于弱势的哥哥武田信隆,最终获得同意。武田信隆虽然失去家督之位,但依然十分感激北条氏纲,特地沿海路来到镰仓江之岛,接受北条家庇护,这成为北条家日后攻取上总的基础。

天文七年(1538)二月,北条氏纲越过江户城向东渡过隅田川,这等于是开始侵占属于上总武田家的领地。由于上总武田家属于小弓公方,而小弓公方又与古河公方对立,所以敌人的敌人就是朋友,古河公方这一次默许北条氏纲进占这片领土。

但这个举动不仅让上总武田家不满意,也让其背后的小弓公方足利义明非常不满。当年六月,足利义明要求安房里见氏一万军队进军到北条家领地附近的国府台城,准备同时进攻北条家领地与古河公方居所,这进一步让北条氏纲与古河公方站在一起。十月六日,北条氏纲接到古河公方出兵征讨小弓公方的命令后,迅速调兵遣将,来到足利义明驻扎的国府台城北部,战事一触即发。

足利义明并不是一个懂得笼络人心之人,兵临城下,他又与整支军队的实际指挥者,亦即安房里见氏家督里见义尧产生矛盾,致使里见军出现了消极怠战的情绪，可以说小弓军从一开始就凸显出败象。十月七日，北条军进驻前线，足利义明要求军队趁着北条军立足未稳之机迅速攻破对手，然而军队却并不完全听从指挥，最终足利义明本人与弟弟、嫡子乃至140名侧近武士战死，里见义尧听闻败北随即宣布总撤退，第一次国府台之战以北条家大获全胜告终。

这场战役让北条家势力伸入下总国，也让北条氏纲声威大震。天文八年（1539）北条氏纲将女儿嫁给四代古河公方足利晴氏，继而成为古河公方的"御一家"，再向周围征讨就有了大义名分。天文十年（1541），北条氏纲撒手人寰，嗣子北条氏康即位。去世前，北条氏纲撰写"御留书"，全文分为5条，强调道义、慈悲与礼法，也成为北条家后代共同的家训：

1. 从大将到普通武士，不可违反道义。否则就算获得领地，违反道义也是后世的耻辱。
2. 对武士乃至农民，都要慈悲为怀，不可舍弃任何人。
3. 不可骄奢，要严守自己的道德底线。
4. 要重视勤俭节约。
5. 胜时不骄、不侮辱敌人、时刻保持礼貌。

（4）美浓1541："蝮蛇"斋藤道三侵攻主君

同样在战国前期，一位出身于美浓国的战国大名也颇具传奇色彩，这便是号称"美浓之蝮"的斋藤道三。之所以称为"蝮"，是因为蝮蛇这种生物会在出生后吃掉母亲，暗指斋藤道三反复颠覆提拔自己的主君；至于司马辽太郎小说《窃国物语》（国盗り物语）中，斋藤道三更以富有邪典魅力的权谋家形象示人，连续颠覆数家主君而爬上高位，他的故事也被改编为1973年大河剧。

但需要注意的是，历史上真正的斋藤道三可能与小说中不甚相同。

一般认为，斋藤道三在明应三年（1494）五月出生于山城国乙训郡，成年以后还俗称为"松波庄五郎"，并靠着入赘卖油商屋而成为商人；后来辗转成为美浓国人长井氏家臣，冠名为"西村正利"，到了享禄三年（1530）前后，他协助美浓守护土岐赖艺杀掉长井氏家督长弘，并因勋功而接过长井家家业，冠名为"长井规秀"；等到天文七年（1538）美浓守护代斋藤利良病逝时，由于获得土岐赖艺青睐，他又一次上位接过守护代之位，冠名"斋藤利政"；最终天文十年（1541），这位"蝮蛇"下毒杀害土岐赖艺弟弟，双方大战后，土岐赖艺被流放出国，美浓国成为斋藤家囊中之物。

斋藤道三

从一般记载来看，这位战国时代普通一兵通过反复架空、驱逐而获得上位，自然称得上传奇人物，也大有可写。但这种说法显然失实，毕竟如果斋藤道三真是这样一位接连篡夺主君地位之人，那么任谁也不会予以重用。

　　近期史学研究对这种传统说法提出质疑：从永禄三年（1560）七月一封近江守护六角义贤给家臣的书信来看，斋藤道三发源却更为复杂。信中提到，斋藤道三之父"新左卫门尉"是京都妙觉寺一名僧侣，后来改名"西村"来到美浓国出仕长井氏，因战功而获得"长井"苗字；随后到了"左近大夫"（斋藤道三）一代，他才杀掉主君斋藤家而获得"斋藤"苗字。从六角义贤这封书信来看，如今斋藤道三的人物像很可能是综合了父子两代人的经历：首先是一名京都僧侣进入美浓成为武士、成为长井氏家督，然后是儿子接过主君斋藤家的稻叶山城，利用两代人时间完成阶层飞跃也比较符合战国时代一般特点。但也需要注意，即便他得到斋藤家家督之位，当时的美浓斋藤家也并没有直接成为美浓之主，斋藤道三的主要影响力仍然聚集在以稻叶山城为核心的美浓国西部与南部。2020年大河剧《麒麟来了》中，对斋藤道三的评价便正式采用"两代夺权"的说法，斋藤道三的形象不再是年过六旬的老人，更贴近人们心目中对于战国大名的看法。

　　应该说，长井新左卫门尉与斋藤道三父子之所以长期没受到美浓守护土岐氏重视，主要原因也是土岐氏内部纷争频繁，而这对父子均是支持原为土岐氏第二子，并未拥有家督继承权的土岐赖艺，而当时的美浓国守护代斋藤家反对土岐赖艺即位，那么一番争斗后，当土岐赖艺成为美浓守护以后，自然会把跟随自己多年的斋藤道三提拔为美浓守护代，这其实是一个很正常的人事换代。

　　只不过，斋藤道三的心思却不只是安心做一个家臣，天文十年（1541）他设计谋杀土岐赖艺的弟弟，随后第二年又攻克土岐赖艺居住的大桑城。受到逼迫后，土岐赖艺开始寻求美浓国周边势力的帮助，接连要求南侧的尾张织田家、北侧的越前朝仓家南北夹击斋藤道三。于是在天文十五年（1546），在朝仓家的逼迫下，斋藤道三与土岐氏达成协议，土岐赖艺将美浓守护让予接受朝仓家庇护的侄子土岐赖纯。第二年（1547）九月，斋藤道三受到来自尾张古渡城主织田信秀的攻击，虽然成功将其击退，但还是选择与织田家议和，并将女儿归蝶嫁给织田信秀的嫡子织田信长，两人结缘也成为战国史一段佳话。

也在天文十六年（1547）十一月，土岐赖纯病死，而支持土岐氏的朝仓家、织田家都已经与斋藤道三议和，于是土岐赖艺彻底被赶出美浓国，飘荡四方，而斋藤道三也彻底完成向战国大名的转变。

（5）安艺1541：大内家与尼子家的两场决战

西国战场上，大内家平定大友家的隐患后，又把目光东移，对准出云尼子家，这两家同样在战国前期赫赫有名的大名即将迎来两场决战。然而，两场战役均没有任何一方获得胜利，反而是地处两者之间的毛利元就获得崭露头角的机会。

就在大内家平定大友家的过程中，尼子家也没有停下发展脚步。享禄三年（1530）八月，尼子经久的第三子、过继给出云西部国人盐冶氏的盐冶兴久发动内乱，同时带动一直反对尼子家的三泽家、三刀屋家等国人同时掀起反旗。也正因如此，尼子经久的嫡孙尼子晴久才与毛利元就结为兄弟，进而开始平定内乱。到天文元年（1532），盐冶兴久之乱宣告终结，这场战役虽然让尼子家出现了内耗、丧失了一部分实力，但在克服危机后，尼子家的权力基础也得以进一步的巩固。事实上，尼子家最为精锐的新宫党正是在这场出云内乱后才开始创建，一手巩固了天文年间尼子晴久的成功。

尼子家预感到自己即将与来自西侧大内家展开决战,便先寻求向东发展,夺取实力较为弱小的备中、美作等领国。天文七年(1538)九月,尼子晴久率军攻克播磨国,这让尼子家的领地扩展到九个领国,也让尼子家初步拥有与大内家决战的资本。

尼子晴久的第一个目标便是与自己有着兄弟之约的毛利元就。毛利元就的主城是安艺国吉田郡山城,这里是大内家与尼子家势力交会的中间点,也是通往出云国的重要关隘。天文九年(1540)八月,尼子晴久亲率九个领国内招募到的三万军队从出云国出发,浩浩荡荡开向吉田郡山城。但由于军队是临时拼凑,行动力并不强,九月四日,尼子军进驻吉田郡山城北部。对比尼子军三万之众,守城的毛利军只有2400人,即使加上临时组建的农民和商人,也只有八千人。见人数占优,尼子晴久拟定围城断粮的战术。

吉田郡山城原址

应该说，围城断粮的战术一般适用于对手无强援的基础上，而在对手有着大内家这样强大势力做靠山时，仍然采取围城断粮战术，反而限制了尼子军兵力优势的发挥。十月十一日，尼子家最为精锐的"新宫党"三千军队在吉田郡山城附近扫荡，试图攻克城池。得知消息后，毛利元就将自己的兵马分为三队，除自己亲率一部分兵马在正面抵挡之外，剩余两队在道路两旁设伏。双方交战正酣之际，两队伏兵纷纷奇袭敌军后路。尼子军大乱，立刻向着营寨撤退，毛利元就则展开了追击，尼子军蒙受很大损失。

大内家也终于派遣援军前来。十二月三日，由大内家家老陶隆房率领的两万援军抵达吉田郡山城南侧，与城池遥相呼应。毛利元就闻知援军到来，非常高兴，派遣使者到大内军营中对陶隆房表示感激，同时也确定了里应外合、共同击败尼子军的策略。

天文十一年（1542）一月十三日，毛利元就出城攻击尼子军右翼，取得很大胜利；与此同时，陶隆房率领的大内军主力出动，迂回到尼子军大营最为薄弱的南侧发动总攻。尼子晴久闻讯阵脚大乱，慌忙撤退，担当殿后的尼子久幸（尼子晴久叔父）率五百人拼死抵抗、最终战死沙场。

战后，尼子军在安艺国的同盟势力如山崩一样倒塌，除去一大部分投靠大内家之外，还出现大片空白地区，毛利元就趁机把原属于尼子家同盟国人的水军收入囊中，为日后强大的毛利水军打下了良好的基础。

吉田郡山城的胜利让大内义隆高兴非常，他认为如今的尼子军已经不堪一击，不妨率领大军直取出云、灭掉尼子家。于是他召集手下重将悉数出战，联合毛利元就等安艺国人，组成联军两万，在天文十一年（1542）一月十一日从主城山口城浩浩荡荡地向出云国出发。

但在路途上，大内军的行动却非常缓慢，一月出发后，直到四月才抵达出云国边界，后又到六月才发动第一场针对出云国赤穴城的战役。而且让人惊奇的是，大内军在占据绝对优势的情况下，竟然又花费一个月时间才攻克赤穴城。如此低下的行动力和战斗力预示着更加不幸的结局。

进入出云国后，大内军开始拉拢出云国人集团，很快出云国西部三泽、三刀屋等国人背叛了尼子军，三刀屋家甚至将主城献给大内军作为指挥所。献媚式的投靠足以说明出云国人对于尼子军丧失信心，只是他们没有意识到，大内家也并不值得赋予任何信心。

借助前来投奔的国人，大内义隆轻松占据了出云西部。九月，大内军又派遣水军出海，占领尼子家主城月山富田城的唯一出海要道，争取把尼子家困死在出云国。大内军的想法与上次尼子军的想法如出一辙，都不想发动大型战争，而是以断粮的政策击垮敌人。

尼子晴久

尼子晴久懂得在这种状况下不宜反攻，必须发挥主场优势，便决定坚守月山富田城。双方这种你不攻、我不抵抗的对峙局面从十月开始，一直持续到了第二年（1543）二月。试想，一场战役名义上打了一年零四个月，结果半年时间耗费在行军上，半年时间处于对峙局面，场面上自然会乏味无趣。

天文十二年（1543）三月开始，大内义隆对月山富田城展开攻击，但一个冬天的消耗让大内军战斗力大幅下降，而尼子军则通过休整恢复了元气，走上了胜利之路。三月十四日，尼子军在月山富田城附近的菅谷口迎战，大内军大败而回，攻城计划完全流产。五月七日，无奈的大内义隆乘船回航，战役宣告结束。

但在返程过程中，跟随大内义隆出征的嗣子大内晴持不幸坠海身亡，丧子之悲让大内义隆对政治彻底失去兴趣，转而邀请公卿和文人来到领地，整日沉湎酒色。这种举动固然促成战国时代著名的大内文化，但也使国内武将对主君越发不满，日后也诱发大内家内乱。

吉田郡山城和第一次月山富田城之战无疑是两场败仗，而尼子、大内两家势力也因此受到巨大冲击，被迫关注起领地内部事宜，而无法再关注位于势力交界处的安艺国，这也促使毛利元就势力崛起。

（6）武藏 1546：攻灭关东传统势力的河越夜袭战

江户时代学者赖山阳《日本外史》中曾评选出战国时代"三大奇袭"，而天文十五年（1546）爆发的河越夜袭战便是其中之首，这不仅是北条家第三代家督北条氏康一生中最强的闪光点，也宣告着关东地区传统势力上杉家的倾颓。

河越城位于埼玉县川越市武藏野台地的北部丘陵上，比平地高出5～6米，城南、城北各有一条河，是享德之乱时期为了防备古河公方而建立的七座城池之一，后成为扇谷上杉家的主城。为了争夺这座城池，北条氏纲曾与上杉家进行十三年拉锯战，河越城也先后爆发四次攻防战才最终在天文六年（1537）落入北条家之手，这也成为上杉家心中之痛。

北条氏康继任后，关东传统势力的核心人物、关东管领上杉宪政便认为这是一个可乘之机，他希望联合关东所有势力集中与北条家决战，逼迫这个不速之客离开关东。在上杉宪政的拉拢下，北条家领地西侧的今川家、西北侧的武田家在天文十四年（1545）九月合围了北条家数年前攻占的今川家城池长久保城。西线告急的同时，山内、扇谷两上杉家组织起六万军队，在九月二十六日来到了河越城前线。

除去拒接军队，上杉宪政还向四代古河公方足利晴氏写信求援，但足利晴氏由于同北条氏康有着姻亲关系，一度希望保持中立，但在上杉宪政的再三请求和逼迫下，足利晴氏最终在十月二十七日率古河军前来助战，河越城正面的兵力也因此达到八万之众，河越城包围网构建完毕。上杉宪政从西、北两方面夹击北条家领地的战略设计也就此完成。

面对重重围困，天文十四年（1545）十月十日，北条氏康前往镰仓城的武家圣地鹤冈八幡宫进献愿文，祈求能够击败上杉军。随后他开始破解上杉宪政的包围圈：首先是向今川家递上和议申请，表示愿意割让长久保城，这个审时度势的举动让今川、武田联军撤退。

退兵今川后，北条氏康着手处理上杉、古河联军的问题。既然人数上处于弱势，就必须使用计谋：麻痹敌人，伺机出动。

河越夜袭战纪念碑

北条氏康通过亲戚向足利晴氏提出申请,声称只要能够保全城内士兵的安全,愿意将城池拱手让出;不久后,他又给上杉宪政的家臣等人写了书信,表示愿意开城投降,北条家以后也会完全臣从。从两份和议申请中,可以看到北条氏康的姿态越来越低,这让上杉宪政认为北条家难以为继,于是继续下令围困河越城。只要城内断粮,战役就能顺利结束了。

围城六个月期间,上杉宪政不由得放松警惕。他整日纵酒欢歌,商人、艺人、娼妓纷纷在军营中进出,军纪混乱、士气松懈。兵法云:骄兵必败,上杉、古河军营中已经出现了失败的征兆。

经过数月休整后,北条氏康在天文十五年(1546)四月中旬带领八千军队来到河越城附近，并派遣使者进入河越城与守将北条纲成商定里应外合的战术以及具体日期。

四月二十日午夜，北条氏康将军队分为4队，除了1队由家臣多目元忠带领，作为机动之外，另外3队由自己亲自带领，尽数进攻山内上杉军。猝不及防的山内上杉军大乱，纷纷开始撤退。北条氏康在此战中身先士卒，亲手斩杀了十几名敌方武将，显示出了这位计谋超群的智者也有勇猛刚强的一面。

看到战斗火光，河越城内北条纲成也率领三千军队奔出城池，向着扇谷上杉军、古河军发动袭击。两股军队的反应一如山内上杉军，纷纷弃甲而逃，至此八万联军土崩瓦解。上杉联军损失万余人，30余名武将阵亡，同时十二代扇谷上杉家家督在战役中被杀，导致扇谷上杉家断嗣灭亡。至于战役的发起者上杉宪政一路逃回主城，自此再无能力与北条军抗衡。

在军事史和政治史方面，河越夜袭都具有重大的意义，借用史学家中里融司的评价，这场战役本质上是"旧时代体制的大军与新时代体制的少数军队之间的决斗"。

可以看到，上杉联军虽有八万之众，但战斗力明显不如北条军万余人。其主要原因，不仅是上杉宪政轻敌，更是因为上杉联军本质上是拼凑各地国人而成，武士之间的主从关系并不紧密，加之庄园制已然破败不堪，传统军队的战斗力自然愈发下降；而北条家通过三代人经营，已经与各地国人、自治村落等不同性质的地域性团体形成合作，强大的适应性促使北条家拥有更高的组织效率，进而组织起战斗力更强的军队。

（7）信浓1548：武田信玄攻略信浓与挫折

"甲斐之虎"武田信玄是战国时代最负盛名的将领之一，但他的盛名与他对待家人的冷酷也是同等水平，他能够接过武田家家督之位，也是靠了对父亲武田信虎展开政变。

在很多江户时代的军纪物语记载中，武田信玄在少年时代与父亲的关系很不好。据《甲阳军鉴》记载，这是武田信虎偏爱第二子武田信繁甚至想废长立幼所致；《胜山记》记载，武田信虎为了达到不断出兵的目的，对领国人民的征税力度非常高，进而招致领民和家臣的一致不满，这种情绪也影响到武田信玄。但无论哪种说法，看起来都更像是为武田信玄流放父亲的政变举动做出辩解。

天文十年（1541）六月十四日，武田信虎前往骏河国（静冈县中部）拜访女婿今川义元，而武田信玄则迅速封锁骏河到甲斐的道路，阻止武田信虎回国。同时，他与今川义元在九月二十三日达成协定，将武田信虎软禁在今川义元的领地中。用这种兵不血刃的政变方式，武田信玄继承了十九代武田家家督及甲斐守护的职位。

虽然篡夺了父亲的位置，但武田信玄一直心怀愧疚。为了表示孝心，他不仅把武田信虎喜爱的侍妾、珍玩都送到骏河，还特地向今川义元请求一块封地供养父亲。直到武田信玄去世后，年近八旬的武田信虎回到武田家领地，并于天正二年（1574）去世。

由于武田信玄通过政变之路夺取家督之位，于是武田家在领地北侧即南信浓的国人便宣布与武田家断交，刺激着初来乍到的武田信玄北进攻夺取信浓国。经过数年努力，武田信玄夺取南信浓的诹访地区，并把四子武田胜赖过继给当地国人诹访氏作为继承人。后到天文十六年（1547），武田信玄已经基本夺取南部与东部信浓国领地，并与北信浓国人村上义清形成对峙局面。

天文十七年（1548）二月一日，武田信玄率领八千人马向北进军，准备一举击溃村上义清。担任先锋的板垣信方、甘利虎泰

左:"甲斐之虎"武田信玄
右:19世纪日本著名画家歌川国芳笔下的武田信玄

在上田原地区一马当先,击败村上军。但由于两人的判断失误,反而在清扫战场时遭到了村上义清的反击、双双战死,武田军先胜后败,全军撤退。此战武田军不仅损失两员老当益壮的战将,武田信玄本人也负伤。另外,信浓国反武田势力重新抬头,战略推进的脚步被迫延缓。

天文十九年(1550)七月,武田信玄进攻村上义清的户石城,又一次遭到了失败。无奈之下,武田信玄转而依靠计策,派遣此地出身的真田幸隆进入城池对长野国人进行策反。很快,户石城门大开,武田军顺利占领这片阻挡他多年的城池。

真田幸隆对于武田家有着标志性意义,这可以算作武田家"先方众"的首演。当时的语言体系中,某领国国人会被直接冠以"众"

的称呼,如真田幸隆,就是所谓"信浓众"之一,武田家把甲斐国之外的所有"众"都称为"先方众"。他们一般与本地自治村落之间有着很强的纽带关系,说服他们加入对战国大名的跨地域征服有着巨大帮助。日后武田家乃至其他战国大名攻取任何领地,都以策反"先方众"为重要环节,让这些原本不在自身统治体系下的国人对自己的敌人发动进攻,事半功倍。

靠着真田幸隆的帮助,武田家继续在北信浓站稳脚跟,最终在天文二十二年(1553)八月夺取村上义清主城,村上义清被迫率领众多北信浓国人依附于更北部的越后国战国大名上杉谦信。武田信玄与上杉谦信之间的龙虎之争即将爆发。

(8) 越后 1548:"越后之龙"上杉谦信的崛起

作为战国时代的异类,"越后之龙"上杉谦信出生于享禄三年(1530)一月二十一日,比武田信玄小9岁,出身于越后国守护代长尾家,初名叫作长尾景虎。由于他并非嫡长子,为防家中出现继承权的争斗,六岁时被送到林泉寺修行,如今林泉寺还有上杉谦信手书"第一义"牌匾。在寺院长大的长尾景虎对佛教有着无与伦比的崇敬,自认为是佛教四大护法之一的多闻天王(毗沙门天)化身,后来继承家督之位后也常常会在寺院中默念佛经,在战争中甚至会竖起"毘"字作为军旗。在个人行为方面,他严守"生涯不犯"的准则,一生未近女色,也没有亲生儿女。

越后长尾家分为三个派别,一是世代占据越后守护代职位的三条长尾家,二是以上田庄为中心的上田长尾家,三是以古志郡为中心的古志长尾家。长尾景虎出自于三条长尾家,但其母亲却出身于古志长尾家,故而一人兼有两支长尾家血统。

时任长尾家督的长尾晴景能力偏弱,于是长尾家内斗和国人

"越后之龙"上杉谦信(长尾景虎)

争权交织在了一起,使得越后国颇为混乱。为了平息暴乱,长尾晴景特地在天文十二年(1543)八月十五日为长尾景虎举行成人礼,并要求他投笔从戎、征战沙场。九月,长尾景虎应邀出山,进入古志郡栃尾城,以此为中心统领起了越后国中部的国人。三年时间里,十几岁的长尾景虎平定诸多国人叛乱,立下赫赫战功,与无所作为的兄长形成鲜明对比,这让很多人开始思考推举这位更有能力的弟弟作为越后长尾家的主君。

天文十七年(1548),长尾景虎的母系家族古志长尾家带动数家西越后国人聚集一处,要求推举长尾景虎为新任家督;但与此同时,上田长尾家却率领越后国中部的国人要求继续拥护兄长长尾晴景,双方气氛剑拔弩张。为了避免内乱再起,长尾家要求越后守护上杉定实出面调停,双方协商后达成协议,由长尾景虎作为兄长长尾晴景的养子,接过越后国守护代职位。后到天文十九年(1550),越后守护上杉定实断嗣去世,这让守护职位出现空缺,而非常青睐长尾景虎的十三代将军足利义辉下令由越后长尾家代理越后守护之位。

然而,长尾家内部矛盾却愈发显著。由于长尾景虎本人是三条、古志两长尾家的后代,上田长尾家便不愿听从。天文二十年(1551)一月上田长尾军竖起了反旗。虽然在八月这场叛乱被平定,家督长尾政景也在日后成为了家中不可缺少的猛将,但三条、上田、古志三大越后长尾家之间的矛盾却未能结束,在上杉谦信去世后成为引发"御馆之乱"的根本原因。

由于长尾景虎偏重于以"义"为主的传统价值观,受到武田家、北条家攻击而失去领地的传统势力纷纷投奔于他,天文二十一年(1552)与二十二年(1553),关东管领上杉宪政与北信浓最强国人村上义清双双来投,这也让长尾景虎正式加入战国大名的纷争队伍中。

(9)河内1549:三好家内乱与三好长庆崛起

杀父之仇不共戴天——这种说法基本仅限于强调长幼尊卑的中国礼法,在强调家名的日本而言,无论主君废黜还是逼死下属都不是什么新鲜事,因为只要继续保证家名与家臣团存续、保证家族领地,那么整个家族依然会为主君家族效忠。这个问题在三好长庆身上也是如此,他的父亲三好元长虽然被主君细川晴元逼死,但如果他现在造反,那么依然不会得到全族的支持。毕竟,瞄准三好家家督之位的也另有人在,比如他前半生的敌人——叔父三好政长。

三好长庆

　　在父亲三好元长在任时期,三好家家督均兼任河内国十七所地区的代官。河内国十七所位于淀川与京都通往西南侧的大路之上,由十七座庄园与自治村落组成,是河内国最为富庶也是战略位置最为重要的地区,获得代官职位就象征着获得这一地区钱粮与百姓的支配权,但在父亲三好元长去世后,主君细川晴元以三好长庆年幼为由,把河内国十七所代官职位交给叔父三好政长,以此形成牵制。天文八年(1539)闰六月,十五岁的三好长庆要求拿回河内国十七所代官之位,这一要求虽然获得十二代将军足利义晴的同意,但管领细川晴元却全无举动。年幼的三好长庆非常愤怒,以举兵造反相威胁,细川晴元本人迅速逃离京都,随即支持叔父三好政长与三好长庆进行几次小规模交战。虽然最终还是没能夺回河内国十七所代官职，但从天文九年（1540）开始，三好长庆将自家主城从四国岛迁移至近畿要地摄津国越水城，这意味着三好长庆意在脱离经常需要返回四国岛处理内部事务的麻烦，正式作为战国大名介入近畿事务中。

细川家内乱余波也在这一时期发酵起来。天文十二年（1543）七月，细川晴元的敌手细川氏纲再度祭起养父细川高国的旗帜，举兵万余人反对细川晴元。由于细川晴元玩弄权术，反对派迅速获得山城、摄津、河内、和泉、纪伊等所谓"近畿五国"的诸多国人支持，势力迅速扩大。三好长庆虽然对主君有着许多意见，但作为细川晴元的臣子，他还是率军围攻堺港的细川氏纲军队，帮助主君保住这个领内最大商港。

天文十五年（1546）八月，河内国守护代游佐长教也投奔细川氏纲，继续攻击堺港，三好长庆苦于独木难支而被迫撤退，并要求四国岛的三好家军队渡海进军近畿。到天文十六年（1547）二月，三好长庆聚集起两名过继到其他家族的赞歧国十河一存、淡路国安宅冬康两名亲生弟弟与上万军队，一路摧枯拉朽一般地夺取细川氏纲先前占据的堺港等城池，先前投奔细川氏纲的近畿国人又一股脑儿回到三好家麾下。七月二十一日，三好长庆与游佐长教的军队在河内国十七所一代的舍利寺进行决战，最终三好长庆率领的"四国势（军队）"战死"侍"（武士）37人、"杂兵"（足轻）75人；游佐长教"河内势（军队）"阵亡"侍"301人、"杂兵"800余人，三好长庆取得决定性胜利。

一系列战役表面上是细川家内乱的延续，实际上却是三好长庆在近畿收拢各地国人与自治村落的作战。近畿五国国人先是反叛出细川晴元一方，又在围攻下投奔三好长庆，这就完成了近畿权力从细川家到三好家的置换。天文十七年（1548）四月，三好长庆展现出不计前嫌的一面，迎娶旧日敌手游佐长教女儿为妻，这

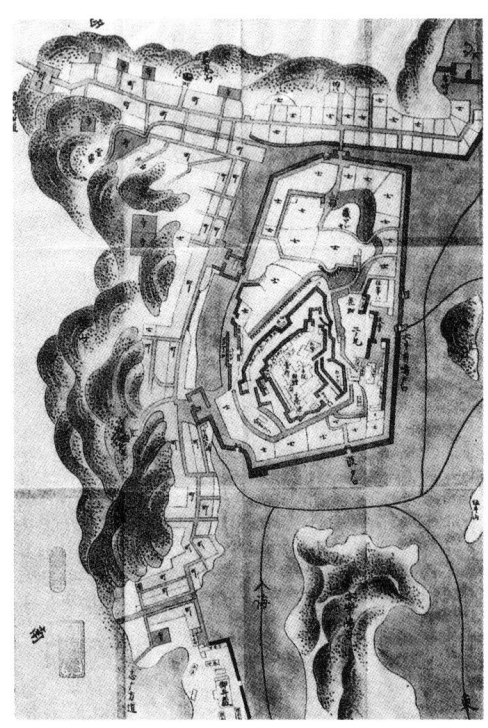

日本战国时期的海上城池

让京都民众闻讯大喜,认为"世上总有五年乃至十年静谧(和平)"。

不过,三好长庆与主君细川晴元、叔父三好政长之间的矛盾已然不可调和。当年十月二十八日,三好长庆、游佐长教结为同盟,率领近畿五国己方国人集体围攻三好政长的主城,并在名义上集体投奔细川氏纲。天文十八年(1549)六月十七日,三好长庆聚齐所有军队围攻三好政长把守的江口城。

江口城顾名思义,便是坐落在淀川、神崎川两条河流的出海口,战略位置重要,三面环河,易守难攻。不过三好长庆的弟弟安宅冬康是濑户内海东部小岛附近的淡路水军领袖,手下兵将水性极佳,于是三好长庆派遣水军从海路上溯到江口城附近,切断城池对外联络。六月二十四日,三好长庆发起总攻,叔父三好政长战死,八百余名敌军武士也随之丧命,细川晴元闻讯立即逃出京都。

七月九日,三好长庆正式拥立细川氏纲为主君进入京都。虽然细川氏纲成为室町幕府最后一个获得管领之位的细川家成员,但细川家旧日辉煌早已不再,近畿五国的全部代官任命权已经全部归属三好长庆,战国大名三好家正式出现在近畿舞台之上。

(10)三河1549:小豆坂之战与人质故事

战国最终胜利者便是江户幕府初代将军德川家康,但在江户幕府成立后,德川家康却只允许将军家系与三个儿子(德川义直、德川赖宣、德川赖房)保留"德川"苗字,象征着有资格继承将军之位,而其余所有德川家成员必须全部恢复旧姓"松平",这也让"松平"成为江户时代地位仅次于"德川"的重要苗字。

德川家康的家系始于三河松平氏,而祖父松平清康是整个松平氏乃至德川家家业的始祖,德川家康的"康"字乃至幼名"竹千代"也都来源于祖父。之所以如此,是因为松平清康在短暂的一生中曾经用不足六年时间统一动乱的三河国,个人魅力与政军手腕都非常出众,三河国的松平氏家臣团便是在其感召下组成。然

六年内统一三河国的传奇人物松平清康

而悲剧在于，松平清康在天文四年（1535）十二月对抗尾张织田家的进攻中，遭到家臣刺杀而亡，继任者松平广忠缺乏领导能力，松平氏只得向东依附于骏河今川家，接受家督今川义元的庇护。

对于今川义元而言，三河松平氏也是他们的"先方众"，是他们继续向西攻取尾张国大名织田信秀的重要媒介。日本从东国到近畿之间，最为平坦的道路便是所谓东海道、即本州岛东南部数百公里的狭长海滨陆路，日本1964年开通运营的第一条铁路新干线（东京至大阪）也是沿这条路修成，可以说这条东海道便是日本历史上最重要的血脉干道。这条路途上，从东到西分别坐落着武藏、相模、伊豆、骏河、远江、三河、尾张七个领国，前三者由北条家占据、尾张国由织田家占据，中将的骏河、远江两国与东三河则由骏河守护今川义元统领，如此一来，位于西三河的松平氏自然夹在织田家与今川家中间，不得不左右摇摆以换取生存之机。

天文十一年（1542）八月，今川义元第一次越过东三河，与织田军交战于松平氏主城冈崎城西侧要地小豆坂，虽然今川军没有占到便宜，但败仗让今川义元希望更能抓紧松平氏这个位于远处的"先方众"。于是在天文十六年（1547），今川义元要求松平氏交出年仅六岁的嗣子松平竹千代作为人质，这也是德川家康第一次出现在历史舞台。

谁承想，承担护送任务的三河国人却叛变投靠尾张织田家，于是松平竹千代反而阴差阳错来到尾张成为人质。据说这一时期，幼年的松平竹千代与年长一些的织田吉法师（信长）经常一起玩耍，虽然具体情况不得而知，但两人幼年时代的会面确实也成为未来织田、德川同盟的滥觞。

决战背后的更新换代（1533—1551）

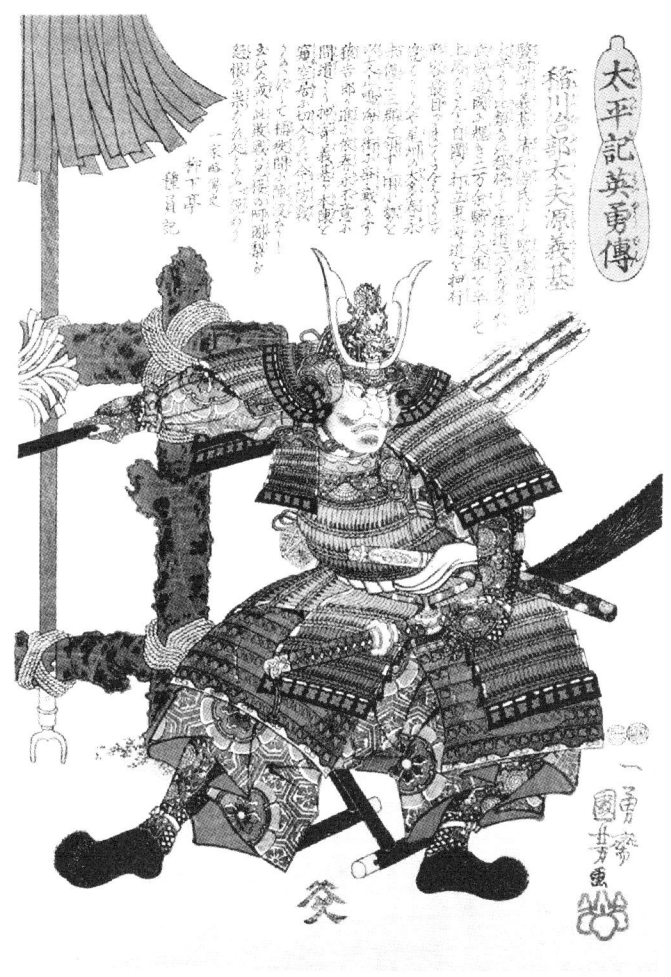

"东海道第一弓取"今川义元

天文十七年（1548）三月，不甘失败的今川义元派遣一万军队再度进军西三河，尾张织田家派遣四千军队与其再度交战于小豆坂，这一次今川军不仅获得大胜，还俘获织田家成员为人质。

双方互有对方人质，于是便达成互换人质的协议，松平竹千代被送入到今川义元统治的骏河国骏府城作为人质居住下来。随着第二年（1549）松平氏主君松平广忠遭到家臣刺杀，今川义元立刻派遣家臣朝比奈氏进入冈崎城统领原松平氏家臣，这也基本意味着三河国整体成为今川义元的领地。

从这一时期开始，今川义元模仿京都公卿，将牙齿全部涂成黑色，同时据说今川义元由于久疏战阵而体型肥胖，无法骑马，只能坐轿（乘舆），这种说法无疑是给他"愚将"一词增加注脚。但必须明确，史籍中并无今川义元肥胖的记载，而乘轿原因也是他要凸显自身权威以吸引周围国人前来归附。应该说，今川义元确有其附庸风雅的一面，但他在治理领国方面也有其独到的能力。比如天文二十二年（1553），他完善了父亲今川氏亲留下的《今川假名目录》，为父亲今川氏亲的《今川假名目录》追加21条，剥夺了领国内所有庄园的守护不入权。

所谓守护不入权是指对于领内具体庄园，守护不能进入领地勘测也不能执法，这就在领国内形成一个又一个独立王国。进入战国时代，由于庄园制度已经残破不堪，战国大名开始直接接管原庄园领地，但仍然有不少旧庄园、旧公领保留原有领地。靠着这封文件，弘治元年（1555）开始，今川义元对骏河、远江、三河三国开展检地，重新测量土地产量，这让今川家查处各地国人隐藏的土地产能，将更多国力聚拢在自己麾下。正因如此，今川义元也获得"东海道第一弓取"的称号，意图西进与织田家决战。

至于松平竹千代，也在弘治元年（1555）三月元服，成长为今川家麾下将领松平元康。总体而言，松平元康虽然是人质身份，但他在骏河今川家麾下时期并未受到过多恶劣待遇，也迎娶今川家家臣之女为妻，生活并无过多不自由。也正因如此，晚年开创江户幕府后，德川家康迅速宣布退休，后便重新居住在骏府城一直到去世，而骏河今川家后人也成为江户幕府"高家"（专修礼仪的高级旗本武士），足见他对于这块土地以及今川家都有着非常特殊的感情。

（11）安艺1551：大内家内乱与毛利元就一统家族

在大内家与尼子家决战后，毛利元就获得前后十年的喘息之机，其间他开始借助大内义隆的信任与安艺国人联盟收服周围家族。十年间，毛利元就将两个儿子过继给安艺国最重要的两大家族，即位于北部山区的吉川家以及南部海滨的小早川家，在主君大内义隆的默许下，拥有毛利家血统的儿子顺利接管两家，而毛利元就也将家督之位让给嫡长子毛利隆元，形成独特的"毛利两川"制度。

之所以这么做，主因便是要摆脱安艺国人联盟对于毛利家的限制。天文年间，毛利家在毛利元就领导下获得长足发展，但本质上毛利家依然是安艺国人联盟的盟主，而不是安艺国主。"毛利两川"制度的要义，便是让毛利元就利用父亲地位凌驾于毛利、吉川、小早川三大国人的家督之上，那么毛利元就本人就自然成为安艺国人的主君，而非盟主。日后，毛利元就又把另外六个儿子送往五大安艺国人成为继承人，扩大下属家督的规模，如此一来，毛利元就的政治地位就进一步提升起来。

这一点可以从称呼上体现出来：日本古代对主君有"殿样"、"上样"两类称呼，前者指诉讼裁判权的持有者，后者指拥有赏罚权力的军事统帅。大多数情况下二者常常混用，但在毛利家内部这个分别却非常明确，"殿样"指毛利隆元，"上样"指毛利元就，这表示毛利隆元在军事上也要听从毛利元就指挥。通过送养子获得继承权的方式，毛利元就正式完成领国内部制度构建。

这一时期，大内家内部出现动乱。由于大内义隆常年不理政务，宠信文官相良武任，这就造成家中重臣陶隆房极为不满，世代侍奉大内家的陶氏也开始存在反心。天文十八年（1549）四月，毛利元就率领吉川、小早川两家家督一同来到大内家主城汇报工作，期间陶隆房与三人密切接触，希求争取毛利元就的同意。而毛利元就也认识到大变将近，于是在七月回到主城吉田郡山城，并开启对于属下重臣井上家的清剿。

井上家与毛利元就之间的关系非常复杂。在毛利元就幼年落难时，井上家曾抢夺毛利元就的主城，迫使他度过一段寄人篱下的生活；但在毛利元就发展过程中，井上家又成为不可或缺的左膀右臂，一直支撑着毛利元就走过了35年的时间。但由于井上家规模庞大，成员众多，且经常在自己领地周边设立关卡、收取过路费，这让毛利家领国发展与建设受到一定恶劣影响。拜会大内家期间，毛利元就便计划清剿井上家，他的想法也获得大内家的支持。于是天文十九年（1550）七月十三日，毛利元就经过一年多筹备，同时对井上家位于不同地区的三十多名主要成员展开清洗，并宣布主君大内家首肯的"井上家罪状十二条"。

如此大事结束后，毛利元就立刻要求所有家臣表示忠诚。于是七天后，毛利家238名家臣联名上书，要求毛利家对全部成员实行"家中成败"。所谓"家中"，指的是家族中的统治集团，一般由家督、同族、亲属、重臣组成，而"成败"，在日语中是"惩罚"的意思。两者组合在一起，就是"由毛利家的统治集团进行惩罚"。此后，毛利家形成了"喧哗两成败"法案，即家臣间一旦出现暴力争斗（喧哗）就对双方进行同等惩罚（两成败）。手握法律裁判权，意味着毛利元就对于家臣的统领已经到达一个新的高度，后毛利家在下属家臣领地中开展检地工作，要求每个家臣在出征时都要按照领地的产能贡献出一定的钱粮、士兵、装备。

决战背后的更新换代（1533—1551） 141

图为"关所"，即领地内抽取人头税的地方，井上家遭到清洗的一大罪状，便是在领地内抽取人头税，妨碍了毛利元就在领地的收税权。

由此，毛利家新的军法建立起来，在日后出征周防国时，毛利元就特地写下如下条文：在战争进行时，如若不听从统帅的命令，那么就是不忠。如果做了违反统帅意志的事情，无论背景如何，无论是否战死，都不能评定为"忠节"，无法获得赏赐。所谓"忠节"，从字面意思来看应该是一个伦理学的词语，但此处表示的是军功，而且是为了奖赏而产生的军功。用通俗的语言来讲，上文的意思是：如果不听从主帅的命令，无论成败，都得不到奖赏。毛利家通过这种机械却行之有效的措施，让所有家臣都不得不服从命令听指挥。

毛利元就清洗井上家后一年，陶隆房便在天文二十年（1551）八月联合丰后大友家军队进攻大内家领地，陶隆房本人逼迫大内义隆自杀；第二年（1552）三月，陶隆房找到大友义鉴之子大友晴英继承大内家，改称大内义长。叛乱结束后，周防守护大内家彻底被陶隆房架空，陶隆房也终于摆脱大内义隆赐字，改从新主君名字中获得一字，称为陶晴贤。

6. 局部决战

战国大名的军事决战与政治连横（1554—1564）

16世纪50年代至60年代是整个战国时代最为精彩的时期，全国各地的战国大名已经聚起足够实力，能够开展数万人级别的大战，同时各大军队的军事组织也已成形，士兵摆脱过去松散的组织状态，按照相对完整而规范的规章制度有效提升行动力与战斗力，这就让几家重要的战国大名在几个具体战场形成势均力敌的局面。比如信浓国川中岛地区的武田家与上杉家、安艺国宫岛地区的大内家（陶氏）与毛利家、九州门司港的毛利家与大友家、近畿的三好家与将军足利义辉、小田原城的北条家与越后长尾家、月山富田城的毛利家与尼子家等等，均为战国时代增添一抹绚烂而别致的色彩。

（1）信浓1554：甲相骏三国同盟与三次川中岛之战

    甲斐国武田信玄、骏河国今川义元、相模国北条氏康，三个位于关东地区的战国大名不仅都能看到白雪皑皑的富士山，也都承受着来自对手的压力。历史上，三个领国都有互相友好的时期，也不乏互相争霸。如今川家内部出现家督争斗，北条早云曾经加以调停；武田信虎进行统一战争时，今川家曾予以妨碍；今川义元刚刚平定家中乱子，却遭到北条家从东部侵袭，这便是天文六年（1537）的"河东一乱"；也正因如此，当北条氏康面对关东传统势力八万人围攻，武田家与今川家一开始站在北条氏康的对立面，直到北条氏康把"河东一乱"中吃掉的长久保城归还今川家，问题才算告一段落。

富士山一带复杂的山地地形吸引许多大名前来开展政治与军事交锋

不过时间进入1550年以后，武田、今川、北条三家开始有着相似的发展方向，首先三方的主攻方向都不再是另外两家，如身处北部武田家要进攻更北的信浓国与越后国，位于西侧的今川家意图西进攻击尾张国，至于位于东侧的北条家也以更东侧的房总半岛以及北侧的关东传统势力作为主攻方向，这就让三个大名之间的矛盾骤然减小，反而需要形成某种意义上的合谋。

第一次川中岛之战的爆发无疑加快这一步伐、天文二十二年（1553）八月底，武田信玄追击北信浓国人村上义清，村上义清没办法只得借助更北部越后国的长尾景虎军队南下抵抗。九月一日，长尾景虎的军队在信浓国与越后国的边境地区川中岛交战，长尾军获得胜利，武田信玄虽然短暂反击，但随后双方陷入僵持，二十余日后双方考虑到已经进入麦收季节而撤退。

回国后，武田信玄收到今川家发来的建立甲骏相三国同盟的建议。三方的领地两两接壤，如果能够互为后援，那么在各自方向上都能够顺利扩展，并可以断绝后顾之忧。为了进一步强化同盟关系，天文二十一年（1552）十一月今川义元首先把女儿嫁给甲斐国武田信玄的嗣子武田义信，第二年（1553）十二月，武田信玄将女儿嫁给北条氏康的嗣子北条氏政。有了武田信玄作为中间人，今川义元与北条氏康之间的盟约也指日可待了。

但盟约终究不会来得如此容易，天文二十三年（1554）二月，北条氏康再次派兵进占今川义元的领地，这时武田信玄进军到阵前，名为支持今川义元，实则作为中间人调停双方矛盾。经过数月调停，天文二十三年（1554）七月，北条氏康的女儿嫁给了今川义元的嗣子今川氏真，这意味着三家大名已经两两形成姻亲关系，那么甲骏相三国同盟宣告成立。

据《北条记》、《关东兵乱记》等后来的军记小说记载，武田信玄、今川义元、北条氏康三人为了表示诚意，特地来到富士山旁边的善德寺会谈，史称"善德寺会面"。这场会面在很多影视作品中都被搬上荧幕，知名度很高。但在史料中，目前并没有三人在善德寺会谈的记录，事实上当时的武田信玄已经开始了与长尾景虎的川中岛之战，很难抽身，所以实际情况并不明晰。但唯一可以肯定的是，三方借由婚姻关系达成了同盟关系，并以此为基础互为后盾、扩张了地盘。

进入了天文年间后,各地战国大名不断崛起,加快了淘汰弱小势力的速度。在这一时期,锄强扶弱的侠义之风绝非主流,恃强凌弱的冷血思考才是正题。毕竟每个大名的时间和国力都是有限的,如果无法利用有限的资源去夺取更多的领地和财富,那么未来自己就会处于弱势,进而被消灭。

正因如此,东国三位最强大的大名才聚首在一起,停止强者间的内斗,先对弱者发起攻击。虽然弱者很快消亡殆尽,三家也分别被其他的战国大名阻击住,但这个同盟却开创了战国大名博弈的先河。此后,武田、上杉、今川、北条,甚至近畿附近的织田、德川也纷纷加入博弈。他们为了自身的利益反复进行思考,时而与此结盟、时而与彼结盟,使得战国大名之间的联系变得复杂、多样化。战国大名们在军事上进行一场又一场震古烁今的战争时,也将为我们带来一次又一次美妙精彩的政治博弈。

川中岛地区正位于如今长野盆地的正中心,在崇山峻岭之中,这块唯一的盆地成为兵家必争之地

川中岛地区是信浓国进入越后国的枢纽，其附近善光寺聚集大量的商人，进而形成了繁荣的市场，这是在以农业、矿业为主的甲斐国无法出现的。对此觊觎不已的武田信玄劝降善光寺南部的国人，势力对北部的长尾家势力形成压制。长尾景虎为夺回善光寺控制权，在弘治元年（1555）七月十九日第二次与武田军对峙于川中岛地区。这次长尾景虎选择了善光寺北部的葛山安营扎寨，而武田信玄选择南部的旭山凭城固守。为了击败武田军，长尾景虎故意在营寨中放火，准备在对手前来攻击之际设下埋伏。但遭武田军识破而没有成功。

武田信玄笃信《孙子兵法》的"风林火山"描述，在敌军士气高涨时，他选择"不动如山"的策略，拒绝与对手正面交战。从七月十九日开始，两军对峙了长达200余日，直至闰十月十五日，双方才在今川义元的调停下各自撤军。

不甘示弱的武田信玄反复攻击北部信浓，在弘治三年（1557）八月下旬第三次与长尾军在川中岛交战，这次交战与前两次战役一样未分胜负，双方再次对峙月余。此时，十三代将军足利义辉向双方发布了停战的御内书，并要求长尾景虎进京帮助自己对抗三好长庆。武田信玄见机要挟足利义辉，无奈之下，永禄元年（1558）一月，足利义辉将信浓守护候补的职位授予武田家，第二年（1559）武田信玄正式获得信浓守护的职位，获得夺取信浓国的大义名分。

三场川中岛之战全部以平局收场，双方似乎都没有在战线上有所推进。但双方处于对峙状态时，武田信玄、长尾景虎发布的"印判状"数量均增长4倍，这说明越来越多的国人被编入两方家臣团中。两家虽然没能在战线上有所推进，却促成更多原本松散的国人凝聚一处，加速各自内部领国制度建设的步伐。

正因如此，近来部分史学家认为，武田、长尾（上杉）之战的作秀成分远大于实际意义。就当时而言，武田信玄、长尾景虎都是刚刚接管信浓、越后两国，统治根基不稳固，所以双方的主要目的很可能是要凝聚信浓、越后的国人力量。

持这种看法的史学家常以两人在对峙期间奇怪的信件作为凭据。武田信玄写道："您不要总想着打仗的事情，这样双方都可以退兵了"，似乎暗示武田军没有作战的想法；长尾景虎回信说："与您为敌，我可能一无所获"，更明确地表明了上杉军也无战意。由此看来，双方究竟是单纯的作战，还是有更深层目的，抑或是两者兼有，仍然是一个未知数。

（2）安艺1555：严岛之战

周防守护大内家遭到陶晴贤架空，这对于毛利元就而言既是危险也是机遇。虽然大内家力量强大，但陶晴贤毕竟杀死自己主君，那么毛利元就就有充足的大义名分为大内家"清君侧"。不过在陶晴贤发动政变初期，毛利元就并没有迅速反对，而是表示支持，并借助陶晴贤试图争取自己的举动进一步把触角深入安艺国东侧的备后国，并在天文二十一年（1552）七月击败把持这里的尼子家势力。

只是，陶晴贤与毛利元就之间的矛盾愈发加深。天文二十二年（1553）秋天，陶晴贤对安艺国以毛利家为首的大内方国人发布命令，要求他们集结起来，在第二年春天进攻北部反对大内家的石见国国人势力。围绕是否出兵的问题，毛利元就犹豫再三，在双方矛盾逐渐显现出来后，陶晴贤很可能借出兵名义扣押毛利元就，于是毛利家只能把出兵日期一拖再拖，而陶晴贤方面的使者则是一催再催。

此时，一个颇具有戏剧性的插曲出现。为了挑拨毛利君臣之间的关系，陶晴贤特意给安艺国人平贺广相写了很多信件。天文二十三年（1554）二月，平贺广相为了表达自己对于毛利家的忠心，特意派人将所有信件送给毛利元就。三月，陶晴贤派出了使者前往平贺广相那里继续劝降，但这个使者却立刻被捆绑住送给毛利元就。此举虽然不是毛利元就授意，而是平贺广相表忠心之举，但事实上宣告毛利家和陶晴贤正式分裂。于是五月十一日，毛利元就、隆元父子正式向全部安艺国人发布通告，宣布与陶晴贤"引分"，也就是决裂。

严岛神社以伫立海中的大鸟居闻名，而其所在地宫岛也一直是濑户内海航运的重要节点

陶晴贤十分愤怒，斥责毛利元就深受大内家"大恩"却有着"恶逆企图"，堪称"猛恶无道"，于是派遣三千人军队前去讨伐。

经过周防国山代与安艺国山里两地时候，大内军要求两地自治村落也出兵一起进攻毛利元就，事成可以免除一年税赋，于是三千人军队增加至六千人军队。虽然大内军六千人的进攻还是被毛利元就击退，但毛利元就却敏锐关注到山代、山里两地的自治村落。

山代、山里两地广义上可以看作一个地区，即从安艺国通往周防国的山路，这里没有强大国人存在，是一个权力几乎真空的地区，呈现出村落割据形态。为了保护村落安全，农民集团会定期选举被称为"刀祢"的领袖，他们对农民的土地有着保护的责任，因此常常会成为与各地大名谈判的主要人员。由于安艺国山里地区这一次加入到大内军，毛利元就决定给予惩罚，在六月至十月间集中围困山里的各大自治村落，从而将当地置于毛利家统治下，这为第二年的严岛之战打下基础。

弘治元年（1555）初，集结两万人的陶晴贤准备与毛利元就决战，他首先派遣船队与毛利家的河内、小早川家联合水军交战，这就让严岛神社所在的严岛成为双方交战重点。严岛位于如今广岛湾的内海中，是从周防国沿海路前往近畿地区的重要节点，历来是水军的补给重地。如果任何一方占据严岛，濑户内海制海权就会掌握在手，那么物资补给线就能捋顺。陶晴贤认为自己有着水军优势，故在九月二十一日率领两万军队来到严岛登陆，在毛利家于严岛东北部临时建立的宫尾城附近建立营地，等待机会一举拿下城池。

毛利元就却不急于出兵严岛，因为毛利家水军只有百余艘战船，与大内军动辄能出动三百余艘的实力不在一个水平线上。为了打赢战役，毛利元就求援于小早川隆景的养女之婿，亦即称霸于濑户内海的村上水军重要领主来岛通康，这也是村上水军这个陆海结合的海洋领主第一次登上历史舞台。由于不在室町幕府认可的体制范围内、战国时代的"水军"一般被冠以"海贼"之名，而濑户内海最著名的"海贼"便是横行于四国岛北部到如今广岛湾一带的村上水军。村上水军名义上从属于四国北部大名伊予国守护河野家，但实际上却以濑户内海的三座小岛——能岛、来岛、因岛作为主要据点，这让他们有着充足的海商贸易作为基础发展军事实力，成为半独立的海上国人。

九月二十八日，经过数日等待，来岛通康率领三百艘战船出现在严岛附近，虽然这支海上军队的主要目的是拦截大内家水军，保护毛利家的领海安全，并没有实际参与到陆战中，但水军优势还是让毛利军陆军受到鼓舞，也让大内军非常担忧。

九月三十日晚上6点，毛利元就的行动最终开始。之前几天风雨非常激烈，但这一天突然风平浪静，于是毛利军五百人将灯全部熄灭，乘着巡逻船从地御前出航，本队两千人秘密进入严岛东北部，在包浦地区登岸，而小早川隆景率领五百人在严岛神社附近登陆，伪装成大内军。全体人员登陆后把船全部抛弃，准备以破釜沉舟的架势迎接这场历史性的决战。十月一日早上5点，东方既白，在毛利元就的命令下战斗之声越来越大，号角也越来越响，总攻开始。

猝不及防的大内军被毛利军突击后向海岸逃窜，但在严岛神社附近遭到了小早川隆景的攻击。到了海岸的军队争先恐后地争夺船只离开，很多士兵因为船只沉没而坠海身亡，其他侥幸出海的船只则遭到了村上水军的狙击。大势基本已经定下后，陶晴贤决定自尽，但很快被家臣三浦房清制止。在三浦房清的带领下，一行人沿着海岸线向西逃跑，弘中隆兼则担任起了殿后的工作。但悲剧的是，当军队来到了西边的大江浦时，发现没船，又不得不往南边的青海苔浦跑。等到了青海苔浦，三浦房清被毛利军杀掉。得知这一点的陶晴贤万念俱灰，切腹自尽。

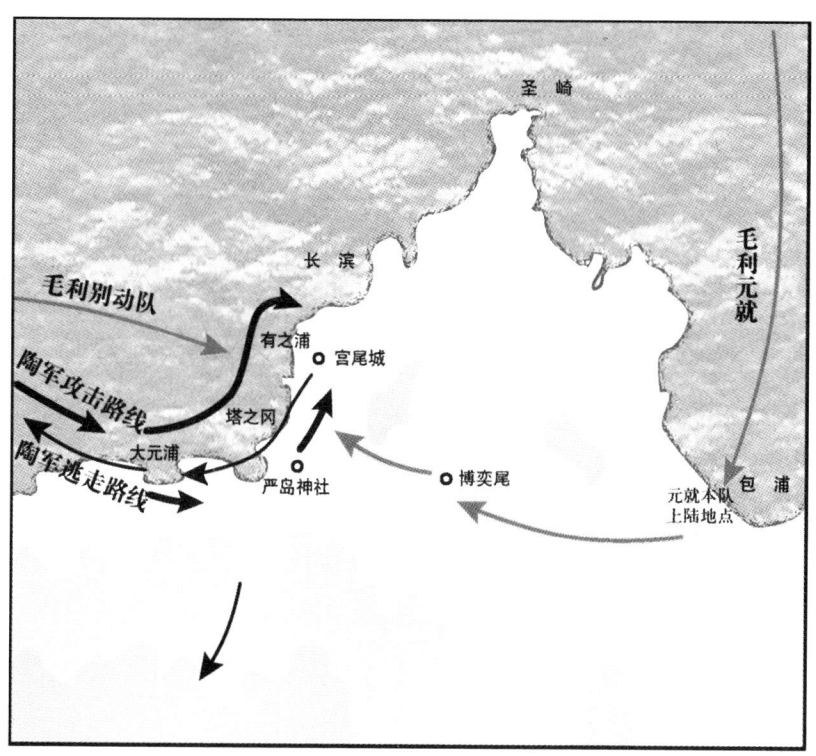

严岛之战图

严岛之战中,毛利元就充分发挥了奇袭战所具备的出其不意、攻其不备的优势,在村上水军的帮助下,将大内家主力军队消灭,同时也杀死了大内家主要战将。毛利元就的军事指挥才能和大名领国制所带来的高超战斗力的行动力,让毛利军当之无愧地赢得了战役的胜利。

攻克严岛后,毛利家在濑户内海北侧的势力已然无可比拟,他迅速开启对大内家主要领地,即周防、长门两国的征服战。与其他战国大名有所不同,在征服大内家期间,毛利元就广泛采用所谓"动""操"结合的征服模式。"动"指的是军事行动,"操"则是政治工作,"动"、"操"结合,就是军事力量与政治工作有机结合的意思。经过长年战争,毛利元就发现战国时代取胜的一般规律:纯粹靠军事力量是无法取得全面胜利的,必须要结合政治博弈才能稳固统治。在这种同时重视政治与军事的战略思想引导下,弘治三年(1557)三月,毛利军经过不到两年时间彻底攻克大内家主城,大内家家督大内义长先行逃往九州岛与本州岛之间的关门海峡附近,准备渡海前往九州依附本家丰后大友家。

为了阻止大内义长逃跑,毛利元就一边围城,一边请求同盟的村上水军封锁水路,狭窄的关门海峡水路不通。四月二日,大内义长在毛利元就的进攻下选择自尽,曾经不可一世的战国大名大内家最终灭亡,毛利元就成为西国最强大名。直到关原之战结束后,毛利家才从西国最强大名这个位置上走下来,逐渐沦为江户幕府的长州藩。

(3)丰前1559:毛利家、大友家的门司城之战

征服大内家领地周防国、长门国的过程中,毛利元就与九州大名大友宗麟之间的矛盾已经逐渐产生。毕竟大内家最后一任家督出身于大友家,那么如今毛利元就拆毁大内家,自然引起大友家不满;更重要的是,毛利元就在占领周防国后,成为比大内家更为强大的威胁,不能不让大友家有所提防。

大内家的衰落让丰前、筑前两国国人逐渐处于半独立状态,纷纷借助地利抢筑城池,试图在大内家灭亡后在九州分一杯羹。但他们都没有想到,这一时期丰后大友家已经蠢蠢欲动,试图将这些国人全部收入囊中。弘治三年(1557)七月,在毛利家刚刚消灭大内家后,大友宗麟迅速派遣家臣户次道雪(立花道雪)等直

从下关（本州岛）看门司港（九州岛），如此近的距离让门司港成为毛利家在九州的重要据点，也成为毛利、大友两家的交锋之处

臣收服筑前国的秋月氏、筑紫氏等家臣，军队直逼关门海峡，威胁毛利家身后。于是永禄元年（1558）七月，毛利元就三子小早川隆景率军渡海，布阵于九州岛最东北的门司城，大友家与毛利家的决战也即将打响，而这座门司城也成为大友家难以逾越的鸿沟。

门司城地处滨海，并没有高山大河作为凭借，于是门司城攻防战的本质就是双方水军的对峙与决战。永禄二年（1559）六月二十六日，大友宗麟与十三代将军足利义辉取得联系，获得丰前、筑前、筑后三国守护职，因而率军进攻门司城，双方开始陆军与水军的鏖战。这场战役中，大友军虽然一度攻克门司城，但由于没有相应的水军保护，最终还是主动放弃城池后退。

永禄四年（1561）八月，大友军卷土重来，再令一万五千人军队进攻门司城，甚至雇用停泊附近的葡萄牙商船加入作战。由于大友家位于贸易较为频繁的九州地区，再加上许多葡萄牙传教士抵达日本，这让大友家对于西方文明有一定向往，甚至后受洗成为天主教徒。与葡萄牙人的合作让大友宗麟获得一定程度的水军支持，但相比于毛利家的小早川隆景仍然不是对手。

分管九州防务的小早川隆景既是水军领袖，同时也长于陆军作战，于是九月十三日，小早川隆景派遣河内水军将领在门司城南部的沿河上溯，登陆后迅速杀开血路，进入门司城驰援。对于濑户内海的水军将领而言，水陆两栖作战对于他们来说可谓家常便饭，毕竟濑户内海地区小岛遍布，如果不能迅速掌握由水变陆，或由陆下水的作战模式，这些人便难以生存。十月十日，大友家试图策反门司城内应打开城门，但遭到小早川隆景识破，因而故意在城中放出狼烟并大开城门，大友军不知实情贸然闯入最终遭到击溃。随即小早川隆景又调动村上水军围堵在门司城海路，逼迫大友家最终撤军。以这场门司城拉锯战为关节，大友家再未扩大领地范围。

由于门司城攻防战未能获胜，大友宗麟请求将军足利义辉居中调停，恰好这一时期的毛利元就也已经东进意在消灭尼子家，双方于是在永禄六年（1563）五月停战，毛利家将自己占领的丰前、丰后国交通要道让给大友家，大友家也认可毛利家在北九州门司城的统治权。

对比毛利家完成内部统一，大友家内部依然处于一种国人联盟状态，除去大友宗麟重臣户次道雪（立花道雪）之外，其余丰前、丰后、筑后国人都与大友家不能完全一心，使得大友家对于前线的进攻总是差一口气。也正因如此，大友家在大友宗麟这一代出现短暂辉煌后立即陷入停滞，大友宗麟被迫开始面对来自肥前、丰前、筑前国人的接连叛变。

（4）山城 1558：三好长庆与十三代将军足利义辉的交战与和解

十三代将军足利义辉可谓是足利将军家十五代成员中最悲剧的人物，他热衷于恢复将军权力，却最终遭到刺杀。

天文十九年（1550）五月，父亲、十二代将军足利义晴去世，年仅十五岁的足利义辉没有任何与战国大名抗衡的实力，于是在天文二十一年（1552）一月，足利义辉宣布与手握实权的战国大名三好长庆和解，并且认可足利义辉推荐的主君细川氏纲成为管领。在这一时期，无论三好家的主君细川家，细川家的主君足利家，还是足利家名义上的主君天皇，都全部遭到架空，实权派只有三好长庆与首席家臣松永久秀。由于无法忍受傀儡现状，足利义辉再度与三好长庆在天文二十二年（1553）闹翻，足利义辉协调诸多反对三好长庆的势力聚集在京都东山附近，牵制三好长庆的军队难以动弹。

面对近畿地区的复杂局势，三好长庆的解决方法从来都简单粗暴，即从四国岛调来两位能打的弟弟安宅冬

十三代将军足利义辉

康、十河一存，四国岛军队有着强大的适应能力，帮助三好长庆接连平定丹波、近江等领国。于是到永禄元年（1558）十一月，随着三好长庆与近江守护六角家议和，最后一个能够支持足利义辉的战国大名也消失，而足利义辉也最终又一次与三好长庆和解。

有别于上一次合作不甚愉快，这一次三好长庆转换态度，选择尊重足利义辉的将军地位，于永禄二年（1559）三月设宴款待将军。双方进而达成约定，三好长庆放弃对于近畿国人颐指气使的直接指挥方式，转而把所有命令由将军口吻传达；而作为交换，足利义辉先后任命三好长庆父子为幕府将军"相伴众"，家格与室町幕府的四职家（山名、一色、赤松、京极）相当，并允许三好家为正亲町天皇即位仪式担任警备工作，并为朝廷重建献上金钱。据分析，三好长庆此人虽然一生颠覆诸多权威，但本质上他比任何人都希望能恢复室町幕府上下尊卑。

借助三好长庆的支持，足利义辉为了恢复将军权力而广泛与各地战国大名修好，首先是在永禄元年（1558）调停武田信玄（信玄）、长尾景虎（上杉谦信）之间的第一次川中岛之战，后又广泛调停毛利元就与尼子晴久、松平元康与今川氏真等纷争，甚至于在永禄四年（1561）三月调停三好长庆与原主君细川晴元之间的斗争。除去调停，他还根据实际情况重新分封守护，如授予毛利隆元以安艺守护、大友宗麟以筑前丰前两国守护等；而从毛利辉元、伊达辉宗、上杉辉虎（上杉谦信）等名字里也可以看到，足利义辉不吝赐字于战国大名。如果三好长庆的实力能够继续维持下去，名义领导足利义辉与实权派三好长庆之间的合作很有可能会为日本带来一段时期的太平盛世。

但所谓由盛及衰，从永禄四年（1561）四月弟弟十河一存去世开始，三好家内部出现动荡。到了永禄五年（1562）八月，三好家嫡子三好义兴以22岁壮年突然去世，三好长庆只能迎立弟弟十河一存之子为新继承人。十二月，名义上的主君细川氏纲病死，由于曾经杀死自己父亲的主君细川晴元也已经去世，三好长庆几乎失去青年时代身边的所有人、不管是敌人还是亲人。也从永禄年间开始，三好长庆很少再直接指挥战役，大部分政务也交给家臣松永久秀处理。事实上，他在人生最后三年一共召开十次连歌会，近畿战火激烈，他却一直在逃避，甚至于有很多人认为三好长庆在晚年罹患抑郁症。

或许是因为精神疾病，也或许是因为嗣子去世悲痛，一世英名的三好长庆开始变得糊涂起来。永禄七年（1564）五月九日，他将弟弟安宅冬康召唤到饭盛山城并予以诛杀，后非常后悔，因思生病，最终在当年七月去世。而在三好长庆去世后第二年（1565）五月，松永久秀长子松永久通以参拜清水寺为名、率领一万军队包围二条御所，足利义辉亲自拿起薙刀抵抗，以高超刀法斩杀数人。最终士兵以草席为盾，并用长枪同时刺向将军，足利义辉最终倒在血泊中，年仅 30 岁，近畿最终还是没能靠内部重组成长出一个稳定的战国大名，这也为日后织田信长夺取近畿统治权打下基础。

（5）关东 1560：关越之战

目光再度转移到越后国与关东地区。作为以"义"为标签的战国武将，越后国守护代长尾景虎最重视之物便是大义名分，比如在第一次川中岛之战结束后，长尾景虎特地来到京都面见十三代将军足利义辉，请求讨伐武田家命令；而在另一个方向，从关东地区逃入越后国的关东管领上杉宪政也希望上杉谦信能够进行"越山"作战，即翻越越后国与关东地区的山脉，帮助自己平定北条家，作为回报，上杉宪政表示愿意将关东管领的职位与"上杉"

的苗字赠予长尾景虎。或许对于其他战国武将而言，这种虚名没有任何意义，但对于长尾景虎而言，能够获得室町幕府开幕以来之名门上杉家苗字，不仅对于他的自尊心是一种极大满足，也对他打起"义"字旗帜有很大好处。

但毕竟从名义上说，关东管领职位传承需要获得将军认可，于是永禄二年（1559）四月底，长尾景虎进入京都当面请求足利义辉许可，而足利义辉也同意授予一直态度谦恭的战国大名长尾景虎以关东管领辅佐人身份，这让他有大义名分进入关东地区。但需要注意，长尾景虎虽然执着于获得关东管领职位，但并不意味着他机械重视传统，比如关东管领名义上的主君古河公方足利义氏便站在北条家一面，但长尾景虎从未请示过古河公方。其原因正在于古河公方本质上已然历经多次架空，难以成为凝聚关东、越后两地国人的大义名分。

「相模狮子」北条氏康

永禄三年（1560）八月二十九日，长尾景虎率领八千人从主城春日山城出发，打起关东管领上杉家旗帜，在九月上旬翻越越后国与上野国之间的三国岭，进入广袤的关东平原。上野国是位于关东八国西北地区的领国，也是北条家与关东传统势力的拉锯地区，闻知长尾景虎率军前来，反对北条家的上野国人纷至沓来，帮助长尾景虎在不到一个月时间里平定上野国。

闻知这一消息，整个关东地区的反北条势力都在各地宣布投奔长尾景虎举起的关东管领上杉家旗帜，组成所谓"关越军"。北条家的老巢武藏国内部甚至都出现反叛者，武藏国人成田长泰、太田资正主动出击，分别平定相模国镰仓城与武藏国品川地区，等于从正中间截断北条家从小田原城通往后方伊豆国的道路，为关越军继续南下铺平道路。

对于长尾景虎一系列的猛攻，北条氏康并没有慌张，而是在十二月初命令小田原城、玉绳城、河越城等重要城池守将固守，不可与关越军正面交战。毕竟关越军刚刚组成一处，士气正盛，正面决战于己不利，不如拖延时日，让一盘散沙的关越军内部出现矛盾，自然就会瓦解。

经过一个冬天的休整，永禄四年（1561）春天，越后国蔓延千里的积雪融化，长尾景虎得以再调来一部分历经严寒的军队支持战斗，攻克关东传统势力古河公方所在的古河城，随即又在二月二十七日长驱直入镰仓的武家圣地鹤冈八幡宫，向神佛进献祈求胜利之愿文，随后沿海西进兵临小田原城。三月，关越军十万人围住小田原城，但由于城池坚固，布局合理，非常适合坚守不出，关越军除去四处放火以求吸引北条氏康出战之外几乎别无他法，而北条氏康也贯彻这座城池修建之本意，始终高挂免战牌。时间进入闰三月，粮补给处于匮乏状态，十万人庞大的消耗已经使得关越军成为了强弩之末，加之北条家已经向善德寺三国同盟的武田家、今川家求援，长尾景虎只好选择退兵。

在退兵前的闰三月十六日，长尾景虎又一次来到武家圣地鹤冈八幡宫就任关东管领，并接受"上杉"的苗字，日后名满天下的"上杉谦信"之名也正是基于上杉家苗字而成。这次改名可谓是上杉谦信一生中最为辉煌的时刻，到六月二十八日，上杉谦信返回春日山城，结束了这场气势宏大的战役。

武家圣地镰仓鹤冈八幡宫

虽然上杉谦信的这场关越之战浩浩荡荡，但战役刚刚结束，武藏国忍城城主成田长泰归降北条家。之所以如此，记载于《相州兵乱记》的故事似可说明一二：闰三月冈八幡宫就任仪式上，成田长泰以先祖为藤原氏、当年见到源氏武家统领源义家可免除下马为由，没有下马致意，上杉谦信斥责他"对管领之做法少许无礼"，便用军扇打掉其乌帽子，成田长泰恼羞成怒，立刻离开现场。这段逸事真假不明，但故事背后体现出一个有趣的问题，那就是上杉谦信虽然尊重传统，但并不是什么传统都尊重，他身上作为战国大名的气质依然很足。而且上杉谦信就任关东管领后，将大部分精力又投入针对武田信玄的战役中，并没有为关东各地国人带来利益，那么在战国时代这个以实力为核心的竞争时代，许多人自然对他离心离德，投入北条家怀抱。

从结果来看，上杉谦信发动关越之战后，北条家进取关东的速度反而加快。到永禄六年（1563）二月，武藏国北部松山城守将太田资正重新加入北条家麾下，这象征着北条氏康的势力范围又恢复到关越之战前夕的状态。

（6）信浓1561：第四次川中岛之战

挟压制北条之威，永禄四年（1561）八月十六日，上杉谦信率军第四次突入川中岛地区。他亲率一万三千人来到妻女山驻扎，同时善光寺配备了三千兵马，以备返回和补给所用。同一天，妻女山东北部海津城（长野县长野市松代町）的守将春日虎纲将消息报告给武田信玄。武田信玄刻在八月十八日率领一万六千军队出发，并在八月二十四日进驻茶臼山，与东南部的海津城形成联系，封锁上杉军的退路。

妻女山处于武田家领地的腹心地带，故而上杉军孤军深入敌后，可以说极为冒险。事实上，上杉谦信的战略目的正是让自己深陷重围、引蛇出洞，但如果使用不好，容易成为马谡失街亭一样的战例。

与前三次川中岛之战不同的是，此战的武田信玄显得很是着急，他在八月二十九日移营海津城，准备引出上杉军决战。但上杉谦信反而不慌不忙，任武田信玄如何挑衅都不予理睬。应该说，双方都不愿意率先出击，又都希望对手先进攻自己，战况自然陷入僵持。但现实决定了双方不能僵持，九月正是农忙季节，对于没有进行兵农分离的两军而言，其士兵仍然具有农民的职责，故而双方都需要速战速决。据《甲阳军鉴》记载，在这一情况下，武田信玄的军师山本晴幸拟定了所谓"啄木鸟战术"，即派遣别动队从妻女山后山袭击上杉军，当上杉军仓皇出逃的时候，武田信玄的主力军队在其必经之路上设伏，一举击破对手。九月九日夜里，武田军一万两千人别动队沿着妻女山后山摸黑行军，武田信玄率领本阵八千人马在上杉军的退路八幡原地区设下套子，就等着对方的溃逃将士，然后一网打尽。

对峙期间，上杉谦信每天都会观察海津城的炊烟数量，因为如果哪一天炊烟数量突然增加，就说明武田军正在大规模准备粮食，也就是准备军事行动。这种情报的获知方式虽然有点落后，对情报机构不完备的上杉军而言，也不失为一个不错的选择。同样是九月九日，上杉谦信继续登高望远，但他突然发现海津城炊烟猛增，立刻召开军事会议讨论对策。在会议上，上杉谦信对家臣说"武田信玄可能要对我们发动奇袭"，便亲率一万两千军队下山、向北进军，留下一千人伪装成主力军队，拖延武田军的步伐。

九月十日清晨，川中岛地区的浓雾刚刚散去，阵容严整的上杉军来到八幡原地区，这让武田信玄不禁大为惊诧。同时，在妻女山发现敌人早已撤退的春日虎纲也大感惊诧，惊呼"主公危险！"，立刻带领别动队全速前进。在此战中，武田军摆出鹤翼阵，即中军后撤、两翼包抄的阵势；上杉军则用车轮阵，即将军队分成不同的军队轮流作战的战术，上杉军一直占据着优势。

据《甲阳军鉴》记载，在双方激战正酣时，武田信玄的指挥部出现了空当，上杉谦信单骑突入指挥部。猝不及防的武田信玄只能以军扇作为抵挡，连续被上杉谦信砍了三刀，这就是所谓川中岛"一骑讨"。不过"一骑讨"的真正过程，最近又有了新说法。在米泽上杉家编写的《上杉家御年谱》中，挥刀攻击武田信玄的人并非上杉谦信，而是家臣荒川长实。如果仔细阅读《甲阳军鉴》，其原始记载也未写明来者就是上杉谦信，而是在段落最后写道"后来听说这位武士是上杉辉虎"，武田家很有可能误将荒川长实当作上杉谦信。

第四次川中岛之战"一骑讨"塑像

"一骑讨"结束后的中午时，由春日虎纲率领的武田军别动队进入八幡原战场，上杉谦信立刻下令全军撤退。下午四点左右，武田军停止追击，第四次川中岛之战正式结束。战役中，武田军损失惨重，骁勇善战的弟弟武田信繁与军师山本晴幸双双殒命，军队更损失四千人之众；上杉军除去损失三千人之外，也损失数名将领，对武田信玄本人进行攻击的荒川长实也战死沙场。

第四次川中岛之战

    由于《甲阳军鉴》的记载知名度很高,在很长一段时间内被当作无可置疑的正史。但在很多其他史料现世后,《甲阳军鉴》记载中的虚构部分也慢慢显露了出来。前述的"一骑讨"引来了众家猜测,而对著名的"啄木鸟战术",也有人提出异议。《甲阳军鉴》记载,武田军别动队从妻女山后山用了五六个小时来到了上杉军阵营。但事实上,妻女山后山极为陡峭,很多地方只能容一人通过,很难想象一万两千的大军队能够在漆黑的深夜行军。

    第四次战役后,双方又在永禄七年(1564)第五次交战于此,但在对峙60余日后撤退,这也宣告耗费12年之久的川中岛之战最终结束。这场漫长的战役虽然帮助两家巩固了势力基础,但也使得两方都不可能在短期内发动进京之战。具有讽刺意味的是,就在第五次川中岛之战结束后三年,织田信长拥立足利义昭为将军进入京都,掌握一统天下的先机。

（7）关东 1564：上杉谦信受困唐泽山城与第二次国府台之战

关越之战与川中岛之战结束后，关东地区的局势虽然表面上看起来是上杉谦信占优，但北条家在关东的地位实际上已经不可撼动。

显著降低上杉谦信威信的城池便是下野国唐泽山城的反复鏖战。就在第四次川中岛之战结束后的当年冬天，唐泽山城的下野国人佐野宗纲宣布反叛，上杉谦信大为恼火，迅速在当年十二月南下围困唐泽山城，但由于大雪封山、越后国主力军队无法尽数调来下野国前线，上杉谦信也回不去越后国，只好停留在关东地区跨年。

越后国即如今新潟县，位于日本北陆地区，毗邻日本海，很难受到日本列岛南侧的日本暖流波及，秋冬季环境气候反而容易受到西伯利亚寒流影响，因而虽然该地不是本州岛纬度最高的地区，但环境恶劣程度却是本州岛之最。时至今日，新潟县虽有不少天然良港，经济发展水平与人口聚集能力依然不强。上杉谦信生活的时代，从关东通往北陆的道路每逢冬季就会积雪遍布难以通行，所以每年留给上杉谦信闪转腾挪的时间也只有非冬季的八个月，其间还要留出至少两个月时间留给农忙，这使得上杉谦信每次进攻关东的时间都几乎是固定在三四月、七八月两个时间点，那么北条家一侧只要躲开这两段时间，或是在某一段时间让上杉谦信疲于应付其他方向的进攻或叛乱，便可以轻轻松松获得胜利。

永禄五年（1562）三月，上杉谦信果然率领大军进攻唐泽山城。唐泽山城坐北朝南，南面是一望无际的平原，而北部则是背靠高山，上杉军的进攻在很大程度上被地利所抵消。看到这一点，身处古河城的原关东管领、上杉谦信养父上杉宪政决定返回越后国，这让上杉谦信大失所望，也在四月回归越后本国。

唐泽山城立刻成为上杉谦信的一块心病。永禄六年（1563）

四月，上杉军再度南下，这一次唐泽山城闻风投降，但只要是上杉谦信离开关东返回越后，这座城池就立刻投奔北条家。事实上第二年（1564）二月、十月，唐泽山城又两度叛至北条家，虽然两次都被上杉谦信出兵制服，但上杉谦信的威望已然下降不少。这一次为了把握住唐泽山城，上杉谦信史无前例地要求佐野昌纲送来人质，这就让他以"义"为先的美名受损，于是乎，整个关东的国人都开始离开上杉谦信，投奔入北条氏康的怀抱。

上杉谦信困于唐泽山城当然让北条氏康非常高兴，他一方面指示关东北部国人持续骚扰上杉谦信，另一方面统领全部北条军东进，与长期与己为敌的安房大名里见义尧进行决战。永禄六年（1563）十二月，里见义尧的军队一万四千人驻扎在父亲北条氏纲曾经取胜的国府台城中，而这一次，北条氏康也即将在这里立下战功。

永禄七年（1564）一月七日，北条氏康率领两万军队抵达国府台城正面，准备与里见义尧的军队决战。北条家军队由江户城守将、武藏国人远山纲景作为先锋发起突击，遭到里见军反击而战死，军队溃散。这一时期，江户城的部分北条家家臣开始叛归里见氏，这让里见义尧认为已经获得全面胜利，于是在一月七日当晚设宴款待众将。然而谁承想，北条氏康本人却并没有认输，他在一月八日凌晨突然率军夜袭里见军，第二次国府台之战同样是以北条家获得最终胜利而告终。

多年战事中，北条氏康与上杉谦信两位战将也逐渐开始惺惺相惜。由于京都附近的情况开始出现变化，北条家与上杉家的主要目标都不再是围绕关东平原进行争斗，于是双方最终在永禄十二年（1569）三月议和并结盟，北条家将上野国让给上杉家，上杉家则认可北条家拥立的古河公方足利义氏为正统，并迎来北条氏康七子作为养子，这也是上杉家日后内乱的重要人物上杉景虎。

就在武田、上杉、北条等家鏖战于关东时，位于东海道的今川义元早已发动进京之战，也正式宣告战国风云儿织田信长的崛起。

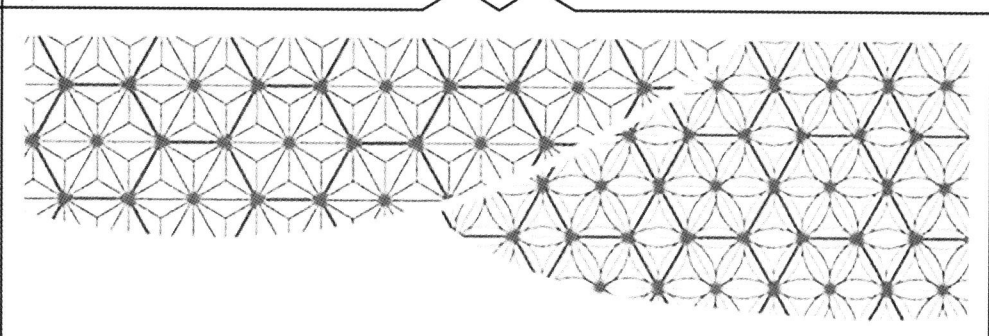

7. 风云突变

织田信长的崛起与近畿征服（1555—1571）

在战国时代中前期，日本最引人注意之地都在各地大型战场，如以广岛湾为核心的西国战场、以京都为核心的近畿战场、以富士山为中心的关东战场、以川中岛为中心的信越战场等，但大型战场中间的交界之处却很少受人关注，毕竟这些地方国人散布，缺乏一个强有力的势力稳固本地，只能成为其他战国大名角逐之场。但到了战国末期，就在近畿与关东的战场交接部——尾张国却涌现出一位新的战国大名，谁想没想到，这位一开始诨名为"尾张大傻瓜"之织田信长却开启了日本结束战国乱世之路。

（1）织田家史：尾张织田家的兴起与统一

虽然织田信长后世声威甚大，但就在他出生的天文年间，位居尾张守护代的织田家依然处于内斗中，分别截然不同的两大家系，一派是尾张上四郡（丹羽、羽栗、中岛、春日井）守护代织田信安（岩仓织田家）、另一派是尾张下四郡（海东、海西、爱知、知多）守护代织田信友（清洲织田家），织田信长所属的织田弹正忠家只是清洲织田家下属的一名奉行。

虽然地位较低，但织田弹正忠家从16世纪初期开始就因为占据着尾张国南部的贸易据点海东郡而发展起来。尾张国南邻庞大的爱知湾，拥有有利于农业的庞大冲积平原，西接近畿五国，东侧则是日本最重要的商路东海道，所以虽然面积狭小，但尾张国自古就是日本农商贸易重地，这让把持商业网络的织田弹正忠家迅速崛起。到织田信长的父亲织田信秀接过家督位置时，织田信秀已然成为尾张势力最为强大的领主。

这种实力与名分错位的结果，就是尾张各地虽然没有什么反对织田弹正忠家的势力，但也很难有人去支持他们。如遇到北部的美浓斋藤家、东部的三河松平氏、骏河今川家侵攻，大家都会把织田弹正忠家放在前面挡灾。

战国风云儿织田信长

与此同时，尾张国东部也开始出现一些战略威胁，首先便是享禄年间崛起的三河国人松平清康，这位用了六年统一三河国的猛将试图西进与织田家决战，恰好与织田信秀的领地相邻。于是天文四年（1535）十二月，织田信秀从背后下手，策反松平氏家臣刺杀松平清康，这才将这股势头按下去。随后今川家接管三河松平氏的领土，这就让织田信秀与今川义元之间开始出现对峙。这次对峙，也正是织田家与今川家在永禄三年（1560）决战的开始点。

从领国数量而言，织田家只有一个尾张国，而今川家却拥有骏河、远江、三河三国，所以从概念上很容易认为今川义元更加强大。但是，从几十年后太阁检地的数据来看，今川义元所占据的骏河、远江、三河三国的国力为70万石，而尾张国一国就有59万石。虽然太阁检地数据与永禄年间肯定有所不同，但由于相差时间只有数十年，仍然可以作为参考。换句话说，从小豆坂之战开始的织田家与今川家之战，更有可能是一场实力相差不大的战争，强弱对比并不一定那么悬殊。

但有一点也需要注意。由于尾张国数十年来都是领主割据状态，所以虽说大家都是织田家，但织田家与织田家也不太一样，织田信长的父亲织田信秀所能直接调动的地区，基本只限于尾张国下四郡的古渡城、那古野城等小型城寨，遇事仍然要前往清洲城请示下四郡守护代。随着织田信秀的去世，织田信长所在的织田弹正忠家又遇到新的问题，而这也就引来大家对于织田信长这位"尾张大傻瓜"的关注。

大多数小说与电视剧中，织田信长在少年时代都是一副野人相，比如反对武士教条，热爱爬山出海，性格乖张不羁等，这些性格都深深刻印在人们心中。但在史料中，织田信长少年时代的实际形态却全然不同，比如从16岁到18岁之间，他每天早晚都会练习骑马，中午会与随从侧近练习枪术与剑术，河水不结冰的时节还会下河游泳，季节暖时则会参与武士最基本的野外功课狩猎，虽然他或许有些不服礼教，不喜欢繁文缛节，但作为武士的必修课程他是一项不落，甚至是以优异成绩完成各项课程，展现出作为一名军事统帅的潜质。而且与此同时，织田信长也在少年时期被父亲交付一些管理领地的任务，目前能找到的最早文件便是天文十八年（1549）十一月，16岁的织田信长在古渡城东南侧的热田一带八个自治村落发布"制扎",将父亲的法令告知当地高级农民。

从整体状态来看,父亲织田信秀对他的期望并不低,加之织田信长与美浓守护代斋藤道三之女结婚,可见仍是拿他作为继承人来培养。不过在天文二十年(1551)父亲去世后,织田信长这位新生的战国大名却遇到许多麻烦。

一般认为,这些麻烦来源于织田信长的一些别样举动,如父亲葬礼上,他没有按照礼数着装穿戴,还抓起一把香灰投到父亲灵前,而弟弟织田信行却规规矩矩完成所有规定步骤,这不仅让织田信长有了"尾张大傻瓜"的称号,也让他的地位岌岌可危。但需要注意,即便这个桥段是历史事实,织田信长受到攻击的原因也不那么简单,一来父亲织田信秀时期开疆拓土,将许多新生的自治村落与尾张国人收入囊中,其中一部分人马就是长期服侍弟弟织田信行,这自然会引起家族矛盾;二来就是织田弹正忠家过于强势,招致主君的反感,就在天文二十一年(1552)八月,织田弹正忠家遭到主君亦即尾张下四郡守护代织田信友的进攻,虽然最终无事退兵,但依然是给了织田信长一个严重的警告。

织田信长的第一个目标,就是自己的这位主君,恰好这位尾张下四郡守护代也给了一个机会:天文二十二年(1553)七月十二日,他出兵杀死尾张守护斯波义统,意图复制其他地区"下克上"模式,织田信长这个时候立刻站出来,收留斯波义统的遗子到自身领地。借助尾张守护的大义名分,织田信长联合北部的守山城城主织田信光一起进攻下四郡守护代。弘治元年(1555)四月二十日,织田信长与织田信光做局,趁着和议时派遣军队突入清洲城,杀死尾张下四郡守护代织田信友。这位一直在试图做掉属下的主君,最终被下属设计做掉。事后,织田信长与织田信光平分尾张下四郡,但巧在当年十一月织田信光意外坠马而亡,于是织田信长接管这位盟友的领地，成为尾张下四郡的唯一领主。

不过随后，织田信长却遇到噩耗，岳父斋藤道三在弘治二年（1556）四月遭到嗣子斋藤义龙的进攻而战死沙场，斋藤义龙转而支持织田信长的弟弟织田信行，这就让织田信长遭遇手足相残。当年八月，织田信行率军七千包围织田信长的七百人军队，但由于织田信长的军队大多是平素围绕身边的"马廻众"，亦即亲兵，所以战斗力与凝聚力较高，最终凭借健全的军事组织击溃弟弟的军队。织田信长本想就这么杀掉弟弟，但由于两人共同的母亲土田夫人求情，织田信长仍然赦免所有反叛军。

织田信长出生地那古野城遗址

织田信行依然不愿放弃，在弘治三年（1557）十一月再度与上四郡守护代共同谋划，意图里应外合攻取织田信长与尾张下四郡。这一次，弟弟的家臣柴田胜家等人不愿意再反叛，转而将密谋告知织田信长，于是织田信长再度设局，谎称自己恶疾缠身，要将家督之位传给弟弟；织田信行信以为真，前来探病，结果织田信长却命令士兵将其斩杀，通过这种残忍的手段，织田信长避免了织田弹正忠家内部的一场恶斗。

攻灭弟弟后，织田信长决心统一尾张，于是在永禄二年（1559）二月进京求见十三代将军足利义辉，获得许可。随后三月至五月，织田信长围攻上四郡守护代织田信安的主城岩仓城，逼迫对手投降，混乱三十多年的尾张国大致统一。但这一时期，所谓"统一"并不是说织田信长对领内的所有自治村落有绝对统治权，只是说领内没有势力再想颠覆织田信长的织田弹正忠家政权，散布各地的许多自治村落仍然有自己的想法，这也让织田信长在接下来的桶狭间之战里只有五千人可用。

（2）桶狭间山：与小说不完全相同的桶狭间之战

熟知桶狭间之战的朋友一般都会认可这样的结论：今川家轻敌，今川义元本人因为肥胖而只能乘轿行走，行进速度缓慢，而织田信长则十分英武，率领身边军队奔袭今川义元的中军，最后取得上将首级。

这番说法带着很为浓重的近代传奇色彩，并未完整反映出战争背后的政治情况。今川义元虽然确实乘轿出行，但这意味着他并没有把这场战役看作一场绝对意义上的军事作战，而是军事行动与政治示威并行。比起骑马出行，乘坐京都公卿一样特制的轿子更是一种特权象征，今川义元通过乘轿可以宣示自己的政治身份、用大义名分招揽尾张国国人。虽然这种说辞在今人看来并不

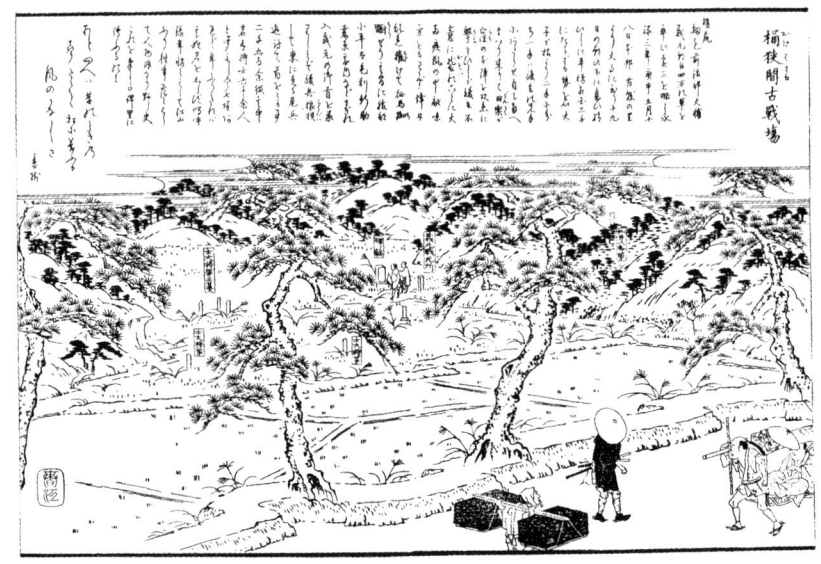

桶狭间古战场

完全可信,但在战国时代尾张国的势力格局中,地方自治村落由于势力弱小,经常会望风而降,那么比起耗费巨资打一场胜仗而言,自然是塑造一个强大的形象来收拢敌军势力、让他们承担向导或后勤运输的职责就显得更为划算,这种手段也让战国中前期的战争烈度显得非常低。

而随着今川义元这顶轿子的倒下,战国时代也终于进入白刃格斗中。

永禄三年(1560)五月十二日,今川军发动两万五千,号称四万,浩浩荡荡进军尾张国。随后五月十八日,今川军主力来到尾张国东南部的沓挂城驻扎,而当天晚上,今川义元派遣松平元康前往不远处的大高城运输粮草,并准备第二天率领中军亲自前往大高城。而今川义元的宿命,即将在通往大高城的路上决定。

五月十八日晚上，织田信长得知今川军驻扎沓挂城的消息，紧张万分。他最多只能调集五千人，还需要派遣一部分人守城，能够正面迎敌不会超过三千人。今川家中军虽然也只有五千人左右，但相较下实力仍然处于劣势，织田信长决定发动奇袭。

为了不让敌人的情报人员获知奇袭计策，当天晚上，织田信长面对家臣们出战和固守城池的争论，并没有召开军事会议，而是不置可否。家臣颇为失望，很多人叹息织田家将亡。虽然表面如此，事实上他却一直命令情报人员探听敌军位置的现状，紧张地彻夜未眠。

五月十九日凌晨，织田信长得知今川军前锋军队袭来，传令城内军队准备出战。据《信长公记》记载，这时的织田信长颇有艺术情趣地吟唱了古词《敦盛》的一段：人生五十年，与天下相比，如同梦幻一样，一度得生者，岂能不灭？吟唱完歌曲后，织田信长带领5名随从离开清洲城，朝着东南方四公里的热田神社进发，一边祈祷胜利，一边等待后续军队到来。

上午八点前后，织田军增加至千人，全军继续向东进入善照寺城，到了十点，织田军已经有了三千人之众。这时，尾张国人梁田政纲来到善照寺城，将今川义元的进军路线，中途休息站都详尽地报告给了织田信长。随着这份情报，整场战役的重心即将发生重大的改变。

今川义元的行军路线为什么会为人所知呢？主要是因为在今川军先锋路过这段路途时，就已经在桶狭间设下阵营，作为今川军的休息站。桶狭间是当地一座丘陵的名称，可以眺望远处情况，有着地形优势，提前将这座休息站流露给周围地区，也是为了在这里驻足，吸引周边自治村落的农民前来投奔。

中午时，今川军来到桶狭间休息，全军准备吃饭，这时松平元康的先锋军队攻克前方营寨的消息传来，今川军喜不自胜，整

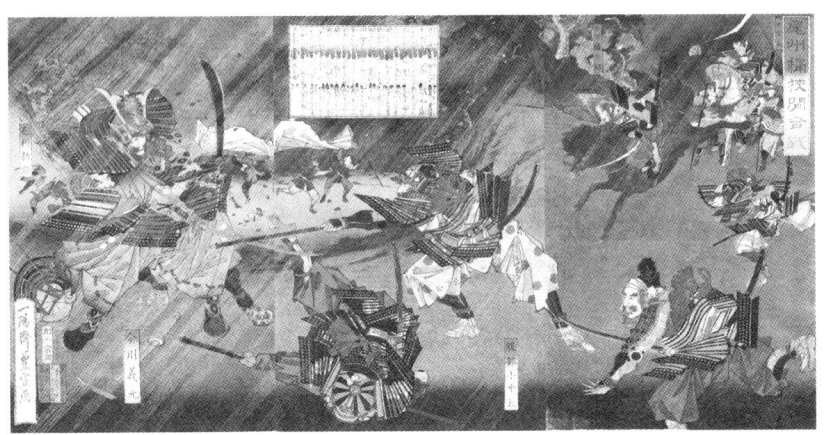

桶狭间之战绘画

个军营进入了一片欢庆的气氛中，今川义元甚至在阵营中开了茶会，警惕不由得放松起来。

下午一点，天降大雨，雨势之大甚至将一棵两三人环抱的大树连根掀翻，很多织田军士兵感叹这是神明之力。事实上，这场大雨也让今川军的哨兵全部散开避雨，织田军两千人悄悄爬上桶狭间山，来到今川义元本阵边缘。

两点，天空放晴，织田信长振臂高呼，全军对今川义元发动总攻。由于象征特权的轿子过于惹眼，织田军立刻就发现了今川义元的位置，两千人全部朝着今川义元的三百人近卫军进攻。猝不及防的今川义元立刻在家臣的保护下逃亡，但途中却被织田军追上杀死。主将阵亡，其余两万今川军立刻全军撤退，从小豆坂之战开始的织田与今川之战到此为止基本告一段落。

虽然今人不断批评今川义元与那顶象征特权的轿子，但也需要注意，这本质上是两种思维模式的不同。如果回到当时的状态中，很难说今川义元的做法就是错的，毕竟以大义名分收服当地国人之举在整个战国时代都是非常重要的政治行为；织田信长的冒险突袭也在历史上从无先例，如果当时没有那场漫山遍野的大雨，或许今川军斥候就能够借助地形优势看到织田军，那么一场灾难或许也能够避免。

桶狭间之战如同严岛之战一样，极大地改变了历史进程。尾张国刚刚从混乱走向统一，如果织田信长失利，今川义元无疑可以顺利进入尾张，战国风云儿织田信长的前程自然要画上一个大大的问号，而日本战国历史的走向也要随着织田信长的变化而改道。而且，如果今川义元没有战死，恐怕松平元康也无法自立，武田信玄更不敢悍然撕毁三国同盟，东国的历史也会发生巨大的变化。所以说，桶狭间之战虽然因为织田信长而出现很多夸张描写，但其历史地位非常重要。

（3）北上美浓：织田、斋藤之战

围绕织田信长与美浓国守护代斋藤道三，曾有一个"正德寺会面"的传奇故事。天文二十二年（1553）四月，斋藤道三约织田信长在尾张国边界的正德寺会面，以求试探女婿的"器量"究竟如何。所谓"器量"，在战国时代有着特殊的含义，即有没有能力保障自己领地的安全。故而斋藤道三的意思很明确，他想要确认织田信长是否真如传言所说，是一个"大傻瓜"。

一直以傻瓜形象示人的织田信长，此次却是盛装出席，尽显个人魅力。更出人意料的是，随行的除七八百名随从之外，还有各式各样的弓箭、长枪、火枪等武器。织田信长正是想借助此番约见的机会，展示自身实力之强大。也正因如此，据说斋藤道三曾向家臣感叹，认为自己的儿子未来只能给织田信长牵马，而据说斋藤道三死前，他还特意发信给这位女婿，声明织田信长日后可以随便夺取美浓土地。经过数年鏖战，在击退今川义元的威胁

斋藤义龙

后,织田信长终于等到美浓国主斋藤义龙的死讯:永禄四年(1561)五月十一日,刺死父亲的斋藤义龙以36岁壮年去世,继任者为儿子斋藤龙兴。五月十三日,织田信长趁斋藤家主君更迭,出兵直取稻叶山城,并在开始取得了胜利,但由于没有后续支持被迫退兵。

随后两年时间里,织田信长反复进攻美浓国各地。虽然继任者斋藤龙兴并没有很明显的军事指挥能力,但经历常年对峙,美浓国人对于织田弹正忠家的后代并没有友好感情,乃至让织田信长连连吃亏。其中最重要的一次败仗,便是在永禄六年(1563)四月遭遇有"今孔明"之称的竹中重治伏击而大败,这让刚刚崛起的织田信长非常狼狈。随后,尾张国北部的犬山城城主投奔美浓斋藤家,而织田信长被迫把主城迁移到距离犬山城一山之隔的小牧山城,以求监视对手。

就在织田信长孤立斋藤家过程中,永禄七年(1564)二月六日,竹中重治率军夺取稻叶山城,将主君驱赶出城池,据说此战竹中重治用计造成城中恐慌,只用十六人就夺取城池,虽然这种说法明显有戏说成分,但这种传说也起码显示出竹中重治拥有智将形象。虽然竹中重治随后让出城池隐居，但斋藤家内斗却因此更为激烈。趁着斋藤龙兴无暇南顾，织田信长攻克反叛自己的犬山城，把战线一直推进到美浓国南部的长良川沿岸。

美浓地形好似两片鸟翼，其中左右双翼均为复杂山地，而连接双翼的"鸟腹"位置、即"中浓"地区相对而言易攻难守，于是斋藤家麾下的三大国人佐藤家、岸家、长井家据守该地三座互相距离不远的城池，互为犄角，让织田信长吃过很多次亏。永禄八年（1565）八月，织田信长先是重金策反佐藤家，然后联合佐藤家军队一起进攻岸家，最后又在九月初一举拿下长井家城池，织田信长终于在斋藤家领地正中央插入一只楔子。此战过程中，美浓国人明智光秀加入织田信长麾下，这也是本能寺之变两位主角的初次见面。

但一年后，织田信长进攻斋藤家主城稻叶山城的行动又告失败，于是织田信长认为应该在小牧山城与稻叶山城之间的要道修建一个中转站，也便有所谓"墨俣一夜城"的传说。

墨俣地区战略位置非常重要，直接掌管着美浓、尾张的要道。因此，斋藤军自然不会让织田军如此轻易地建造城池，织田信长接连派出了佐久间信盛、柴田胜家两位重臣前往筑城，但都没有成功。在这时，家臣羽柴秀吉主动请缨前往。据军记小说记载，羽柴秀吉仅仅花费了一个晚上的时间就将墨俣城建造完毕，史称"墨俣一夜城"，广为百姓传唱。

羽柴秀吉之所以成功，在于他不仅靠织田军军力，更依靠尾张、美浓交界处独立性较强的国人为他提供支持，其中沿着长良川经商的美浓国人蜂须贺家也成为日后羽柴家重臣。这些国人一边帮助羽柴秀吉建城，一边也扛起抵抗斋藤军进攻的重要任务。不过就算在这种分工协作下，城池也并非在一夜建成，而是在三日左右建筑完毕。城池建成后，羽柴秀吉带领三千人成为墨俣城

初出茅庐的木下藤吉郎秀吉（羽柴秀吉）

守将，在九月抵抗住了斋藤龙兴的进攻。墨俣城的建造也是这位"平民关白"的战国首演。

随着中转站修成，美浓斋藤家内部离心离德，难以为继。永禄十年（1567）八月，织田信长策反西美浓三大重臣稻叶、安藤、氏家三人，三人反过来作为先锋带领织田军突入美浓，围困稻叶山城。很快，织田军从稻叶山后山的瑞龙寺打开了缺口，占领城池。八月十五日，斋藤龙兴被迫逃出稻叶山城，并沿河漂流到了伊势国长岛城，投奔这里驻守的本愿寺势力。

但需要注意，虽然织田信长战胜美浓斋藤家，但这并不意味着美浓一国就完全落入织田信长手中，事实上东美浓由于山路崎岖，易于形成割据势力，所以美浓国人只是在表面上不反对织田信长，但实际上仍处于动荡状态。

斋藤家灭亡后，织田信长以周文王"凤鸣岐山"的典故，取岐山（岐）之城（阜）含义，将稻叶山城更名为岐阜城，这个名称也一直延续至今。

（4）拥戴将军：进京之战与十五代将军足利义昭的诞生

永禄十年（1567）十一月开始，织田信长正式发布"天下布武"大印，以作为个人的正式印信。历来对于"天下布武"四个字都有两种解读，一是以武力夺取日本全国，二是以武家政权代替公家（天皇与公卿）、寺家（各地寺庙与神社）等把持日本政权。在日本大河剧中，这两种解读成为塑造织田信长两种截然不同形象的佐证：如果想把织田信长塑造为残暴的独裁统领，那么就以

织田信长的妹妹市

第一种为主，进而带出织田信长不容置喙的霸王特质；如果想把织田信长塑造为理性而睿智的武士之主，那么就以第二种为主，进而塑造出织田信长审慎而不失野心的特点。换言之，两者孰是孰非已经不甚重要，重要的是大家希望如何看待织田信长这个复杂的人物。

在发布"天下布武"核心理念后，织田信长开启一系列操作。早在永禄八年（1565）十一月十三日，织田信长将养女嫁给武田信玄四子胜赖，但由于这位养女很快去世，于是永禄十年（1567）十一月二十一日，织田信长授意嗣子织田信忠迎娶武田信玄的养女。由此，织田、武田两家开始一段蜜月期。此外，永禄十年（1567）六月二十七日立下长女五德与德川家康长子信康的婚约，年底又将妹妹市嫁给北近江大名浅井长政。以婚姻关系作为纽带，织田信长有效安定附近的重要大名。一系列的动作完成后，织田信长开始策划进京之战。

永禄八年（1565）六月十七日，在近畿大名三好长庆去世后不久，他支持的十三代足利义辉遭到权臣松永久秀刺杀，年仅三十岁。受到影响，足利义辉的弟弟、兴福寺僧人足利义昭立刻遭到囚禁，不过随后在兄长近臣的帮助下逃出重围，要求周遭大名出兵帮助他回到京都，接过兄长的将军之位。然而却无人响应，他只能寄住在越前朝仓家家中。

对待这位前任将军之弟，当时的战国大名基本上都是多一事不如少一事的态度，哪怕是高举义旗的上杉谦信也沉浸在与北条家厮杀的过程中难以自拔，于是在永禄十一年（1568）七月十二日，足利义昭正式离开越前国，来到织田信长的同盟浅井长政所在的近江国小谷城，这也意味着他接受织田信长的拥戴。

七月十九日，织田信长写信给上杉谦信，告诉他自己要拥立足利义昭进京。书信中，织田信长承诺自己是为了足利义昭而进

号称『天下至恶』的松永久秀

京,并且宣称为了不让武田信玄妨碍自己,特地让盟友德川家康与他进行和议,同时也希望上杉谦信为了天下太平与武田信玄媾和。这封书信颇具有讽刺意义,因为足利义昭一开始想依靠的人是武田信玄、上杉谦信,甚至是朝仓义景,对新近崛起的织田信长没有抱太大希望。但由于武田、上杉之间经历长时间战乱,不可能完成发动进京之战的任务,于是距离京都较近的织田信长就占据了先机。由此看来,五次川中岛之战虽然壮烈,却延续了武田、上杉双方发展的脚步。

七月二十五日,织田信长在美浓国立政寺迎接足利义昭,并将之迎入岐阜城,正式着手准备发动进京之战。八月七日,织田信长打探南近江的六角义贤是否支持自己进京,得到的答案是否定的，于是他悻悻而去，并将六角家列为第一个敌人。

永禄十一年（1568）九月七日，织田信长以拥护足利义昭的名义发动进京之战，织田、浅井联军四万人开赴京都。短短数日后，六角义贤从主城观音寺城逃出，南近江成为织田信长的领地。在观音寺城驻军时，织田信长派人从岐阜城邀请足利义昭出阵，九月二十六日，足利义昭随织田、浅井联军进入京都，进京之战取得阶段性胜利。到十月中旬，松永久秀宣布归顺，近畿内部再无反对势力。

十月十八日，天皇下诏任命足利义昭为室町幕府十五代征夷大将军，他也将成为这个幕府的末代将军。十月二十四日，足利义昭对织田信长的功劳写了表彰状，在这份文件中，足利义昭称织田信长为"御父织田弹正忠殿"，以父子来形容二者之间的关系。但事实上，织田信长仅比足利义昭大三岁，让人不禁感觉足利义昭是一个彻头彻尾的傀儡将军。

到此为止，织田信长的进京之战宣告结束，这一年也被部分史学家定为狭义战国时代结束的年份。但纵观全国局势，各地仍然处于战乱，而且织田信长、足利义昭的关系，与细川政元、足利义澄、松永久秀、足利义辉之间的关系没有本质上的区别，不能草率地将战国时代画上终止符。

但织田信长进入京都仍然改变了历史走向。一直以来，发动进京之战都是战国大名的梦想，因为占据了京都，就能够在统一日本的战争中占据先机。永正八年（1511）八月大内义兴也曾进入京都，但他的主要目的并非一统天下，仅是为取得垄断日明贸易的权力。故那一次的进京收效甚微。近60年后，织田信长再次以地方大名的身份进京，并在京都和岐阜城之间建立一条完善通道。

足利义昭进京后，一度试图用副将军或管领职位将织田信长留在京都，但遭到拒绝，织田信长不希望幕府虚职影响到自己的领国建设，他的要求仅是将石山本愿寺、大津、堺等港口的收税权交给自己。之所以如此，是因为织田信长从小出生在贸易据点尾张国，深知商业贸易比起农业生产更能聚集财富，于是他明确要去将管领细川家原本下辖的堺港交给自己。不过最早，堺港却并不愿意归顺织田信长。

之所以不愿意归顺，是因为堺港商人的实力也非常强劲。当时的堺港并不属于任何一个大名，而是一个商人的自治市，由三十六名商人联合向封建领主买断，与西欧大航海时代的港口城邦非常相似。正因如此，当时在日本传教的葡萄牙传教士路易斯·弗洛伊斯把堺港定位于"东洋威尼斯"。

但日本毕竟不是欧洲，织田信长也不是羸弱的西欧封建主，永禄十二年（1569）一月，在进京之战被织田信长击败的三好家残部起兵围困足利义昭。织田信长闻讯迅速从岐阜城出发，一路上冒着大雪艰难行进，最终在数日后进入京都。前往京都的途中，织田信长不断派人通知沿途国人进京，引得近畿国人五万人左右都围到京都附近。这种强大的动员能力不仅击败三好家残部，也对不愿意归顺的堺港形成威胁。于是永禄十二年（1569）二月，堺港决定缴纳织田信长所摊派的军费，这种做法让织田信长有了一个可以持续购买火枪所需硝石的场所，为织田家强大的经济和军事力量打下雄厚基础。

还需要关注这一时期织田家开始实行的"兵农分离"政策，亦即军队职业化。战国时代中前期，由于各地兵员数量严重不足，农业生产力较差，同时兼顾农业与军事的"兵农合一"政策广泛实行。但到了战国时代后期，各势力的领地规模越来越大，足以提供对职业军队的补给，尤其是以商业贸易为基盘的织田信长便开始试行"兵农分离"政策，一方面增加了农业产量，另一方面提高了军队战斗力。

弗洛伊斯回国后撰写的《日本史》原稿，成为研究日本战国时代的重要资料而且，"兵农分离"政策的影响还不仅限于军事与生产，也深刻影响到织田家内部的管理模式。由于军事与农业生产逐步分离，织田家开始任用从政权内部训练出来的文官作为"代官"管理领地的征兵与征税事宜，而将土地上原本聚集的国人首脑聚集到主城附近，从城主、地主变成直属于织田家的家臣，本来拥有相对独立地位的地国人逐步失去与土地的紧密关联，大名逐渐掌握属下的领地。

（5）包围网成：织田信长深陷囹圄之元龟元年

与之前发动进京之战的大名不同，织田信长夺取京都权力后，并不急于住到京都，而是依旧留在主城岐阜城。他给京都的天皇与公卿都重修宅邸，但就是没有给自己修建，他每次来到京都只会借住在妙觉寺或者本能寺中。这也是为什么在天正十年（1582）六月，织田信长被杀的地点会在本能寺，而织田信忠则死在妙觉寺。

之所以如此，织田信长明显不想受到传统幕府体制的束缚，毕竟按照室町幕府"守护在京"的原则，一旦织田信长就任幕府高官，就意味着他必须作为幕府官僚常驻京都，同时帮助幕府将军平定四方，这对于当时仍然不甚强大的织田信长而言当然是不愿承受之苦。但这么一来，织田信长与将军足利义昭之间的矛盾就越来越大，尤其是在永禄十二年（1569）一月十四日，织田信长以足利义昭口吻发布一封全文九条的《殿中御掟》，标志着将军权力彻底遭到架空，而织田信长以将军代理人身份统领政务。不妨将九项条款单列如下：

1. 御用、护卫以及杂役类的近臣可以依惯例直接任用。
2. 公家、御供众（即将军的世代近臣）可以直接觐见将军。

3.自治村落的人员不经允许,不得出动。4.幕臣的家臣要来御所(即幕府办公室)汇报工作时,要经过织田信长的允许,除此以外不得接近御所。5.所有法律官司全部要经过奉行人之手转交幕府及朝廷。6.不得直接向将军上诉。7.法律事务的规定如以前一样。8.以上事项若被忽视,负责人必须向将军报告。9.石山本愿寺、比叡山延历寺的僧人以及医生、阴阳师(即占卜师)不得进入御殿。

织田信长的严格限制让足利义昭颇为不满。随后到元龟元年(1570)一月,织田信长为这份《殿中御掟》又加入五项条款,将足利义昭作为将军的所有权力予以剥夺,无论是发布御内书,还是赏赐、惩罚、政务处理等事宜全部由织田信长代办,留给将军的只剩下礼仪操办。这激化了足利义昭与织田信长的矛盾,因此从这一时期开始,足利义昭与各国大名展开私下联系,利用近畿势力对织田信长的不满组建所谓"反信长包围网"。

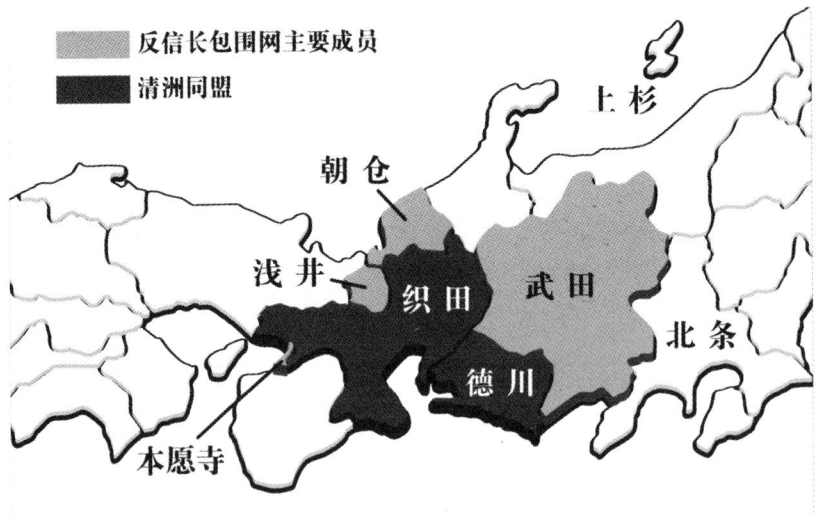

元龟元年的反信长包围网

最先响应的是越前朝仓家。也就在一月，织田信长以皇宫修缮工程竣工为借口，要求各国大名进京朝见。此要求虽然是面向全国，但实际面对人群是近畿以及附近的大名，织田信长以此试探近畿大名是否服从。而越前朝仓家却不听从命令，任凭如何催促都不愿前来，于是织田信长便率领军队三万人在四月进军越前国。

但就在织田军节节胜利的时候，四月二十五日夜间，越前国南部的北近江国人亦即织田信长的妹婿浅井长政突然反叛自己，试图截断其退路，但由于织田信长得知消息较早，于是趁着后路没有完全被切断，还是顺利地逃出生天，在五月九日返回岐阜城。

浅井长政虽然是织田信长的妹夫，但对织田信长心怀不满。据发现，在当年早些时候，织田信长寄送给浅井长政信件，信中对提到的所有大名都使用了"殿"这样的敬语，唯独对浅井长政，却使用了直呼。这说明让浅井长政心怀警戒。而且对于浅井家来

浅井长政

说，朝仓家是世代同盟，故而浅井长政对于织田信长的出兵十分不满，也是促使他反叛织田信长的重要原因。

织田信长对浅井长政的背叛心怀愤恨，于是在六月二十一日一口气攻击至浅井家主城小谷城。由于小谷城坚固，织田军便选择在附近的虎御前山建立了大营，占领小谷城南部的交通要道横山，意图断绝小谷城与外界联系，进而吸引浅井军主力前来决战。在此期间，双方的援军——德川家康和越前朝仓家都先后赶赴战场。六月二十七日，织田、德川联军三万四千人与浅井、朝仓联军一万八千人对峙于小谷城南部的姊川地区。

六月二十八日清晨双方开战，战场分为东西两个部分，西边是五千德川军与一万朝仓军交战，东边则是两万八千织田军与八千浅井军交战。出人意料的是，无论东西战场上，兵力少的一方都获得了巨大优势：在西边，德川军先锋在名将本多忠胜的率领下，一马当先冲入敌阵，而另一名德川四天王成员榊原康政则突破到朝仓军后方，在两方夹击下，朝仓军溃败；东线战场，浅井家猛将矶野员昌十分勇猛，接连突破了织田军十三道封锁线中的十一道，诸如柴田胜家、佐久间信盛等织田军猛将都被他先后击败。战役进入白热化后，朝仓军无法顶住德川军的猛攻，纷纷退去。看到盟友退却，浅井军也只好且战且退，织田、德川联军以八百余名将士阵亡取得了胜利，而朝仓、浅井联军则损失1700余人。

虽然姊川之战中取得胜利，但织田信长随后受到"反信长包围网"的四面攻击。这年七月下旬，三好家残部在摄津国建立野田、福岛两座大营，开辟反信长包围网的第二战场。织田军在八月二十六日来到两座大营周围布阵，并在九月初进行了大规模的攻坚战。织田信长甚至不惜动用大口径的火枪，而常年担任火枪雇佣军的根来杂贺众也帮助织田信长攻城，一时间火枪的声音响彻云霄，场面非常壮观。

眼见三好家残部逐渐占据劣势，私下支持三好家的本愿寺势力立刻发布总号令。九月六日，十一代宗主显如突然宣布织田信长为"佛敌"，向本愿寺僧徒发布进攻织田家的号召，甚至规定如果不参加讨伐，就要逐出门派。本愿寺的号召起了很大作用，各地僧徒纷纷揭竿而起，其中以南近江园城寺和伊势国长岛城愿证寺附近的暴动最为严重，而前线的根来杂贺众也几乎是临阵倒戈，迅速加入反对织田家的队伍。

元龟元年（1570）或许也是织田信长的多难之年，不久后，姊川之战中失败的浅井长政也在配合本愿寺等势力的攻势。虽然织田家封锁小谷城南下的陆路，九月十六日，浅井长政率领联军三万人乘船越过琵琶湖，来到京都东北部的大津，五天后进入京都东侧的

显如

山科地区，大有占领京都的势头。织田信长只好撤除对石山本愿寺的包围，回兵京都设防。于是浅井、朝仓联军来到了京都东北部 15 公里的比叡山驻防。

北有朝仓、浅井、西南有石山本愿寺、东南的长岛城还有叛乱，织田信长一时间陷入难以自拔的困境中。于是他开始转向政治操作，对京都的公卿与幕府高官软硬兼施，逼迫传统势力为己所用。最终在这一年十二月，天皇下诏给浅井长政，要求他结束与织田信长的战争。浅井长政是一位非常尊重权威的传统武士型国人，所以他对于幕府命令与天皇诏令不敢不尊，最终选择撤退回国。正因这份尊重，他失去了一举击溃织田信长的最好机遇，也能看出织田信长虽然军事上占据劣势，但政治已经能把传统势力玩弄于股掌之间。

（6）出云 1566：夺取石见银山与尼子家灭亡

永禄年间，许多日本战国大名走到终局，除去前文提到的东海道霸主今川义元之外，西国尼子家也是一个重要案例。这一时期，与毛利元就曾有兄弟之约的尼子晴久已然在永禄三年（1560）去世，家督之位让予嫡子尼子义久，而由于这位嫡子缺乏统军之能，尼子家的领地规模越来越小，尤其是西部重镇——石见银山更是受到毛利元就的觊觎。

银山自然是银矿之意，石见银山位于毛利家领地北部、尼子家领地西侧的石见国山吹城，战略位置并没有显著的重要性，但由于银山的开采量占据当时世界采银的四分之一，石见银山在当时欧洲的大航海时代海图上面都有着一席之地，自然更引得附近大名争夺。永禄五年（1562）六月，在毛利元就策反下，守卫石见银山附近的山吹城尼子家守将决定投奔毛利元就，毛利军再次

织田信长的崛起与近畿征服(1555—1571)

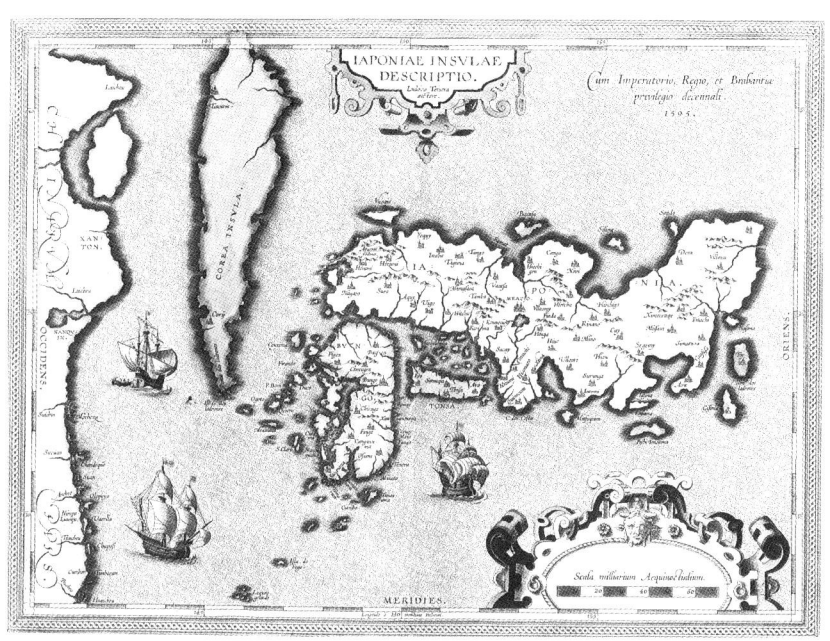

亚伯拉罕·奥特柳斯(Abraham Ortelius,1527—1598)所绘的日本地图,在西方人眼中,本州岛西北部的石见(Hivami=Iwami)因开掘银山而倍加著名。此外,京都(Meaco=Miyako=都)、堺港(Sacay=Sakai)等著名城市也赫然在列。

兵不血刃获得胜利,石见银山也终于成为毛利元就的囊中之物。

毛利元就对石见国如此上心,可见其对银山的渴求,那么石见银山究竟为毛利家带来了什么样的帮助呢?根据天正九年(1581)《银山纳所注文》记载:每年可以获得银子3652枚。那么3652枚是个什么概念呢?简单来说,1枚银子=10两,1两=4.3夕,而作为一般货币单位的1贯=1000夕,也就是说,1两银子=157贯36夕。换算成如今的日元,相当于33.75亿日元,亦即2亿元人民币左右。战国时代,日本的主要货币仍是从中国传来的永乐通宝,金银作为货币虽并未被禁止,但由于产量太少无法通行。所以，有银山作为支柱的毛利家必然会强大起来。无独有偶，同时代的武田信玄由于在甲斐国发现了金矿，也一跃成为占据多国的强力大名。

而且，作为占据本州岛最西部的大名，毛利元就更加靠近西方世界，在大航海时代本就有着特殊的优势。在银矿大面积开采后，这里更成为西方航海者的必经之路，以此为契机，毛利元就购置大批火枪需要的硝石，丰富军事力量。毛利家也成为了西部第一批使用火枪的家族之一。银山的重要性对于毛利家不言而喻，而日后关原之战结束后，东军统帅德川家康也第一时间要求失败的西军主将、毛利元就长孙毛利辉元交出这座石见银山，而这座银山也最终为站错队的毛利家换得一个江户幕府大名的位置。

夺取石见银山固然可喜可贺，但山吹城存在着产业上过度集中于矿业的问题，短时间聚集了数以万计的采矿者后，无论农产品还是轻工业产品都有所不足。各地商人都盯上采矿者这块肥肉，而来自尼子家领地出云国的商人就成为保障物流的重要群体。位于出云国西部的杵筑大社（出云大社）与东部的海港美保关更是成为重要的贸易中转站。如今银山落入手中，但补给中心却在出云，于是毛利元就自然有着夺取出云、保障补给线的迫切性。

许多出云国人也意识到这一点，就在毛利元就接过石见银山的同时，扼守出云国西部大门的赤穴城城主投奔毛利元就，而毛利元就也迅速在永禄六年（1563）七月派遣一万五千人进入赤穴城，确保石见银山补给线的安全。如此一来，本来就对尼子家颇有敌意的出云国西部国人三泽家、三刀屋家几乎全员投奔到毛利元就一侧，一直到十二月毛利军离开出云国之前，出云国西部已经基本全部被毛利元就收入囊中。不过就在此时，九州大名大友家聚集全力进攻毛利家位于九州的门司城，直到永禄六年（1563）五月，毛利家与大友家议和后，才又调动全力进攻出云国。

毛利隆元早死为毛利家后来发展埋下许多隐患

但悲剧突然来临。永禄六年（1563）八月四日，长子毛利隆元突然因为腹痛而去世，享年41岁。这个消息如同晴天霹雳一般让毛利元就悲恸不已，终日以泪洗面，直至八月十三日才恢复精神，继续攻击出云国白鹿城。白鹿城是一座易守难攻的城池，面对这类攻城战，一般的策略是围城并劝降。然而，毛利元就却将此战当成了祭奠毛利隆元之战，执意攻城，他甚至从石见银山临时调集了数百名矿工，准备挖掘地道进入城池。经过两个月的狂攻，毛利军最终降服城将。从这种激进的攻城举动中也能看出，毛利元就虽有智谋家的一面，但对家人也有感性化的一面。

白鹿城的陷落导致月山富田城与岛根半岛的联络中断，而岛根半岛之上的美保关正是尼子家源源不断获得补给的重要港口，永禄七年（1564）八月，毛利军又绕过出云国，平定伯耆、因幡两国的尼子势力，这就把月山富田城彻底变成一座孤城。最终到永禄九年（1566）十一月底，经过两年的围城，尼子家最后一任家督尼子义久开城投降。

对于尼子义久，毛利元就并没有杀掉他，只是将他软禁起来。虽然日后尼子家残部还掀起复兴尼子家的运动，但尼子义久却从未与其联系过，这也让他获得毛利家的信任，最终在软禁二十三年后才获得解放，而他的晚年也一直在毛利家领地内度过。

（7）备前1567：战国大名宇喜多直家的崛起

宇喜多直家向来被列为西国恶人的典范，与"美浓之蝮"斋藤道三、"天下之恶"松永久秀齐名，究其原因，无非是因为这些人都不止一次反叛与攻灭主君，在某种程度上违反武士精神。然而问题在于，所谓武士精神的真正建立也是在江户时代，换句话说对于这些人的定格评判并不一定都为时人所认可，而这位宇喜多直家便正是如此。虽然他的手腕与做法比较有欠堂堂正正，不过他的勇敢与决心还是让他在战国时代独树一帜，他敏锐的政治嗅觉甚至在日后帮他的家族拿下丰臣政权"五大老"之一的地位。

从出身来看，宇喜多直家也是一位苦命人，虽然祖父宇喜多能家是备前国守护代浦上家家臣，但由于祖父早年间遇刺去世，他少年时期曾随父亲一度流落各地，直到父亲去世后三年，天文十二年（1543）才得以百般辗转后回到浦上家。最初宇喜多直家是作为浦上家能臣的身份存在，只要备前国领地遭遇侵袭，浦上家就会派遣这位家臣出击。正因如此，位于安艺国毛利家正东侧、掌握濑户内海要地的备前国浦上家才能在战国时代勉强保证不屈服于任何大名。也伴随着连年征战，宇喜多直家巧妙占据备前国靠海的沼城，并拥有附近两个郡的海岸线，这就让他比起占据北部山地的名义主君浦上家要更容易聚集财富，在濑户内海的经济支撑与浦上家的政治保护下，宇喜多直家逐渐从一名普通家臣向战国大名的方向蜕变。

不过随着毛利元就东进攻击尼子家，宇喜多直家认为好日子要走到头，便开始谋划扩大自身势力，他马上把目光投向毛利家领地备后国东侧、备前国西侧的备中国，与这里的统治者三村家亲为敌。三村家亲当时已经投奔毛利家，拥有很强大的靠山，为了抵御三村家入侵，宇喜多直家与备前国其他领主之间达成共识，共同对抗。永禄九年（1566）三村家亲攻击浦上家领地，宇喜多直家立刻纠集备前国人群体前往抵抗。这一时期，宇喜多直家灵活调动手下的两名火枪手远藤俊通兄弟，让他们将三村家亲暗杀在军营中，避免一场大规模战斗，也正是这一次暗杀让宇喜多直家日后被称为"阴谋家"。

从谋杀成功可以看出，当时的日本武士对于战争依然有着非常表层化的理解，每逢军事战事必有政治举动是一般认知，大多数攻城战或野外战役都不是以战役胜负为主要目的，反而是以军事力量实现政治目标为主。虽然这种想法并没有什么错，但在也很大程度上弱化武士在外作战时候的战争意识，让他们在军营中的状态过度放松，身边也缺乏相应的哨兵与护卫机制，这就让宇喜多直家这种将领找到发挥机会。

三村家亲遇刺后的第二年（1567），继承人三村元亲发兵报复，直接攻克宇喜多直家位于丘陵地区的领地明善寺城，随后留下150名武士驻守，这让宇喜多直家被迫把一部分军队撤回到靠近濑户内海的沼城，如此一来起码可以凭借着濑户内海的水运优势以求自保。

随后宇喜多直家重整旗鼓，率领五千人围困明善寺城，为了让对方主将三村元亲本人出战，宇喜多直家特意没有立刻攻城，而是等待三村军主力出动后，算准三村军还有数日到达后，才以

宇喜多直家

迅雷不及掩耳之势攻克明善寺城。明善寺城陷落的消息立刻冲散三村军内部的士气，本就矛盾重重的备中国人此刻又在军事会议上吵起架来，互相之间分毫不让，加之宇喜多直家已经先后策反一些备中国人，这就让三村军一万人军队的内部难以团结一致。

就在犹豫时，宇喜多直家迅速调集属下全部火枪组队，从明善寺城出兵直奔三村元亲的本阵而去。经过一系列艰苦作战，三村元亲这场为父报仇之战彻底失败，宇喜多直家获得全面胜利，备中国人群体立刻土崩瓦解，许多人开始向宇喜多直家示好。永禄十一年（1568）攻克南备前海滨的金川城、冈山城两座城池，驱逐本地国人，随后他也开始走上反叛主君浦上家之路。

天正二年（1574），宇喜多直家改投强大的毛利家，同时与东播磨大名小寺政职遥相呼应，同时夹击处于三大势力中间位置的备中三村家与东备前浦上家。到天正三年（1575）这场战役完全结束，三村元亲与浦上宗景两位大名被驱逐出各自封地，宇喜多直家随即成为备前至东备中的最强战国大名。

（8）伊予 1568：毛利元就掌握伊予守护河野家

　　毛利元就的下一个目标就对准四国岛，这里有他的亲戚来岛通康以及盟友——伊予国守护河野家。河野家长期以来对于毛利元就的崛起给予巨大帮助，但这一时期，他们却遇到南部的土佐一条家军队进攻。

　　土佐一条家是京都公卿一条家的分支。应仁之乱期间，曾任关白的一条教房从堺港乘船出航，来到封地土佐国幡多庄避难。幡多庄面积大，囊括西土佐的大部分地区，拥有不少天然良港与森林，在中世纪成为西国重地。一条教房害怕自己的统治因为战乱而受到影响，便亲自驻扎在幡多庄，还从京都叫来家政机关，以公卿系统的土佐国司身份统领起当地国人，继而在战国时代形成极为罕见的公卿领国制。经过百年左右发展，一条家在土佐国基本没有反对势力，但由于土佐国面对的海域是太平洋，风浪甚大，缺乏足够的船只靠岸，于是一条家便集结兵力占据北部的南伊予宇和郡，自然与伊予国守护河野家产生不可调和的矛盾。

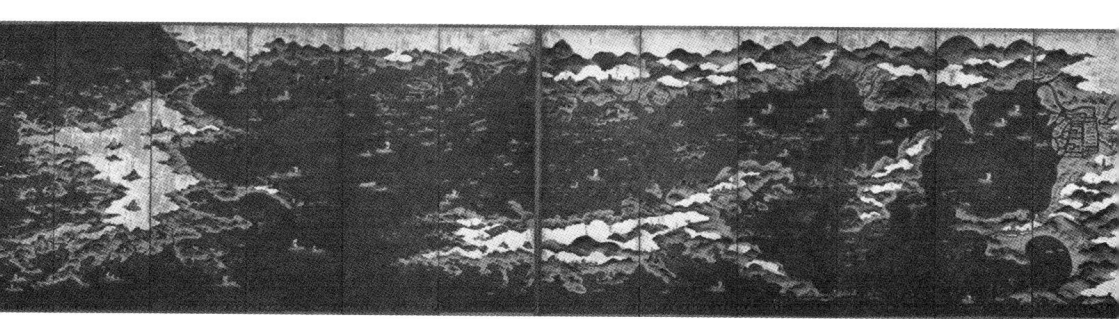

江户时代的濑户内海全图。海域最右边大都市为大坂城（战国时代的石山本愿寺），右下角为和泉国堺港，从右至左的大型岛屿为淡路岛、四国岛、九州岛，濑户内海的地位一直到近代都非常重要

伊予国处于四国岛西北部,也正是西濑户内海的重要航海线上,如今提到濑户内海,大多数人并不一定能有明确概念,也更难理解濑户内海在中世纪日本有着何种作用。的确,由于现代航运已经偏于重吨位运输,濑户内海各地遍布的浅滩已经无法容纳数十万吨级的货轮,但如果把时间向前推移到战国时代,把人类能造出的货船吨位降低到数十吨级别,那么濑户内海的作用就彻底体现出来。

濑户内海是从关门海峡到如今大阪湾的一条狭长海域,这片海域由于夹杂在九州、四国、本州三大岛屿中间,风浪极小,再加上中间有着许许多多的小岛,这片海域自然形成为数众多的海上国人势力,其中最出名的便是分布在能岛、来岛、两座岛屿的村上水军。这些水军在战国时代一度被称为"海贼",但从实际形态来看,称为"海上国人"可能更为妥帖一些,只要能够掌握一部分海上国人,就能保证各项物资从近畿源源不断运到前线,而且还不需要像陆地运输一样,时刻担心某个中转站附近是不是有反对自己的地方国人。在天文与永禄年间,村上水军的领导人来岛通康一直是伊予守护河野家重臣,也通过小早川隆景与毛利家结为姻亲,因而河野家与毛利家的关系极为密切。在毛利元就的成名战严岛之战中,村上水军几乎是集体出动帮助毛利家封锁严岛。

永禄十年(1567)九月,河野家的支柱人物、村上水军的重要领导人来岛通康大举进攻一条家的宇和郡,但到了年底,来岛通康突发急病去世。一条家立刻派遣军队反攻伊予,与南伊予的西园寺、宇都宫两家合作威胁河野家安危。毛利元就决定援助河野家,按照他的说法,这次出兵伊予国是为了报答来岛家在严岛之战的帮助;但也需要注意,土佐一条家连续两代家督都迎娶丰后大友家的女子,所以河野家与一条家的战争,广义上也可以看作毛利家压制大友家的举动。

永禄十一年（1568）四月，主管濑户内方面作战的小早川隆景率领军队两万五千人进入伊予国，转瞬间扫清一条家、西园寺与宇都宫三家的联军，还一鼓作气攻取宇都宫氏位于伊予国的主城，等于是把一条家势力全部扫除出去。一条家经此一败，家族势力迅速衰落，六年后的天正二年（1574），一条家家督一条兼定就被家臣长宗我部元亲赶出土佐国，成为历史名词。

帮助河野家重获伊予国全国统治权后，毛利家开始把目光瞄向河野家嗣子的问题。由于当时河野家家督河野通宣体弱多病，且膝下无子，所以很希望从统御村上水军的来岛家迎立养子。

来岛通康当时分别迎娶两位妻子，也各有一个儿子。一个是与小早川隆景养女生的牛福，还有一个是与河野家女子生的牛松。按照一般养子过继规律，牛松拥有河野家母系血统，理应递补成为家督继承人。但在毛利元就的授意下，小早川隆景一定要让来岛通康与自己养女所生牛福作为嗣子，于是经过谈判，牛福成为河野家家督继承人，不久后继承家督之位，这就让毛利家的影响力事实上扩展到四国岛西北部。一场小小的战役换来一个领国的统治权，如此高招恐怕也只有毛利元就才能想得出来吧。

（9）越后 1568：上杉谦信平定本庄城

虽然战国时代经常提到"越后长尾家"，但这并不是说越后一国都是长尾家以及上杉谦信的管辖范围。越后国一直分为所谓"上越"与"下越"两个部分，如今乘坐新干线前往上杉谦信主城春日山城，第一落脚点依然是"上越妙高"，换句话说上杉谦信的实际管辖范围长期只局限于上越地区；而下越地区，亦即越后国东北地区，则是由长期与越后长尾家不睦的所谓"扬北众"

(阿贺北众)占据,这片地区散布着本庄、新发田等诸多国人,虽然国人大体上也会听从调遣,但本质上却是半独立状态,上杉谦信直到晚年才找到解决这个问题的方法。

本庄繁长

还要从永禄四年（1561）第四次川中岛之战结束后说起，针对上杉谦信在战役过程中的指导方针，心腹家臣长尾藤景却表示批评，这件事让上杉谦信不由得怀恨在心。加之上杉谦信本人性格过于豪放与执拗，缺乏对家臣的管理能力，便与长尾藤景矛盾日趋尖锐。永禄十一年（1568）初，上杉谦信指示"扬北众"重要成员本庄繁长，邀请长尾藤景与嫡子一同前往本庄城庆贺，酒席之间杀死这位武将。

对于这件事，本庄繁长认为自己居功至伟，但上杉谦信又反过来认为本庄繁长杀死自己爱将，心生不满，于是没有给予任何赏赐，这就让本庄繁长非常不满。同一时期，甲斐国武田信玄送来书信与资材，希望本庄繁长扰乱上杉谦信后方。于是这年四月，趁着上杉谦信率军西征越中国，本庄繁长迅速给扬北众成员发信，希望聚集扬北众全体力量向上杉谦信抗争。随即七月，武田信玄派遣军队包围信浓国北部的上杉家城池，虽然城池未被攻克，但上杉谦信也瞬时处于四面受敌的境况。

当然，武田信玄这时候正在进攻骏河今川家，北上出兵也仅限于骚扰，所以上杉谦信并未理会，于是本庄繁长向着更东北部寻找支援，找到出羽国尾浦城城主大宝寺义增，希望他能出兵支援自己。但谁承想回兵的上杉谦信进军神速，迅速渡海绕过本庄城，直接攻取尾浦城，大宝寺义增被迫投降并送上嫡子作为人质，这就让扬北众陷入孤立状态。

虽然如今新潟县的海运业并不发达，但古代越后国却因为海湾水流平稳而有着大量航船经过，是日本较发达地区，彻底收服下越地区让上杉谦信得以沿着越后国狭长的海岸线建立完整的贸易与物流通道，为越后国日后的长足发展打下基础。甚至于到了近代欧美列强在日本建立据点时，也特地选择下越地区的新潟港作为一大开港地。

十一月，本庄城遭到四面包围。最终在永禄十二年（1569）三月，本庄繁长在南陆奥国人芦名家调停下宣布蛰居，并将嫡子送往上杉家做人质。本庄繁长虽然没有受到处罚，日后也继续作为上杉家武将奋战，但也被迫将嫡子送至春日山城作为人质。当然，上杉谦信也没有亏待这位人质，他也从本庄繁长的教训上开始学会如何怀柔待人。应该说，上杉谦信与本庄繁长两人通过这一次反叛与平定进行了更加有效的沟通，而上杉家也通过这场叛乱彻底收服本庄家。

（10）九州1569：立花山城之战与大内辉弘之乱

立花山城位于九州重地博多港东北部，是从关门海峡通往博多港的最后一道闸门，也是大友家统治筑前国的最重要据点。不过就在永禄十一年（1568）二月，城主立花鉴载突然宣布叛归毛利家，毛利家与大友家的战争也进入白热化，大友家名将户次道雪立刻出发，在四月底包围反叛自己的立花山城。由于这一时期的毛利主力军正在四国岛，无暇顾及立花山城，于是大友军便采用围城断粮手段，同时策反城内将领，在七月底逼迫立花鉴载自尽，夺取城池。

为了夺取立花山城，毛利军在第二年（1569）集结军队五万前往九州寻求决战。恰好这一时期，大友家领地西侧的战国大名龙造寺家攻灭主君少贰家，户次道雪便率领军队西进讨伐龙造寺家，导致立花山城一带防务空虚，于是毛利军顺利包围。户次道雪得知毛利军大军来袭的消息后，马不停蹄地东进，与毛利家交战于立花山城西侧的海滨地区（多多良滨之战）。

为打赢这场战役，户次道雪特地为火绳枪开发崭新技术。当时日本式的前装火绳枪都需要依次放入弹丸与火药，一般装填速度为一分钟左右，无法做到快速使用；而户次道雪却要求士兵先把弹丸与火药按比例配好，装填在小竹筒中，这样在前线作战时

围绕立花山城反复作战的户次道雪

可以一次性放入,每次节约时间 20 秒左右。正因如此,大友军的火枪队表现极其勇猛,快速突破小早川隆景军队在海滨设下的防御线,将毛利军彻底逼回到立花山城附近。

户次道雪虽然擅长统兵,但他未能阻止立花山城再度陷入毛利家手中。闰五月三日,立花山城向毛利军开城投降。这座山城陷落让大友家从九州腹地通往海滨的道路遭到阻断,大友家便决定扰乱毛利元就的后方,他迅速把拥有大内家血统的后人大内辉弘送回到毛利家领地,即周防国的大内家原主城山口城一带。

这其实不是大内辉弘第一次出现在历史舞台上。早在永禄八年(1565)6 月 29 日,大内辉弘为恢复大内家势力,准备从九州渡海前往四国袭扰毛利元就的同盟河野家。得知这个消息,大内家散居各地的旧臣纷纷聚集到九州与四国两岛之间的必经之路屋代岛,希望加入大内复兴军。但悲剧的是,毛利军请求来岛通康率领村上水军出马，杀掉所有在屋代岛聚集的大内军旧臣，大内家复兴遭遇挫折，出海一半的大内辉弘被迫逃回九州。随后毛利家与大友家一度议和，大内辉弘失去复兴机会。

不过随着立花山城陷于毛利家之手，大友家再次指挥大内辉弘着手渡海。十月一日，大内辉弘在上百名家臣指引下，从九州大友家领地渡海前往周防国山口城，由于毛利家驻守山口地区的军队这一时期正在关门海峡负责其他事务，领内防备空虚，大内辉弘的数百人迅速占领大内家位于山口城的原居所筑山馆。

后方起火，毛利元就立刻在十月二十一日派遣吉川元春率领万余大军抵达山口附近，准备与大内辉弘决一死战。不过大内辉弘意识到势单力薄，便迅速逃出山口城，继续渡海准备逃难。而就在逃难过程中，大内辉弘身边的家臣四散奔逃，这让他失去复兴大内家的信心，最终在十月二十五日切腹自尽，大内家复兴再无指望。

（11）近畿1571：火烧比叡山延历寺

渡过多难的元龟元年，织田信长立即在元龟二年（1571）年初开启反攻，他首先要求羽柴秀吉切断从小谷城前往近畿的陆路与水路，让浅井家无法通过琵琶湖水路前往京都附近。随后羽柴秀吉又散布谣言，宣称南近江的佐和山城守将矶野员昌私通织田家。处于高压下的浅井长政听信流言，断绝对佐和山城粮草援助，因此矶野员昌真的投靠织田家，近江国的局势开始出现逆转，"反信长包围网"开始走向解体。

第一次反信长包围网暂时退却，织田信长也获得喘息之机，他便开始将攻击重点放在有着宗教与世俗双重属性的势力之上，尤其是要报复上一次帮助浅井长政在数日内越过琵琶湖、威胁京都安全的比叡山延历寺势力。在室町幕府历史上，比叡山延历寺

火烧延历寺

之前曾经被足利义教与细川政元焚烧两次,但都存活了下来,而织田信长也希望借鉴前人之计,放火烧山,让这座一直独立于京都之外却又距离京都很近的佛教势力不再成为军事据点。

九月十二日,织田信长命令部将率领三万人烧毁比叡山。对这份命令,织田军所有将领无一例外表示震惊。不仅因为日本人大多信奉佛教,更因为比叡山是延续八百余年的佛教圣地和文化名山。而且前两次烧山时,足利义教与细川政元基本都是针对延历寺的核心区域,即僧徒活动区域,但织田信长却把目光对准整座山上聚集的所有人群,包括无辜的男女老幼。因而以佐久间信盛为首的重臣们联名上书反对。

闻知织田信长即将烧山,延历寺僧徒非常紧张,急忙献上黄金三百枚试图停战,但奈何已经掌握堺港的织田信长对于财富已经不很在意,于是他不但没有停止进攻,反而加快进军速度,抢在大规模人群逃难之前围困比叡山所有要道。

对火烧比叡山之事,记载织田信长一生事迹的《信长公记》提到:"九月十二日围困比叡山,以根本中堂、山王二十一社为首,散布的佛像、寺社、僧人居所、经卷一字不留,全部烧为云霞,化为灰烬,山下之男女老幼左逃右散,不敢懈怠任何物品,悉数赤身裸体逃上山……僧俗、儿童、智者、上人皆悬首而过信长公之目。"不仅如此,织田信长将比叡山的五百多所佛教庙宇、佛塔、殿堂等建筑付之一炬。同时,他将在比叡山抓获的三千余名信徒和百姓,无论男女老少全部杀死。由于这种残暴的举动,不少大河剧将织田信长塑造成了一位极为残暴的大名。

从实际情况而言,织田信长并不是为了泄愤,而是有着非常明确的政治意图。火烧比叡山后的第二天,织田家家臣明智光秀与一部分精锐"马廻众"前来处理后事,原本属于比叡山延历寺等诸多寺社的领地全部被没收,该地领民组成的自治村落也全部重新划归包括明智光秀在内的五名家臣所有。战国中前期,许多散布各地的自治村落在佛教势力的影响下凝聚起来,凭借强烈的宗教信仰成为难以撼动的政治势力。织田信长的主要目的即是用物质上的残暴来摧毁精神上的信仰,进而将自治村落与宗教势力彻底分离,原属于延历寺的大部分土地后来也成为明智光秀建设近江坂本城的基础。直到织田信长去世以后,比叡山延历寺的旧僧徒才重新回到山上重建寺院。

这一点在织田信长自己的书信中也有体现,他在与武田信玄通信时,武田信玄自称为"天台座主",以佛教掌门人自居,而织田信长则在回信时自称"第六天魔王",足以表达其对于寺院势力的敌视。也正因如此,与当时的本愿寺十一代宗主显如之间有着亲戚关系的武田信玄决定加入反信长包围网,正式开启进京之战。

8. 包围信长

武田信玄的最后一战（1568—1574）

纵观战国时代的著名大名，毛利元就拥有广岛湾，北条氏康有相模湾，织田信长有伊势湾、堺港，今川义元有骏河湾，德川家康有三河湾，上杉谦信靠近日本海，几乎每个大名都会有一块靠海的领地。由于岛国的特征，日本大名大多靠海，其经济基础也大多来源于依靠海洋带来的渔业、商业。

但武田信玄的领地全部是内陆，且大多是山区，只能靠农矿业作为经济基础，发展缓慢。对于不掌握海洋的信玄，海洋的魅力无疑是巨大的。五次川中岛之战的平局让武田家浪费了12年的大好光阴，而在永禄三年（1560）今川义元去世后，今川家迅速衰落。本着弱肉强食的原则，武田信玄计划撕毁三国同盟，吞并南部较弱的盟友今川氏真。

（1）武田家变：废除盟约与攻略今川家

当年武田信玄与今川义元、北条氏康结下三国同盟，主要目的在于北进夺下越后国，打开通向日本海的通道。但在与上杉谦信势均力敌而今川家又逐渐弱小的情况下，武田信玄便只得结束北进，转而南进攻击今川氏真，打开骏河湾的海滨领土。永禄十一年（1568）武田信玄已经48岁，夺取海洋的军事行动因此变得更加紧迫。

永禄七年（1564），武田信玄将进攻今川家的议题提上日程。由于三国同盟结成之前，武田家嫡长子武田义信娶了今川义元的女儿为妻，故而武田信玄要求他与妻子离婚，这引起武田义信的强烈不满。在这位嫡长子带动下，武田家内部围绕是否攻打今川家的问题产生了很大争论，支持武田信玄和武田义信双方的都大有人在，一时间强大的武田家内部面临着分裂之虞。

一部分人认为，武田义信反对武田信玄是在保护自己的妻子，但除此之外，他事实上更加惧怕的是一旦武田信玄撕毁盟约，武田家赖以为豪的信誉就丧失，今后难以在战国时代立足。于是当年七月，武

今川氏真，战国大名今川家的最后一任家督

田义信召集饭富虎昌等家臣进行商议，准备重演24年前武田信玄的举动，即驱逐父亲、自立为家督。

但由于武田信玄本人就是通过篡位夺取家督之职，自然在日常更加防范嗣子以及家臣的反叛，很快武田义信的计划就遭到泄露，跟随他的80多名家臣全部遭到斩首与流放，武田义信在经过两年的软禁生活后也被迫切腹自尽。在武田义信的法号里，武田信玄特地加了一个"筹"字。在日语中，"筹"与"谋"意义接近，换言之武田义信在盖棺定论中被定为谋反之人。武田信玄打破"虎毒不食子"的传统，用自己嫡长子的鲜血告诉家臣绝对不允许不忠之事发生。随后永禄十年（1567）八月七日，武田家237名家臣联名撰写誓文，每个人都用鲜血画押，集体宣誓效忠于武田信玄。客观来讲，武田家变虽然以悲剧结束，但着实提高了武田家家臣对主君的忠诚度，其军团的战斗力也愈发强大，为顺利进军骏河国乃至赢得三方原之战打下了基础。

这年十一月，今川义元的女儿被送回到骏河国，一直和睦的武田、今川两家正式对立，随后武田信玄与织田信长开展合作，由于织田信长与脱离今川家自立的德川家康（松平元康）有着同盟关系，位于今川家领地北部的武田信玄便与今川家领地西侧的德川家康达成协议，决定瓜分今川家领地，其中骏河国交给武田信玄、远江国交给德川家康。

十二月六日，准备好的武田信玄率领一万两千人马攻击骏河，数日内，骏府城被武田军攻克，今川氏真被迫前往远江国挂川城，慌忙中，今川氏真的妻子甚至没有马可骑，只能步行。另外，德川军也在十二月十八日从西侧突入远江国引马城，后又在月底包围挂川城。

对武田信玄背信弃义的行为，北条氏康非常愤慨，三国同盟破裂后，北条家站到今川家一方。永禄十一年（1568）一月十八日，

武田信玄的最后一战（1568—1574）

北条军四万五千士兵来到伊豆、骏河两国边境的萨埵山，直指武田家而去，武田军见状立刻从骏河国撤军，并派遣一万八千军队迎敌。虽然武田家与北条家之间并没有真打起来，但武田军在骏河国的防务依然空虚，这就让本应固守于西侧的德川家康敏锐地发现机会。

虽然武田家与德川家在这一次进攻今川家的过程中结为同盟，但由于共同的敌人实在是过于弱小，双方之间自然也开始觊觎对手的领土。尤其是在当年一月，武田家手下武将秋山信友率领本部骑兵进驻本应由德川家康占领的远江国，这让双方产生极大矛盾。后五月初，德川家康率领150人在大井川附近巡逻，同时武田家家臣山县昌景的三千人也在附近巡逻。但武田军突然跨越两家之间的界河大井川，德川军由于人数占劣势，没有正面发动攻击，而是出其不意发动袭击、击败了武田军。这件事情虽然是小插曲，但却让武田、德川之间从同盟逐渐转向敌对。

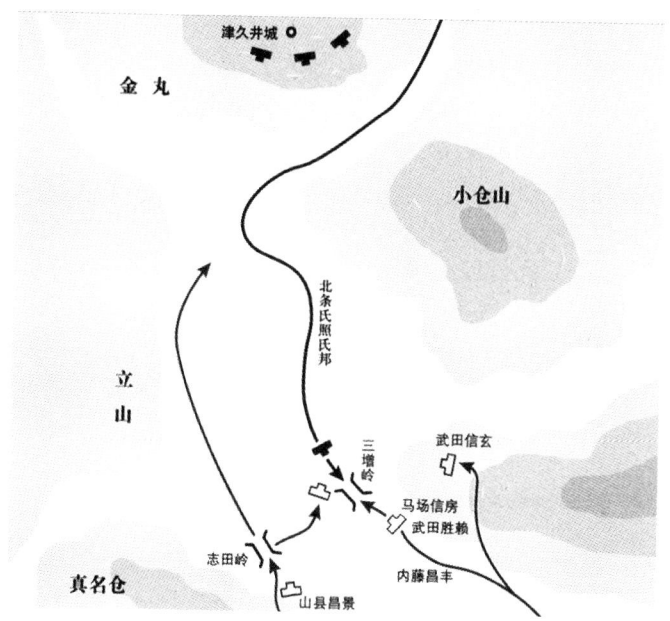

三增岭之战示意图

德川家发现武田军的背后防务空虚，便突然派遣军队继续东进，赶在武田军刚刚撤走后进驻骏河国骏府城，这就对处于中间的远江国挂川城形成夹击。于是永禄十二年（1569）五月十七日，以保存今川氏真性命为条件，挂川城正式开城投降，今川家将骏河、远江两国让予德川家。在得到德川家康的允许后，今川氏真出海投奔北条家，他本人也在小田原城度过后半生。

在传统观点里，今川氏真的评价一直很低。确实，在父亲去世以后，今川氏真没有展现出一个优秀大名的素质，他的性格趋向于安逸，无论政治角力还是军事行动都逊于同时代其他大名。但与此同时，他是著名的文人，在和歌、蹴鞠、剑术方面都很有造诣，或许他如同宋徽宗一样，更适合做一位自由艺术家，而不是一国统领。

武田信玄完全没有想到，自己精心策划多年甚至不惜牺牲掉嫡长子的继承权用来进攻骏河国，结果不但没有获得成功，反而惹恼旧日同盟北条氏康，同时给西侧新兴的德川家康做了嫁衣，仿佛整个东国的大名都在针对自己。气恼的武田信玄立刻不愿再忍耐，而是决定与这些关东的战国大名进行决战，他首先挑战的对手便是北条家。

（2）东下相模：武田、北条之战与重新结盟

如前所述，就在永禄末年，北条家与上杉谦信之间的对垒基本进入最后阶段，双方不想把精力浪费在对方身上，于是在永禄十二年（1569）三月正式结盟，这便是所谓"越相同盟"。有着上杉谦信在北部牵制武田信玄，北条氏康就更能够腾出手来与这位昔日盟友进行决战。

九月，武田军两万人在武田信玄的率领下主动出击，越过信

浓、上野两国交界处的锥冰岭,进入关东地区。这一次武田信玄近乎是按照九年前上杉谦信的原路进军,一路过关斩将,沿着大路一直南下,连续攻克武藏国钵形城、泷山城两座北条家同门亲族镇守的城池,北条氏康让两城城主不要恋战,迅速撤军,这就让武田军十月一日顺利来到北条家主城小田原城,又一次将这里团团围困。

经历过上杉谦信十万大军长达一个月的围城,北条家已经对守城战做了很多准备。当武田信玄的两万军队兵临城下时,北条家依然固守不战。武田信玄吸取了上杉谦信的教训,仅仅围攻四天,刷一下存在感后便在十月四日退兵向甲斐国而去。

只不过,在武田军退兵时,北条氏康派遣前述两城守将前往相模通往甲斐的必经之路,即在增岭地区设下埋伏。十月六日,武田军通过这里,北条军四万人发动奇袭。武田信玄面对奇袭并不慌张,他将军队分为三部分,第一部分由得利部将马场信房与四子武田胜赖等人在正面迎敌,第二部分由自己率领在右翼侧击,第三部分由山县昌景率领的五千精锐军队迂回包抄。战术配置得当、加之战斗力较强,武田军虽然人数较少却占据上风,北条军大败而回,损失三千余人。很明显,虽然北条家军队擅长守城,但野战能力却非常堪忧,四万人之众面对武田军两万人却难以体现出任何优势,这也让武田家获得继续进攻骏河的资本。元龟元年(1570)一月,武田家彻底掌握整个骏河国。完成向海洋扩张的任务,武田信玄立刻派水军控制起了骏河湾,势力基础得到了强化。

三增岭之战中,武田军无论在兵力还是形势上都占据劣势,却能够在敌人突袭的情况下冷静分兵,完成武田信玄的战术,说明武田军的战将对于指令的执行力非常强,进而形成了武田军强大的战斗力。这种执行力一方面来源于长期的战争,另一方面也

三增岭之战遗址

来源于武田信玄的细心经营。以作为军功凭证的感状为例,通常来说,感状会在战役后数天内发行,比如今川义元的感状一般是在战役结束后十天内发行。但从现存武田信玄发布的部分感状中可以看到,他常在战役结束当天立刻给有功的国人发放感状。不止如此,他在战役时还会随身携带武士刀、金银等宝物,在发布感状后立刻赏赐。这种奖励机制激励着属下家臣不断争取军功,也逐渐构建出战国最强的武田军团。

严格来说,北条家联络德川家、上杉家等其他战国大名主动与武田军寻求决战,这本身与近畿地区形成的"反信长包围网"有着异曲同工之妙,事实上这个"反信玄包围网"的雏形让武田信玄在当时奔走于各个子战场之间，乃至顾此失彼。德川家康看到武田信玄一直在与北条家决战，便在元龟元年（1570）六月将主城迁移到远江国引马城，改其名为滨松城，这意味着德川家康把未来的作战重心彻底放在东部，也就是与武田家对抗。当年十月八日，德川家康向上杉谦信寄送誓文，表示正式与武田信玄断绝同盟关系，并愿意促成上杉谦信与织田信长之间的同盟，共同对抗武田信玄。

但问题在于，武田信玄并不是那个在其他人眼里不近人情的织田信长，他与本愿寺十一代宗主显如迎娶京都公卿三条家的一对姐妹，就此长期形成同盟关系，这就让武田信玄能够充分调动各方势力，避免陷入被包围的境况中。

而且，北条氏康非常了解自身家族的实际能力，并不打算与武田信玄死扛到底。元龟二年（1571）十月北条氏康去世之前，特地要求儿子北条氏政与武田信玄和解。毕竟武田信玄这个庞然大物对于这位"相模狮子"而言还有一定对峙余地，但若是丢给儿子北条氏政则必然难以抵挡。与其与庞然大物硬扛，倒不如回过头来经营自身领地。但如此一来，也就等于把德川家直接摆在武田信玄的面前，对德川家康一生影响极为深远的三方原之战便在第二年正式打响。

（3）决战三方：拥有恐怖行动力的武田军团

元龟三年（1572）年初，武田信玄请求显如向上杉谦信领地西侧的越中国僧徒发布命令，要他们骚扰上杉谦信后方，以便自己发动进京之战，这说明武田信玄的进京思维已然非常成熟。

得知消息，织田信长非常警惕，毕竟他刚刚凭借京都公卿的关系解决了元龟元年（1570）危机，如若这个时候武田信玄突然攻击过来，那么他自然要面临灭顶之灾。于是织田信长首先提出和议申请，甚至表示自己愿意充当中间人，调停德川家康与武田信玄之间的矛盾。不过武田信玄对这份和议申请不置可否，仍然决定进军京都。

九月底，武田信玄兵分三路，对东美浓、北三河、远江国三个织田、德川同盟的重要地区同时发动进攻。第一部分由重臣山县昌景带队三千人，进攻北三河，用来阻止德川军在三河国的军队赶赴远江国；第二部分由另一将领秋山信友率军三千进攻东美浓重镇岩村城，卡住织田家从东美浓进入武田家领地的可能性；而第三部分自然是由武田信玄本人率领的主力军两万余人，十月十六日，武田军分出五千人围困远江国关键城池二俣城，随后武田信玄亲率余下军队扫荡远江国其他地区，后与第一部分合流，共同围攻二俣城。

这一时期的德川家康非常激进，他刚刚在远江国落脚不久，认为如若表现胆怯便无法把握住远江各地国人群体。武田军袭来后，德川军曾全体出动，在二俣城北部与武田军交战一次，由于实力悬殊而被迫撤退。为了加强军队规模，德川家康数度向织田家求援，由于织田信长苦于"反信长包围网"防御各方进攻，便在十一月底派遣三千军队进入滨松城，并再三叮嘱德川家康固守城池不动，千万不要出城迎敌。

织田信长虽然没有到达前线，但他对于武田信玄的处境理解非常到位。武田军虽然来势汹汹，但如果强攻滨松城，难保不会耗费时间和军力，如果绕过滨松城，则会受到织田、德川两军的夹击。只要德川家康不出战，那么无论武田军做出哪一种选择都会耗费很长时间，到时候织田信长很可能就在近畿地区集结兵力，把反对者分割消灭。所以武田信玄如果想快速进入京都地区，唯一方法就是引出德川家康决战。

武田信玄的最后一战（1568—1574）

三方原之战

十二月二十二日，武田军大军压境时，武田信玄没有选择直接攻城，而是绕过滨松城，直接向西北方向进发。武田军的背后就暴露给了德川军，这看似是武田信玄的失误，实际上却是巧妙的计谋。看到武田军无视德川军，年轻气盛的德川家康非常愤怒，立刻下令一万一千人军队全部出发，追击正在北上的武田军。中午时，德川家康跟随武田军的脚步登上北部的高地三方原。但出人意料的是，已经基本离开三方原的武田军，此时却突然调转方向，杀回三方原战场。

三方原地区有一个非常麻烦的特点，那就是登上高地与退出高地的路途都非常狭窄，如果武田军在刚一登上高地的时候就回兵攻击德川军，那么德川军很有可能在第一时间溜走，而武田军只能抓住其先锋；但如果武田军在快要离开高地的时候突然反转，那么德川军主力已经登上高地，没有任何退却空间。武田信玄选择了一项非常符合地形优势的战术，而且结合武田军团快速的组织力与行动力也保证这项战术能得到贯彻，毕竟在没有无线电的时代，军队指挥基本都只靠旗语，那么建立一套符合冷兵器时代的信息传递体系并让军队的每一个人都能遵守，就是一项非常考验管理能力的工作。

下午四点，战役正式打响，有战国最强之称的武田军团如猛虎下山一般冲向德川军，6点左右战役结束，武田军大获全胜。这场惨败中，德川军损失800名将士，德川家康在家臣的掩护下仓皇逃回滨松城，据传由于过度紧张，他甚至出现了大便失禁的现象，极为狼狈。

三方原之战的惨败让德川家康吸取了很大的教训，他从此意识到要对战略进行理性判断，而不是靠一腔热血去作战。他非常重视这次惨败，便将自己在三方原战后的窘态画了下来，一直挂在墙上提醒自己。由于对武田军整齐划一的行动力和强大的战斗力印象很深，德川家一直以武田为师。甚至于到了江户幕府建立以后，德川家依然收拢大量武田家旧臣，也容忍民间传说中将武田信玄塑造为战国最强武将。

但就是这位后来的战国最强武将，却也在三方原之战后迎来自己人生的绝唱。天正元年（1573）四月，武田信玄本人突然病倒，便放弃继续进京之战，全军撤退。后四月十二日，武田信玄在途经信浓国伊那郡时去世，享年53岁。武田信玄的突然去世让武田家突然失去主心骨，武田军团也在信玄死后逐渐失去向心力，走向土崩瓦解。

（4）流放将军：织田信长重夺近畿大权

武田信玄尚未去世的天正元年（1573）三月，织田信长向足利义昭申请议和，但这一时期的足利义昭仍然期待着武田信玄进入京都，故而拒绝和议。但随即武田信玄去世的消息传来，足利义昭失去最重要的军事靠山，只得寻求新的支持者。从这一时期开始，足利义昭与西国大名毛利辉元之间的关系愈发密切。

六月十三日，足利义昭向毛利辉元求助兵粮，以图再次组建自己的军队。七月三日，他率军来到京都与岐阜之间的必经之路槇岛城，准备切断京都与岐阜之间的联系。但织田信长却学习到浅井长政的旧例，突然从琵琶湖走水路到达京都，迅速占领二条城。七月十六日，织田军将槇岛城团团围困，足利义昭只好将嫡子作为人质交给织田军，开城投降。一般而言，史学界以槇岛城陷落作为室町幕府灭亡标志。这种分类无对错可言，但容易给人造成很多误解。况且从天正四年（1576）足利义昭来到毛利家领地备后国鞆浦，直到天正十六年（1588）辞去将军职位为止，这段时期他仍然发挥着很重要的历史作用，乃至被称作"鞆幕府"，日后关于足利义昭的故事依然会继续下去。

消灭足利义昭后，织田信长便着手清剿"反信长包围网"的最后两名成员，即北近江国人浅井长政与越前朝仓家。八月八日，织田军三万人进军浅井家主城小谷城，引得北部朝仓家派遣两万军队前来对峙。由于朝仓军强占小谷城北部的山城，这让织田军吃到一定苦头，最终在十二日晚上，天降大雨，织田军又一次发挥自身的强大行动力与战斗力，趁着夜色与大雨突袭朝仓军营地。朝仓军败退过程中大乱，乃至同族相残，家督朝仓义景最终被同族斩杀，首级交给织田信长，这象征着越前朝仓家彻底臣服。

围点打援成功以后，八月二十六日，织田信长率军返回小谷城附近并准备发动总攻。看到大势已去，九月一日，曾经让织田信长大吃苦头的浅井长政自杀身亡，时年方29岁，如此青年能凭借战略优势让织田信长陷入绝境，不得不说浅井长政是一位极富政治敏锐性的战国大名。他去世之前，把织田信长的妹妹织

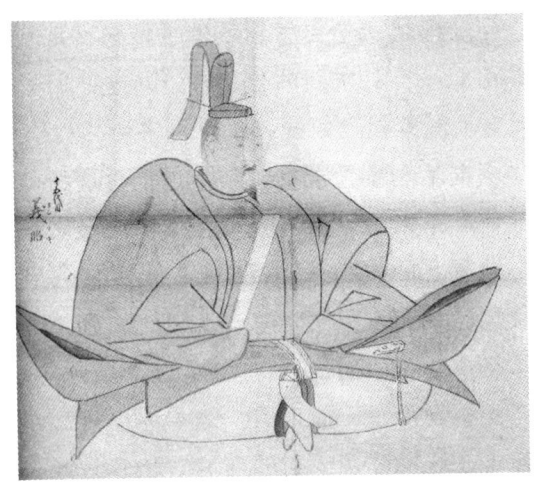

室町幕府末代将军足利义昭

田市与三位女儿都送出来，交给负责前线主攻的织田家家臣羽柴秀吉，而这浅井家三姐妹也在日后的战国乱世中大放异彩，成为2011年大河剧《公主战国》的主角。

再到当年十一月，织田信长继续进攻反对自己的三好家残部，逼迫三好家最后的传人三好义继挥刀自尽，随后本愿寺也向织田信长赠送茶器以求和解。经此一役，织田信长破茧而出，实力愈发强大，而他在近畿地区的反复冲杀也从根本上动摇近畿五国与近江、越前等地的传统大名势力，这让织田信长自己的部将可以逐渐获得领地与升迁机会。日后织田信长麾下的数名大将都在这一时期首次获得封地，如羽柴秀吉（丰臣秀吉）获得近江国长滨城、明智光秀获得近江国坂本城、丹羽长秀受封京都北部的若狭国、泷川一益获得伊势国北部五郡，基本上在《信长之野望》系列游戏中能够有着高属性的织田家将领，都是在这一时期逐步崛起，因而织田家的早期冲杀也可以看作日本战国时代走向统一的原点。

（5）伊势 1574：织田信长屠杀长岛本愿寺僧徒

天正二年（1574）春节，织田家家臣按例进入岐阜城对主君致以新年问候，这时织田信长展示"绝世珍宝"，让在座家臣出了一身冷汗。所谓"绝世珍宝"，指的是将浅井长政等三人的头盖骨涂上漆、撒上金粉，供奉起来。按照织田信长的观点，将三人头盖骨涂漆是一种古武士一般的礼遇，但三人毕竟都是阻止织田军前进的关键人物，这种方式无疑让人认为织田信长为人残酷。

更残酷的还在于织田信长对待佛教势力，尤其是对待伊势国要地长岛城附近的愿证寺僧徒，即本愿寺在这一地区的分寺更是如此。先前元龟二年（1571）长岛城佛教势力叛乱时，织田信长曾亲自率军攻击城池，但由于长岛城非常坚固，附近民众对本愿寺势力又予以高度支持，织田军没有占到便宜，只得撤退。

长岛城位于伊势国与尾张国交界处，坐落于数条河流的交汇入海口，地理与水文十分复杂。于是天正二年（1574）织田信长出动总数八万军队，一方面从陆路分割包围长岛城与附近四座支城，另一方面让活跃于伊势湾的水军九鬼嘉隆从水路封锁长岛城，让其难以获得补给。其间织田军一度采用大口径火枪攻击，但也只是逼迫两个规模较小的支城在八月初开城投降，但剩下的两座支城以及长岛城本身依旧固若金汤。九月二十九日，愿证寺僧徒一面向织田军提出和议，一面从长岛城撤退。但由于七天前织田信长的妹夫织田信时战死沙场，织田军不但不同意议和，反而用火枪射击逃亡的敌军，将外逃中的一千多名男女信众全部杀死，进一步激起守军誓死抵抗。

织田信长本没有议和之意，见本愿寺军不投降，他便派遣军队用大量木材将两座支城与长岛城团团围住，四面放火烧营。这样一来，不仅是本愿寺的僧兵与武士，就连城中的老弱妇孺也全部被大火烧死，总数达两万人之巨。本愿寺派驻在愿证寺的所有高级僧人全部自刃或投水身亡，只有很少一部分家臣逃回到石山本愿寺。

除去伊势国长岛城的愿证寺僧徒之外，不久后织田信长还对越前国本愿寺僧徒展开屠杀。早在天正二年（1574）一月，本愿寺在加贺国的僧徒与织田信长委派的越前国将领发生冲突，冲突的结果是织田信长的部将被杀，本愿寺的加贺国将领下间赖清进军越前国，在织田家立足未稳之际将越前国抢入手中。第二年（1575）八月，在长筱之战击退武田军后，织田信长派遣柴田胜家组成面向越前国、加贺国等北陆地区的方面军，集中兵力攻克越前国，下间赖清等人仓皇逃跑，但很快被抓获并斩首。之后，织田信长下令将一万多名本愿寺僧兵俘虏全部斩首，使得遇难的本愿寺军队与信徒合计超过三万人。

在对比叡山、长岛、越前的佛教僧徒的三次屠杀中，虽然织田信长是用物质上的残暴摧毁精神信仰，但他过度理性化的倾向也体现得淋漓尽致。这种完全以利益作为首要因素、漠视人类基本感情的倾向，也让他日后行事越来越激进，逐渐引发家臣的不满。

（6）上总1577：安房里见家内乱与没落

《信长之野望》系列玩家估计深有体会，安房里见家虽然地处关东远国的一块末端，却有着非比寻常的力量，其所处地区虽然只是本就狭小的日本国土更为狭小的一部分，但如果妥善经营并不是不可能统一天下。在真实历史上，安房里见家与北条家进行两次国府台之战，虽然两度都没有占到便宜，但他们经常在北条家后方的"武总内海"（亦即如今房总湾）破坏水路交通线，让北条家备感困扰。

虽然进入天正年间，安房里见家也遇到严重的家督继承权问题，而且这个问题的隐患还是在第一次国府台之战中就已经深深埋下。

第一次国府台之战中，里见家拥立的小弓公方足利义明虽然去世，但足利义明的女儿却留在里见家领地，后来嫁给里见家家督里见义弘。里见家此举一来是为了保护这位女子，二来也可以借机获得"公方同族"的大义名分，两人之间诞生一子，是为里见义弘的嫡长子。但没想到的是，到了天文末年与永禄初年（1550—1560），随着政治形势改变，里见义弘又迎娶四代古河公方足利晴氏之女为妻，又诞下一子。两位儿子的背后虽然都是镰仓公方足利家的后代，然而由于当年小弓公方与古河公方之间曾有过政治对立，那么两位儿子之间本身就存在着严重的政治对立。

问题到了天正初年（1575年左右）变得更加严重。里见义弘把安房国交给嫡长子里见义赖，自己与年龄幼小的第二子一同居住在上总国领地，而支持小弓公方、古河公方两方面的国人也纷纷站队在两国，如此一来同一个里见家的内部矛盾却愈发增强。

为了把内忧转移到外面，里见家在这一时期加入以上杉谦信为精神领袖的反北条家同盟中，从天正四年（1576）三月开始配合北部盟友佐竹家进攻北条家，怎奈北条家迅速回兵降服大量上总国人，这就让里见家的处境非常尴尬。到天正五年（1577）二月北条军继续来袭，里见家呼唤远国的精神领袖上杉谦信，结果对方却正在征讨能登国而无法回兵，这就让西上总国人大面积投奔北条家。无奈之下，里见义弘只好在当年十一月向北条家申请议和，并让渡北上总地区给北条家，只留下西上总的狭小地区，北条家顺势要求里见义弘的嫡子里见义赖迎娶北条家女子为妻,彻底掌握住这个重要大名。

  本想把内忧转移出去,谁承想却让里见家蒙受更大麻烦。天正六年(1578)五月里见义弘郁郁而终,遗言中,他要求把西上总地区交给第二子管辖,这就让嫡长子里见义赖愤怒不已,他在北条家的支持下迅速席卷整个里见家领地。经此一役,里见家从北条家的敌人转为盟友。随着同一时期上杉家"御馆之乱"爆发,北条家的矛头也开始向北指去。

9. 突破包围

织田信长破解包围网之路（1575—1582）

从天正元年（1573）冲破包围网算起，到天正十年（1582）遇刺身亡为止，织田信长都是战国时代近畿地区最耀眼的明星，他的一系列征伐措施让动乱上百年的京都逐步回归平静，也深刻改变近畿地区的政治局势。在这个十年中，日本全国的主要战场都只剩下几家规模较大的战国大名，那么织田、武田、上杉、毛利各家之间的政治捭阖，自然就成为这个十年最为好看的战国图景。

从这一时期开始，由于日本室町幕府已经完全丧失机能，日本史学界一般以织田信长与其继任者丰臣秀吉的主城安土城、桃山城合称为"安土桃山时代"，而安土桃山时代的开山大战是发生于天正三年（1575）的长筱之战。

（1）长筱之战：隐藏在军事斗争中的政治斗争

对于武田家的败亡，一般人都会想到刚愎自用的武田胜赖，似乎正是这位不遵守父亲命令的家督才让战国时代不可一世的武田家最终走向灭亡。但需要注意，在武田信玄去世以后，家督并不是这位四子武田胜赖，而是武田胜赖的儿子武田信胜，武田胜赖真正的地位是所谓"阵代"（军阵代理），只等儿子满十五岁以后就要把家督全权交还给儿子。

之所以如此,是因为武田信玄的长子武田义信早年间自杀,第二子是盲人、三子早逝,所以四子武田胜赖就自然成为顺位继承人。但问题在于,武田胜赖早年间曾经被过继到南信浓国人诹访氏作为家督,因而是从外家回归本家,那么作为诹访氏家督的武田胜赖自然与其他武田家家臣的地位相似,容易招致他人不服,于是武田信玄才传位于孙子,并要求武田胜赖作为辅导者。别扭的权力构成让本来就只奉武田信玄为绝对领袖的武田军团内部开始出现动摇,也酿成长筱之战的灾祸。

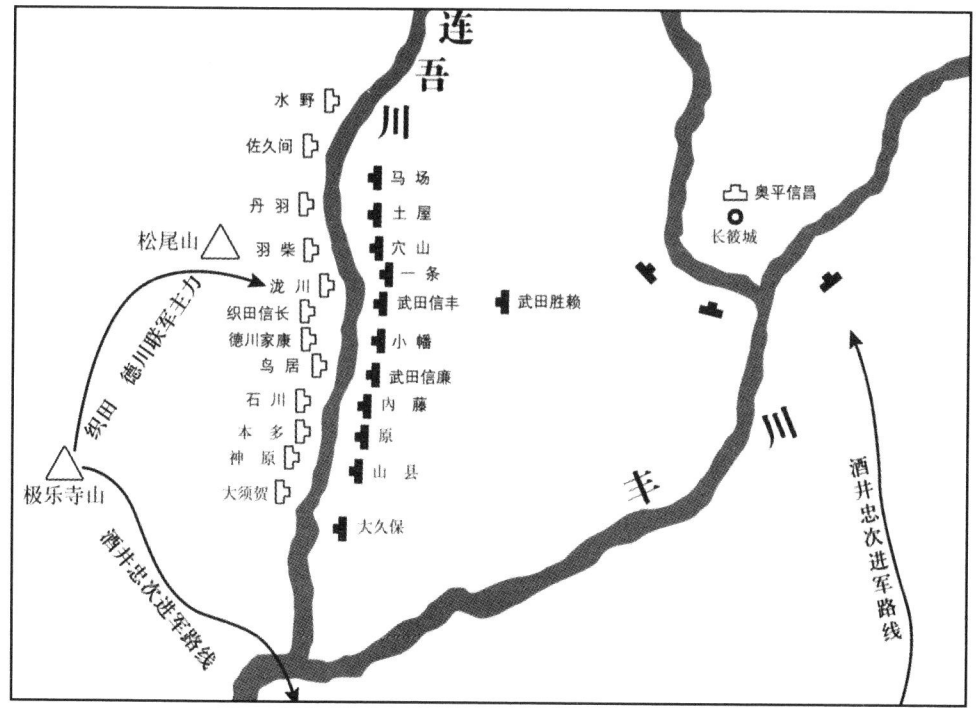

长筱之战两军布阵图

但麻烦在于，武田胜赖的初期表现可以说非常好。天正二年（1574）二月一举攻克东美浓的18座城寨，最前线距离织田家主城岐阜城只有不足70公里，随后五月武田军攻克远江国高天神城，这是武田信玄后半生一直未能攻克的城池，如此快的攻城速度让织田信长非常警惕，同时也让武田家内部进一步出现疏离。因为武田胜赖在扩张过程中重用新近归降的东美浓与东近江国人，这就让武田家原本的甲斐与信浓国人群体不甚满意，而这种不满意最终也作用于长筱之战中。

长筱之战发生地点在三河国长筱城西部的设乐原地区。长筱城处于三河、远江、信浓三国的交通要道上，当时由东三河国人、德川家康的女婿奥平贞昌驻守。由于奥平贞昌原本效力于武田胜赖，还曾送上三名人质，武田胜赖怒不可遏将人质全部杀死。如此一来，奥平贞昌与武田胜赖势不两立，而德川家康也几乎在同时与武田胜赖决裂。天正三年（1575）五月一日，武田胜赖的一万五千人大军开始围攻只有五百人守卫的长筱城，而织田信长与德川家康看准机会，各自派兵前来援助这座战略要地的城池。

五月十八日，织田军三万人与德川军八千人合兵一处，在长筱城西部四公里设乐原地区的极乐寺山布阵。但接下来的三天，织田信长并没有凭借兵力上的优势展开强攻，而是沿着设乐原地区的连吾川布下三十多个大型的防马栅栏。由于织田、德川联军以步兵为主、武田军以骑兵为主，这种战术正是针对敌人的特点进行防卫。

织田、德川联军有三万八千人之众，而武田军能用于战斗的军队只有一万两千人，是对手的1/3左右，处于绝对的劣势。武田信玄时代的三大重臣马场信房、山县昌景、内藤昌丰都要求撤军，武田一族的穴山梅雪、武田信廉也显得没有战意。但如果撤军，家臣们就会认为武田胜赖有所惧怕，进而动摇他本来就不坚固的统治基础。一言以蔽之,此战在政治上必须打,军事上却不能打,但无论出现哪方面的结果,都是武田胜赖不愿意看到的。五月二十日夜,武田胜赖决定留下三千人围住长筱城,其余一万两千军队派往设乐原前线,准备第二天发动总攻。

长筱·设乐原之战绘画屏风

同样在五月二十日夜,织田、德川联军通过情报人员获知武田军的动向,决定派遣酒井忠次率领三千人(包括五百名火枪手)迂回至长筱城,与城中五百士兵一起扫除了城池周围的武田军,在对手退路上设置了障碍。

五月二十一日清晨,武田军开始进攻织田、德川联军,对此联军并不急于迎敌,而是以防马栅栏限制武田骑兵的机动性,再辅以弓箭、长枪甚至于火枪的进攻,让武田先锋军队受到阻碍。

在目前关于长筱之战的叙事中，大多都会提到织田信长发明"火枪三段击"战术，即用分队方法将三个火枪手编为一组，当第一人发射火枪时，第二人点燃火绳，第三人装填弹药，三人依次重复上述过程。这种战术方法虽然为人津津乐道，也在大河剧中广泛得到体现，但从物理角度考虑，火绳枪枪管在发射一定数量的子弹后会发热以致无法使用。虽然无法明确日式火绳枪的发射极限，但可以确定的是，日本战国时代的火枪或许可以造成一定杀伤力，但不可能作为主力军队坚持长达8个小时的战役，更不可能成为决定性的制胜因素。织田、德川联军能够获得胜利，与其数量是对手三倍多以及放马栅栏等防御工事的关联度明显更大，同时也与武田军内部的政治倾轧有着明显的关联。

需要注意，当时武田军的布阵并非一字排开，而是形成中军后撤、两翼包抄的坎尼阵型。坎尼阵型旨在加大攻击纵深，将两翼的每个士兵都置于前线，是人数处于弱势的武田军一种必然选择。人员配备上，中军由武田一族的穴山梅雪、武田信廉、武田信丰、一条信龙4人领军，右翼（北部）由马场信房、土屋昌次率领，左翼（南部）的主将是山县昌景、原昌胤。但战役进入胶着时，中军的穴山梅雪、武田信廉在没有得到武田胜赖的许可下先行撤退，导致两翼分别被分割歼灭。之所以先行撤退，主要是因为武田一族的穴山梅雪、武田信廉两人不满武田胜赖执意进攻联军所致，而这种提前撤退的后果也是灾难性的，统帅两翼的马场信房、山县昌景、原昌胤、土屋昌次四人最终全部战死。战役从上午6点进行到下午2点，武田军损失的士兵数量超过一万人，几乎全军覆没，武田胜赖本人仅仅带领着6个随从仓皇逃回甲斐。

据说在决战过后的军事会议上，武田家家臣曾提议让穴山梅雪切腹谢罪，但武田胜赖没有同意，因为一旦将其斩杀，家中势必会出现更大规模的动荡。但不斩杀这位临阵脱逃的将领，也让武田军团一直赖以为生的令行禁止原则遭到废弃。长筱之战使号称战国最强的武田军团几乎全军覆没,武田信玄耗费一生精力建立起的成果付诸东流,此后武田家的军事优势荡然无存,家中的分裂也继续恶化下去。

击溃武田军以后,织田信长把目光投向北陆的上杉谦信。

(2)平安乐土:安土城建设与对峙上杉谦信

随着武田家得以平定,天正三年(1575)十一月二十八日,织田信长将家督之位让给嫡长子织田信忠,命令他统治尾张、美浓两国。除封地外,织田信长还将辛苦积攒多年的家宝全部交给了儿子,只带着茶道用具来到了佐久间信盛的房屋里暂住。

安土城

让位的织田信长并没有退隐，而是如同毛利元就一样，继续保持着家督的权力。天正四年（1576）一月中旬开始，织田信长亲自监工，在琵琶湖东南沿岸修建安土城。安土城的修建有三个主要特点：一是其天守阁的名称叫作"天主台"，显示出对西方天主教势力的关心；二是城池有非常多的艺术化装饰，以至于缺少城池基本的防御功能，这就说明这座城池不是为了军事而是为了政治用途修建；三是为家中各主要家臣修建宅邸，并要求无战事任务的家臣全部居住在安土城，加快主城的工作效率，同时弱化家臣与土地之间的关系，让织田家对于土地的统治更加稳定。

织田信长每次迁移主城都有其重大的战略含义：从那古野城到清洲城，是为了统一尾张；从清洲城到小牧山城，是为了进攻美浓；从小牧山城到岐阜城，是为了发动进京之战并对抗武田信玄。如今武田家已经在长筱之战中失败，派遣织田信忠领军尾张、美浓两国足以防御武田家。从岐阜城迁移到安土城，足以说明织田信长将目前最大的假想敌定位为上杉谦信。事实上，之前设置北陆军团的举动早已暴露了他的想法，但迁居安土城更加让人确定了这一点。

这是为什么呢？这与安土城的地理位置有关。从越后国到京都最通畅的陆上道路，是沿着琵琶湖东岸向南岸进发，最后进入京都。而安土城恰好处在琵琶湖的东南角，也就是在上杉谦信进京的必经之路上。故而在此修建城池不仅有助于监视上杉军进京，也有利于织田信长下一步战略的展开。可以看到，虽然织田信长以"平安乐土"之意将城池命名为安土城，但安土城的建立，在很大程度上还是基于战争的考虑。

最初，织田信长还是希望与上杉谦信和解，并雇用画家狩野永德绘制屏风"洛中洛外图"，这件如今被日本政府列为国宝的屏风在当时却具有明确的政治含义：屏风中明确绘制了上杉谦信进京的队伍，织田信长以这种隐喻方式表达与上杉谦信共治天下之念，希望上杉谦信能与自己和解。

但到了天正四年（1576），随着足利义昭正式在毛利家领地站稳脚跟，这位将军便准备发起第二次"反信长包围网"。他要求关东管领上杉谦信与旧日敌手武田胜赖停战，并迅速发动进京之战。一生重视大义名分的上杉谦信自然非常重视这次机会，毕竟在当时，上杉谦信一直面对着领地西侧越中国、能登国等国人的骚扰，如今得到将军的大义名分，那么沿着这条路一路打下去便有了足够借口。

于是这年九月，上杉谦信率军两万人西进平定越中国，随即向北进攻能登国。十一月，上杉谦信集中围困能登国主城七尾城。七尾城是毗邻日本海的港口，如果能夺取此地，军粮就能通过从越后国海港源源不断地输送过来，对上杉军有着重要意义。当时，七尾城的城主是年仅2岁的畠山春王丸，城中事务由家臣长续连、游佐续光等人主持。在敌军到来之际，长续连决定固守不出，同时在上杉军的背后煽动农民暴动。上杉谦信眼见七尾城之坚固，

上杉谦信在攻打七尾城期间所作汉诗

便先扫除附近的支城,将七尾城彻底孤立起来。

第二年(1577)三月,北条氏政从背后进攻上野国(群马县)的上杉领地,上杉谦信只好率领主力回归越后国。不过出乎长续连意料的是,上杉军在闰七月便迅速击败了北条军,以迅雷不及掩耳之势返回七尾城战场。长续连见此情况,将附近能够战斗的成年男性全部带入七尾城中,凑集一万五千人固守城池。但由于夏天闷热、七尾城又缺少公共卫生措施,大规模的人口使得城中暴发了瘟疫,军队大规模减少,甚至连年仅两岁的家督畠山春王丸也病逝。长续连只好派人前往安土城向织田信长求援。

织田信长得知消息后立刻派遣柴田胜家、前田利家、羽柴秀吉等将领率一万八千人前往七尾城救援。但在织田军到达之前,七尾城的游佐续光已经发动兵变,将长续连一家全部杀死,九月十五日,七尾城开城投降,上杉谦信完全占领能登国。

七尾城陷落的消息并没有立刻传到织田军中,致使柴田胜家一直北进增援,九月十八日,织田军已经渡过七尾城西南部80公里处的手取川。上杉谦信意识到大战在即,立刻率军两万从七尾城出发。

柴田胜家得知敌人到来,立刻决定撤退,但上杉谦信并没有给他们机会。九月二十二日,上杉军飞速到达手取川北岸的松任城。由于织田军以火枪为主,上杉军则以骑兵和长枪兵为主,为了削弱火枪的战斗力,上杉谦信决定在视线不好的夜晚进行战斗。九月二十三日夜晚,天降大雨,上杉谦信趁机一口气发起进攻。由于织田军不适应夜晚的战役,加之大雨让火枪无法使用,很快全军溃败,争相渡过手取川逃跑。但没想到,大雨又导致手取川水位猛涨,很多士兵没来得及渡河便淹死,最后织田军带着一千人左右的损失回到越前国。

不过在近年研究中,很多史学家对手取川之战的规模产生怀疑,认为这并不是一场大战。因为整场战役只在上杉谦信本人一封信中提到，而在《信长公记》以及其他史料中并没有发现，事实上织田、上杉两军主要战将并没有在此战中阵亡，所以手取川之战很可能只是一场小规模战斗。

上杉谦信的威胁骤然增大，但谁承想他的人生却也走到终局。天正六年（1578）春天，上杉谦信集结六万军队准备出战，结果在出战之前四天却在厕所中突发脑出血，数日后去世。继武田信玄去世于进京之战后5年，宿敌上杉谦信也倒在进京之路的半途，织田信长再次逃过一劫。

虽是两度大难不死，但这一时期的织田信长仍然是深陷足利义昭所组织的第二次"反信长包围网"。

（3）如此内乱：近畿国人的大规模叛变

天正四年（1576）七月，投奔织田家的大和国人筒井顺庆奉命拆毁大和国多闻山城。多闻山城位于奈良兴福寺附近山上，是原三好家家臣松永久秀所建，用于监视奈良盆地的兴福寺僧徒；而筒井顺庆恰是兴福寺僧徒出身，他与松永久秀曾多次交战。派遣一名兴福寺僧徒出身的大和国人来拆毁多闻山城，织田信长此举在政治层面上暗藏对松永久秀的不利因素，这就让松永久秀备感惊慌。

另外，松永久秀是一位出色茶匠，手中有一件稀世茶具，叫作平蜘蛛。恰巧织田信长也对茶艺颇有研究，对平蜘蛛一直有所觊觎。据说松永久秀反叛织田家，在某种程度上也是为了保护这件珍品。

天正五年（1577）八月十七日，第二次反信长包围网处于鼎盛时期，上杉、毛利、本愿寺已经达成围攻织田家的协定，松永久秀顺势在自己最后的领地、即大和国信贵山城起兵八千进行反叛。织田信长闻讯立刻将松永家送来的两名人质在京都六条河原双双斩首,双方彻底决裂。

其实成的时候,松永久秀就与三好家残部一起掀起叛乱,不过随着朝仓、浅井、武田等势力接连失败,松永久秀重新投靠了织田信长,可谓阴晴不定。织田信长对松永久秀是又爱又恨,爱在他能够以一己之力压制大和国南部山区领土,恨在他反复无常。于是天正五年(1577)九月底,织田信长派遣大规模军队进攻大和国。十月五日,织田信长嫡子织田信忠发动总攻,然而由于城池坚固,经过连续五天的作战,68岁的松永久秀在茶具"平蜘蛛"中放满火药,点燃自尽。

松永久秀讨伐战并没有耗费太多精力,但相对于后面而言,这只能算是热身。松永久秀去世后的第七天,即十月十七日,统治摄津国的荒木村重便决定加入"反信长包围网",在有冈城举兵反叛。

荒木村重

织田信长破解包围网之路（1575—1582） 241

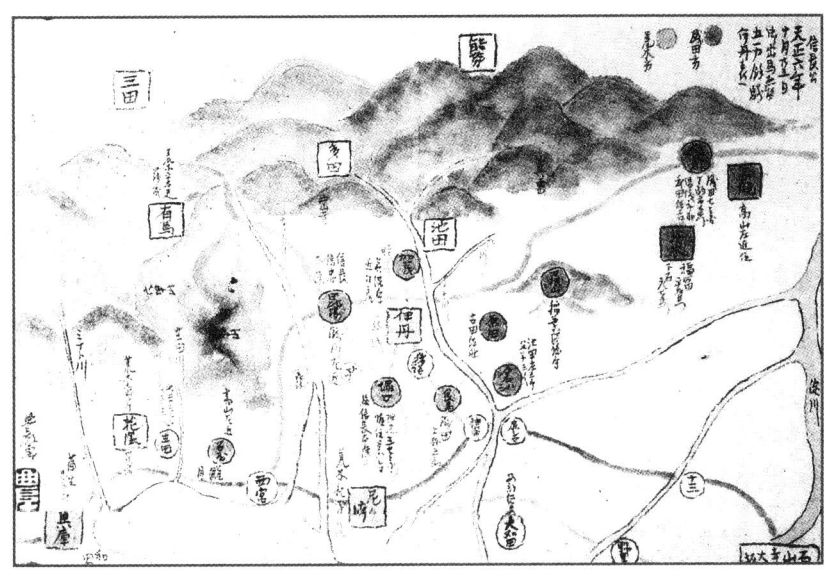

有冈城布防图

　　有冈城布局合理，加之荒木村重为了防备织田军，特地在地势险要的地方扎下营寨作为分城。其中最主要的两座营寨是高山右近驻守的高槻城，以及儿子荒木村次驻守的尼崎城。得知荒木村重反叛的消息，织田信长又是一惊，但他的第一反应不是攻击而是劝降，很快明智光秀、羽柴秀吉作为使者对其劝降。部将高山右近也认为与织田军作战，获胜希望不大，于是来到有冈城劝说荒木村重投降。荒木村重在多方劝说下本已有所动摇，但很多家臣认为，就算这么做了，织田信长也不会原谅反叛，于是荒木村重重新拒绝归降。见荒木村重一意孤行，织田信长便不再手下留情，对有冈城展开了围城战。

　　十一月九日，织田军五万人来到附近，短短几天时间内，封锁线就被攻破一角。月底，其他几座营寨的将领也宣布归降，荒木村重苦心布下的封锁线最后将自己围在中央。

天正七年（1579）一月，织田信长在有冈城四周断绝粮道，准备以围城断粮的方式逼迫荒木村重投降。经过半年多的围困，有冈城已经弹尽粮绝，因此九月二日，荒木村重带着数名随从趁着夜色从有冈城逃出。十九日，失去主将的有冈城毫无战意，开城投降。十二月十三日，织田信长将荒木族人及支持反叛的豪族共670余人全部杀死，极尽残忍之事。

之所以如此残忍，也是因为这一时期的织田家又遇到四面受敌的处境，而且一个比一个不好对付。

（4）木津川口：围攻石山本愿寺与木津川口海战

话分两头，松永久秀、荒木村重两人造反的源头，均来源于这一时期织田信长与石山本愿寺之间的矛盾。从天正四年（1576）开始，织田信长与本愿寺之间矛盾再起，织田军将石山本愿寺团团围困，准备以围城断粮的战术取胜。

五月三日，本愿寺军队展开反攻，织田军大败。冲出重围的本愿寺一万五千人的军队向织田军的天王寺营寨进攻，逼得织田信长率领百余名随从进入距离石山本愿寺较近的若江城，召集各路军队进攻本愿寺。五月七日，织田信长率领三千人从若江城出发进攻敌军，此时守城的明智光秀带领七千军队出城，两军里应外合击败了数量庞大的本愿寺军，并给对方造成两千余人的损失。织田军以较少的军队粉碎了庞大的敌军，显示了织田信长较强的军事能力以及织田军强大的战斗力。

织田军刚刚围困石山本愿寺，盟友上杉、毛利两家就早早展开援救行动。上杉谦信派遣家臣伪装成商人穿越织田领地，将金粉藏在手杖中送到石山本愿寺作为军费；毛利辉元更是以濑户内海的村上水军为主力,派遣八百艘战船从濑户内海直接来到石山本愿寺附近运送兵粮。石山本愿寺即如今的大阪,在这里居住就会发现,这片海滨城市河流交错,水文环境复杂。也正因如此,在科技水平仍然不甚发达的近世,这片地区并没有被看作经济重地,石山本愿寺建设在这里,也是为了寻求一个易守难攻之处。

七月十四日,毛利水军与织田水军两百艘左右交战于大坂湾附近的木津川口,织田军因战舰数量不足而陷入劣势,与此同时,毛利军大规模使用火箭以及各种投掷火器,织田军惨败,毛利军顺利地将兵粮输送到石山本愿寺。

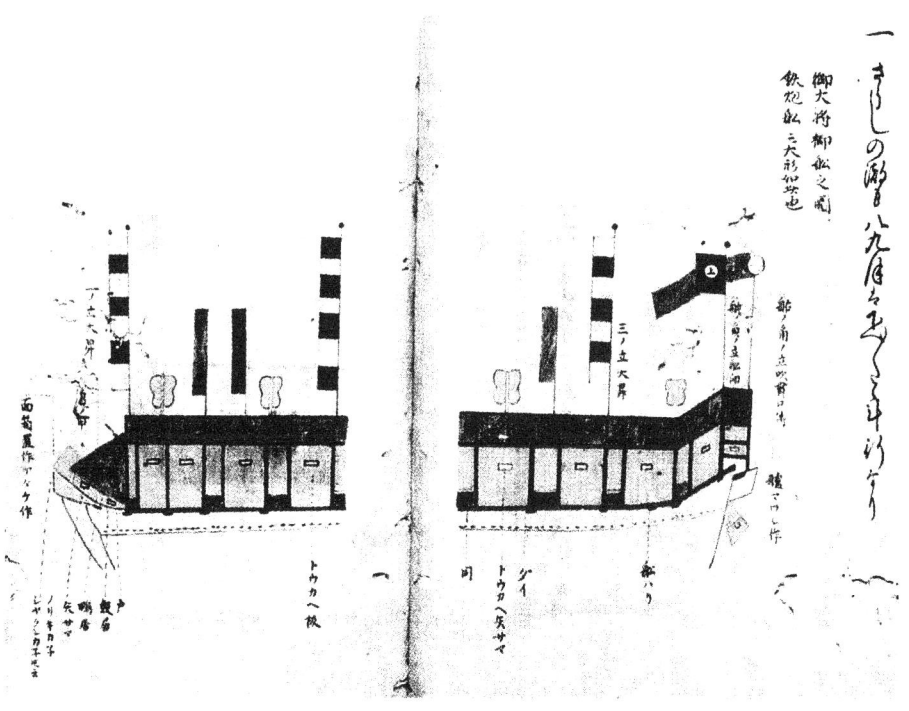

能岛村上水军"安宅船"设计图,九鬼嘉隆后来造出六艘更大规模的安宅船,击败能岛村上水军

为了击败对手，织田信长做出三个决定：一是让水军统领九鬼嘉隆整肃军队，并在伊势国海港建造新船；二是发布商业法律文件《定：安土山下町中》，免除所有商人的赋税课役，吸引大量原本聚集于佛寺、神社大门口的商人都纷纷来到安土城定居，进一步弱化石山本愿寺的经济基础；三是消灭支持本愿寺的根来杂贺众。

根来杂贺众分为根来寺、杂贺乡两部分，前者由纪伊国根来寺的僧兵、门徒组成，后者是杂贺城一带的五个自治村落组成，首领为铃木孙一（或称"杂贺孙市"），两部分集团的主要武器都是火枪，以类似于雇佣兵团的模式出现在近畿地区。根来杂贺众一开始支持织田信长，但由于集团内部有大量佛教信徒，故倒戈加入"反信长包围网"，后一直与本愿寺势力保持统一步调。

对根来杂贺众，织田家并没有强攻，而是采取分割瓦解的策略。天正五年（1577）二月二日，根来寺的大部分人马被织田信长策反，同时杂贺众的宫乡、南乡、中川乡三个自治村落也成为了织田家的内应，战局逐渐有利起来。三月一日，织田信长亲自指挥总攻，为了减弱敌军攻击力，织田军全体配备竹盾，杂贺众赖以成名的火枪并没能起到作用。半个月后，铃木孙一等杂贺众首脑全部投降，本愿寺的同盟势力再受打击。

取得战役胜利的织田信长并没有大举进攻石山本愿寺，这主要是因为上杉谦信正在北陆地区活动，手取川之战正发生于当年九月二十三日。同时，九鬼嘉隆依然没有做好水军的作战准备。直到天正六年（1578）三月上杉谦信去世后，织田信长才进一步对本愿寺发起进攻。

六月二十六日，九鬼嘉隆带着七艘新造的战舰从伊势国起航，绕过伊奈半岛向大坂湾进发。这七艘战船长约22米，宽约12.6米，船身包有3毫米厚的铁皮，用以抵御毛利军擅长使用的火箭和投掷火器。由于周身都包有铁皮，故号称"铁甲船"。七月十六日，织田水军攻入大坂湾，顺利地隔开了毛利军与本愿寺军之间的联系，石山本愿寺的包围圈也得以重新构建。十一月六日，毛利军如上次一样派遣大量水军进攻织田水军，但这次的织田水军由于配备了铁甲船，毛利军火箭无法起到作用，只好引兵撤退。

经过这次战役，毛利水军优势荡然无存，石山本愿寺彻底孤立，被迫向织田信长求和。十二月二十五日，在织田信长的授意下，天皇向本愿寺派遣敕使，要

九鬼嘉隆

求显如放弃石山本愿寺。在军事和政治的双重压力下，显如只好同意。

天正八年（1580）三月十七日，显如向织田信长承诺在七月前撤出石山本愿寺，不过要求织田军将柴田胜家刚刚攻占的加贺国两郡交还给本愿寺，织田信长答应这一条款。四月九日，显如带着随从离开石山本愿寺，此后，显如再无战国大名的身份，但仍然作为净土真宗本愿寺派的宗主存在于世。

显如虽然撤退，但其子教如却不服从织田信长的安排，继续固守石山本愿寺。八月二日，在织田军的攻击下，教如逃到杂贺地区。织田信长则放火焚烧石山本愿寺，据《信长公记》记载，大火整整燃烧三天，城中所有寺庙、佛塔、伽蓝全部化为灰烬。

与本愿寺势力类似的宗教政权在世界上并不罕见，其中不乏宗教政权建立了政教合一国家的案例。在日本战国时代，本愿寺势力的出现说明宗教势力有想法也有能力组建政权，但本愿寺势力未能一统日本，甚至未能统一近畿，说明其实力仍然有限。

本愿寺势力的勃兴来自于战国时代自治村落的盛行，本愿寺的宗教理念只是为这些人的团结提供了契机。但纵观本愿寺几代宗主，他们并没有在国内进行大规模检地，也没有建立起统一完备的大名领国制。每次战争发动时，他们只是调集自治村落进行松散而无组织的攻击，这固然能够给一些战国大名造成妨碍，但无法形成本质上的冲击。

不过不能否认的是，在两次反信长包围网中，本愿寺势力充当了轴心作用。在显如的穿针引线下，各地的反织田家势力联合起来，本愿寺则煽动农民暴动以支持他们。由此看来，如果不是织田信长接连在宗教、经济、军事行动等多方面进行制约，本愿寺势力绝不会这么快消亡。

在丰臣秀吉统一天下后的天正十九年（1591），丰臣秀吉为本愿寺重新规划选址，但在显如去世后，两个儿子教如、准如因理念不合而分裂，分别成立东、西本愿寺，传承至今。

（5）武田末日：围剿武田家

随着石山本愿寺倒塌，第二次"反信长包围网"的绝大多数成员都再无实力与织田信长相争，唯一残存的目标就是武田胜赖。

德川家康在三方原之战后的自画像,这让他急切地想要与武田家决战,洗刷耻辱

天正八年(1580)三月开始,德川家与北条家结盟,北条家趁着武田家危难之际夺取一部分领地,而德川家康派遣军队重重包围六年前武田胜赖攻占的高天神城,武田家的形势岌岌可危。

大势掌握在德川家手中,高天神城守将虽然一度求援于武田胜赖,但很快又写密信告诉这位主君:目前形势危急,与其冒险前来,不如放弃高天神城。审慎思考后,武田胜赖最终决定不派遣援军。

天正九年(1581)一月,高天神城守将无法支撑,向德川家康递交投降申请。但在一月二十五日,闻知消息的织田信长立刻要求德川家康不要接受投降。织田信长此举旨在做出一番武田胜赖对高天神城见死不救的假象,进而离间武田家君臣关系,进一步瓦解武田军战斗力,德川家康最终没有接受高天神城的投降,最终在三月底夺取城池。这一举动非常成功,不知内情的武田家家臣尤其是武田胜赖上台以后归附于武田家的东美浓国人对这个举动大失所望，家中离心力再度增强。日后织田军正是从东美浓突入武田家的西信浓领地，从而开启对武田家的歼灭战。

第二次高天神城之战过后，武田胜赖畏惧织田家的流言也传开了。可怜武田胜赖一生勇猛，却败在了织田信长出色的政治手腕下。高天神城这个曾让他无比扬名的地方，现在却成了惨败的开始。为防敌人一举突入甲斐国踯躅崎馆，武田胜赖在七月离开这座长期以来的武田家主城，在北部新建新府城，并于十二月正式入住，但武田家的寿命，却只剩下短短三个月。

天正十年（1582）二月一日，守卫武田、织田两家接壤地区的木曾义昌投靠织田信长，并愿意充当引路人。二月三日，织田信长确定攻击武田家领地的大战略，其中德川家康进攻骏河国，北条氏政进攻关东的武田家领地，织田信长、信忠父子直接进入信浓国。闻知武田家遭到进攻，同盟上杉景胜虽然也正处于多面夹击中，但依然派遣上条政繁率领两千五百人军队前往协助武田家。武田胜赖明白这些兵力仅仅是杯水车薪，于是写信给上杉景胜，在感谢的同时要求上杉军回归领地。

织田军全军出发后，由于失去对武田胜赖的信任，武田家家臣如同雪崩一样投降。二月十四日，松尾城城主小笠原信岭投降，二月二十日，田中城城主依田信蕃投降，三月一日，江尻城城主、武田胜赖的妹夫穴山梅雪投降。唯一没有投降的，竟然只有武田胜赖的弟弟、高远城城主仁科盛信，但他很快被织田信忠的五万大军包围，自杀身亡。

这些消息传到武田胜赖耳中，他大失所望。三月五日，武田军残余军队北上，向着家臣小山田信茂的岩殿山城进发。但在途中，织田军追兵赶到，小山田信茂也顺势投靠了织田军，武田胜赖陷入多面夹击的境地。三月十一日，武田军残兵败将来到了他们的最终归宿之地——天目山（山梨县甲州市）。在此，37岁的

已经成为织田家家督的织田信忠

武田胜赖与16岁的武田信胜双双自尽,延续450多年的名门武田家灭亡。此后,武田家的遗臣大多投靠了德川家康,为德川军的军事改革立下了很大功劳。由于德川家康非常崇拜武田信玄,因此让自己的第五子继承了武田家业,改名武田信吉,成为了初代水户藩主。而武田家遗臣也大多随武田信吉而去,成为水户藩士。

灭掉名门武田家对于织田信长,无异于实现多年夙愿。三月五日,他从安土城出发,并穿过美浓、信浓两国的山脉来到南信浓。三月十四日,他对武田胜赖的首级进行检验,此后颇为悠闲地在此进行了长达一个月的观光,直到四月二十一日才返回到安土城。而这也是战国大名织田信长的最后一段悠闲时光。

(6) 敌在本能:织田信长遇刺身亡与明智光秀的反叛原因

历来关于明智光秀的反叛行为,都会以一个相似的故事开头,

《绘本太阁记》绘制的明智光秀遭殴打

那就是：天正十年（1582）五月十五日，织田信长邀请盟友德川家康、原武田家家臣穴山梅雪来到安土城与近畿四处游览，由丹波龟山城与近江坂本城城主明智光秀担任接待工作，不过由于席间提供的鱼已腥臭不堪，织田信长大为恼怒，甚至抬手殴打明智光秀。明智光秀比起织田信长大了足足六岁，又是一名50多岁的老家臣，这种不顾感情的做法自然遭到忌恨，于是成为明智光秀袭杀主君的导火索。

五月二十六日，为了支持正在与西国毛利家作战的羽柴秀吉，织田信长命令明智光秀率军参加中国军团。与此同时，织田信长剥夺明智光秀的丹波龟山、近江坂本两座城池，将其转封至出云、石见两国。但当时的出云、石见两国仍属于毛利家，所以这个命令实际是要求剥夺明智光秀所有领地。织田信长本意是让明智光秀专心开疆拓土，不要为领地内部的烦心事牵绊，但这种说法自然不可能让奋斗一生的明智光秀满意。于是多重原因综合下，明智光秀最终决定反叛。

五月二十八日，明智光秀与里村绍巴等文人在一起聚会并创作和歌《爱宕百韵》，其中的"時は今、雨が下しる、五月哉"（时乃今日，雨淅沥而下，已是五月了！）一句即明智光秀所作，描绘日本五月雨水频繁的样子。但在日语中，"时"与"土岐"同音，"雨"与"天"近音，所以这句话也可以解释为"土岐家如今将要从天而降，就在五月！"明智光秀正是土岐家分支，故很多人将此和歌作为明智光秀意图造反的最佳证据。

就当时而言，柴田胜家、羽柴秀吉等织田家主要战将均率军在外征战，近畿一带只剩下明智光秀的军队，使得这次刺杀具备可行性。为防羽柴秀吉、柴田胜家两位最主要的战将回援，明智光秀特地向同二人交战的小早川隆景、上杉景胜二人派遣使者，希望他们能够帮助自己拖缓两人的脚步，而这两封信件也成为羽柴秀吉得知刺杀消息的源头。

明智光秀也是 2020 年大河剧《麒麟来了》主角

五月二十九日，织田信长来到京都，这里距离明智光秀所在的丹波龟山城有82公里之遥。很多人认为织田信长此番来京都，是要在此进行休整，接着向西支援羽柴秀吉。但事实上，织田信长并没有率领大军，只是带了一百多个随从前来。既然如此为什么还要来京都呢？

早在天正六年（1578）四月，织田信长便辞去右大臣与右近卫大将的官职，且没有就任其他官职。因此天正十年（1582）四月二十五日，朝廷派遣使者出发，要求织田信长在太政大臣、关白、征夷大将军三个官职中选择一个，并表示"无论任何官职皆可选择"，五月四日，织田信长在回信中表示会亲自觐见天皇并汇报此事。为履行承诺，他来到京都，居住在惯常留宿的本能寺，长子织田信忠则居住在妙觉寺，两人准备休整后觐见天皇。

六月一日织田信长进行了茶会，召集大量公卿聚集，展示包括茶具、绘画在内的38件宝物。明智光秀则在晚上从丹波龟山城出发，率领一万三千人军队准备夜袭织田信长。

行至半途，部将发现行军路线并不是通往西国，而是通往京都，便向明智光秀询问。在大部分大河剧中，这时候的明智光秀都回答"敌在本能寺"，但在历史记载中，明智光秀的原话其实是"出发去西国之前，要将军备展示给织田信长"。为防属下去本能寺通风报信，明智光秀直到进入京都地界后才告知众将要进攻织田信长。

六月二日凌晨，明智光秀命令军队对本能寺发动总攻，只有一百名随从的织田信长自然寡不敌众，他独自走入内室自尽，享年49岁。长子织田信忠不久后也遭到围攻、切腹自尽，享年26岁。

明智光秀之所以刺杀织田信长，主要是因为年过五旬的他有着很强的危机感。

在本能寺之变发生前，明智光秀曾是织田信长的近畿军团司令官，主攻山地众多却散布大量国人势力的丹波国。从天正三年（1575）十月开始，明智光秀就对丹波国发动攻击，直到天正六年（1578）八月，明智光秀用五年时间才将这个动乱一个世纪之久的山地丹波国予以平定。但麻烦在于，虽然丹波国平定，但毕竟是一个小地方，明智光秀的功绩难以与开疆拓土的柴田胜家、羽柴秀吉等军团相比，使得明智光秀产生很强的危机感。

天正八年（1580）八月十二日，织田信长以碌碌无为等19条罪名流放世代跟随自己的重臣佐久间信盛，接着十七日，他又将25年前曾经支持弟弟织田信行的林秀贞等老臣流放。这两件事虽然各有罪名，但究其实质，织田信长是要引入一种所谓"预治思想"，亦即一名属下是否应该获得封地，应取决于其本身的能力与功绩，而不是家族苗字，佐久间、林两家虽然都是世代跟随自己的重臣，但在织田信长开疆拓土的过程中并没有什么建树，与其让他们占着土地，不如让给更多有能力的家臣。如此一来，所有织田家家

织田信长

臣都不得不提心吊胆。所以在明智光秀看来，当织田信长剥夺其领地的时候，无异于对其发布了最后通牒，也成为他决心反叛的动因。

当然，从织田信长的角度来看，这样做无非是为了提高家臣的工作效率。事实上除了流放老臣之外，他还采取了很多方法，比如在安土城下建立大量房屋，要求家臣离开土地、专心供职于安土城。这种模式使得家臣与土地之间的关联度降低，一方面有助于集权化统治，另一方面也有助于行政机构效率的提高，这种模式被史学家藤田达生称为"安土幕府"，也是日后江户幕府体制的滥觞。

而且，据现代学者复原的安土城模型来看，织田信长不仅为家臣建立房屋，还为天皇建立到访居所。只是，这座居所处于安土城所在山脉的半山位置，与安土城天主台即织田信长本人的居所差了很大一截，因此部分史学家认为，织田信长想要取天皇而代之。

本能寺之变

不只史学家这么认为，当时的天皇、公卿以及明智光秀等织田家家臣也有类似看法。天正九年（1581）二月二十八日，织田信长在京都举行大规模的阅兵式，明智光秀本人作为第三队主将参加到行进队伍中。但这场阅兵式的观看者，不只有公卿群体，还有天皇，可谓史无前例。这场阅兵式无异于向天皇、公卿展示自身的军事实力，就算日后织田信长不会取代天皇，天皇也会受到织田信长的压制，无法自由行事。

也正因为织田信长的存在威胁到诸多方面的利益，所以本能寺之变才会有许多"幕后黑手"说，如京都皇族公卿、本愿寺残部、将军足利义昭等人都成为"黑手"的源头，本作因篇幅原因不再展开。有兴趣的读者可以阅读相关书籍。

本能一统天下的织田信长却在刚刚攻灭武田家后就身死人手，似乎让人感到战国乱世要进入到下一个死循环中，但很快，织田信长的部将羽柴秀吉就站了出来，他也成为日本最终得以统一的关键人物。

（7）越后1578：御馆之乱与解决

上杉谦信的去世过于突然，还没有指定继承人便驾鹤西去。因此两位养子——上杉景虎、景胜展开争斗。

上杉景虎原名北条三郎，永禄十二年（1569）过继给上杉谦信做养子；上杉景胜出身于上田长尾家，同时也是上杉谦信的外甥。虽然从中国人角度看，上杉景胜这位拥有长尾家血统之人肯定比那个北条氏出身的上杉景虎要有竞争力；但由于上田长尾家与上杉家内部其他国人都矛盾重重，反而逼得上杉谦信的母系古志长尾家几乎无条件支持那位来自北条家的外人。

9. | 突破包围　256

春日山城遗址

　　上杉谦信刚刚去世没过几天，上杉景胜便早早进入主城春日山城的本城（本丸），接管上杉家的金库和武器库，并在天正六年（1578）三月二十四日发布通告，宣布自己是上杉谦信的合法继承人，与居住在最外城（三之丸）上杉景虎出现对立。由于春日山城的本城高于外城三十米左右，金库中又有上杉谦信耗尽一生时间储存的黄金，因此上杉景胜在军事上占据先机。

　　上杉景虎派的主要支持者为上杉谦信的母系古志长尾家以及外部大名，如古志长尾家督上杉景信、血亲北条氏政等人，如果上杉景虎派夺得上杉家督职位，难保越后国不会成为其他大名纷争的领地。因此，上杉谦信在世时期的主要家臣与北越后的扬北众、原信浓国人大多数投靠上杉景胜，双方一时间可谓势均力敌。

　　五月五日，上杉景胜率军进攻外城，力有不逮的景虎军在五月十三日撤退到前任关东管领上杉宪政居住的御馆，并立刻向兄长北

御馆之乱前上杉景胜居住地

条氏政求援。景虎方的上野国厩桥城城主北条高广着手进攻越后国、上野国交界处的三国岭,为北条家援军进入越后国铺平道路。但当时北条军主力正在与常陆国交战,没有多余的兵力帮助上杉景虎。于是,北条氏政修书送往同盟武田胜赖处,要求他代替自己出兵。五月二十九日,武田胜赖率军两万进入越后、信浓国边界。

面对逼近的各路敌军,上杉景胜展开政治攻势,对武田胜赖提出和议。六月二十九日,武田军来到春日山城下,上杉景胜赠予对方大量黄金,就此双方达成和议。这些黄金对急需战后重建的武田家而言,起到了至关重要的作用。

不过,武田胜赖还担负着北条氏政交付的任务,因此并没有离开越后国,而是说服景虎、景胜两派暂时罢兵。八月中旬,武田胜赖决定与上杉景胜结盟,作为结盟条件,上杉景胜迎娶了武田胜赖的妹妹菊姬,并割让上野国的上杉领地给武田家。

八月二十二日，德川家康趁武田军主力北上，向武田家的骏河国领地发动进攻，八月二十八日，武田胜赖率领主力回返。在武田胜赖看来，北条家是自己的同盟，上杉景虎是北条家的同盟，只要自己与上杉景胜结盟，那么景虎、景胜两派之间也会很快达成协议。但武田军主力一离开越后，双方又开始交战。九月，北条军进入越后国，围困了景胜方的坂户城。不过，由于严冬将至，北条军只好将主力撤退回关东，双方在天正六年（1578）冬天也一直维持着僵持的局面。

进入天正七年（1579），局势对景胜方逐渐有利。二月开始，上杉景胜对景虎方的各座城池展开了总攻击，上杉景虎再次请求北条军援助，但此时积雪未化，北条军根本无法进入越后。三月十七日，弹尽粮绝的上杉景虎派遣长子道满丸作为人质前往春日山城议和，同时上杉宪政也作为中间人一同前往，但行至半途，议和使团却被景胜军围歼。于是上杉景虎只好从御馆逃脱，三月二十四日被迫切腹自尽。上杉景虎虽然去世，但反抗势力直到天正八年（1580）才予以消除。这时，织田信长早已破除了第二次"反信长包围网"，准备出兵扫除武田家。

在上杉谦信去世的时点，上杉家的实力还十分强大，如果继任者能够妥善经营，与织田信长争霸并非不可能。但由于御馆之乱的发生，柴田胜家接连夺取了加贺、能登两国（石川县），同时将触角深入越中国，上杉谦信晚年的成果化为乌有。上杉家逐渐蜕变成为只能固守一隅的地方势力，沦为历史主流力量的附庸。

武田家也受到很大冲击，虽然武田胜赖得到大量黄金。但由于上杉景虎去世，作为血缘上兄长的北条氏政又一次愤怒地撕毁武田与北条之间的同盟，转而在天正七年（1579）与德川家康结盟，双方出动水军限制了武田家对于骏河湾的控制，弱化武田家的经济基础。从长远角度来看，这也是武田家灭亡的重要原因之一。

（8）日向 1578：耳川之战与战国大名岛津家的蜂起

在九州战国史中，大部分战役都是在北九州完成，而九州南部三国，以及萨摩、大隅、日向三国基本不受关注，直到战国末期岛津家崛起后，"南三国"才重新映入眼帘，而岛津家的迅速崛起也让北九州的大友家受到严重侵袭。

岛津家虽然是在南九州延续数十代的大名，但到了战国时代，他们的境况与其他传统家族非常类似，家族内部纠纷让他们原本的统治结构持续崩溃。而战国末期大放异彩的岛津家，与战国中期大放异彩的织田家一样，都是原本庞大家族的弱小部分。经过父亲岛津贵久如同织田信秀一样的领地稳固作战后，儿子岛津义久已经可以如同织田信长一样展翅飞翔。岛津义久以萨摩、大隅两国作为基盘，开始向着东北部的日向国扩张，而这里等待他们的便是伊东家。

岛津义久在元龟二年（1571）甫一继任，就遇到日向伊东家一次袭击，所幸损失不大；再到元龟三年（1572）五月，伊东家再度出动三千人进攻岛津家，岛津义久二弟岛津义弘只用三百人设伏就将对手打败。岛津义久四兄弟（义久、义弘、岁久、家久）均极富军事才能，兄弟之间的亲密感情也让岛津军的战斗力陡然增强。挟大败伊东家余威，岛津义久相继降服萨摩、大隅两国内与日向伊东家私通的国人，强迫所有国人交上人质，不服者立时予以斩杀。

经过热血与残酷的缔造，岛津家势不可当。天正四年（1576）八月开始，岛津军正式进军南日向，摧毁伊东家在日向国广泛兴建的48座城寨，其间几乎没有受到任何有效抵抗；再到天正五年（1577）十二月，岛津家占领中日向，逼迫伊东家抛弃日向国而出逃至北边的丰后国,这就与丰后守护大友宗麟接上头。

大友宗麟对于这个南九州新近崛起的岛津家并没有太多认识,心态上也比较轻敌。天正六年(1578)一月二日,本来从属于大友家的日向国人土持家突然宣布退出大友家,而与岛津家结盟,这一方面让大友宗麟不太理解,另一方面也让他有些恼怒。于是为了平定这个弱小国人的叛乱,大友宗麟在三月中旬发兵三万南下进攻日向国。对于这个决定,重臣户次道雪由于意识到岛津家的潜力而多次反对,但大友宗麟却一直轻敌而丝毫没有理会,这也为大友家此次惨败埋下隐患。

一开始的战况也非常符合大友宗麟的预期。四月十日,大友军几乎是兵不血刃攻克反叛自己的日向国人土持家。按照预期,大友宗麟在这时就应该退兵回去,毕竟出兵的既定目标已经完成,继续拖下去很有可能会生出变数。但大友宗麟有些恋战,继续在八月接受日向国人的邀请进一步南下。南下之举一开始也让大友

大友宗麟

宗麟获得丰厚报酬，由于萨摩国内部出现动乱，岛津义久这段时间率军退回萨摩平乱，于是大友军在两个月时间里一路推进到中日向，这就让大友宗麟更加大喜过望，最终大友军渡过中日向的重要合流耳川，朝着南日向进军而去。

这段时间里，岛津义久除去平定萨摩国内乱，还继续向西国毛利家乃至当时退隐到濑户内海沿岸的将军足利义昭发去文书，希望能够获得政治认可。到九月中旬，岛津义久获得将军足利义昭的亲笔书信，要求他们阻止大友家继续蚕食毛利家的领地，这就等于是与毛利家结盟并获得大义名分。得到这个消息后，岛津义久迅速平定国内动乱，纠集三万军队重返南日向，十一月十二日，岛津军在耳川南岸迎接大友军的进攻。

虽然进攻是由大友军发起，但战局很快偏向于岛津军一侧，短短一个上午时间，大友军溃不成军，迅速向后方退却。同一时期耳川水位暴涨，又缺乏浮桥，大友军众多士兵淹死，整场战役

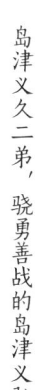

岛津义久二弟，骁勇善战的岛津义弘

损失三千人之众，大友军丧失大量得力武将。这既是丰后大友家由盛转衰的重要节点，也是萨摩岛津家吹响崛起号角的重要时刻。

在日向国击败丰后大友家后，岛津义久转移重心，将战略目标瞄准九州西北部的龙造寺家。经过数年作战，天正十二年（1584）三月底，岛津义久在肥前国击败龙造寺家，甚至主将龙造寺隆信也身死人手。吞并龙造寺家后，岛津家再度回兵进攻丰后大友家，当然这一时期，他们就要面对来自关白丰臣秀吉的压力。

10. 袭取织田

羽柴秀吉走向『天下人』之路（1576—1584）

随着本能寺之变爆发,织田信长这位战国风云儿也走完一生道路,他的衣钵也被家臣羽柴秀吉接过。虽然由于许多大河剧的塑造,羽柴秀吉青年时代会被塑造为一个搞笑角色,这也让很多人认为他的思虑之深不如旧日主君,但从历史角度看,羽柴秀吉是一个更加具有开创性与革命性的人物。

正是由于出身中基层武士阶层,羽柴秀吉在中青年时代广泛在地方与各路武士、商贾、百姓、农民接触,了解与认识到人流与物流资材的重要性。或许羽柴秀吉的文化水平不高,但他对于时局的了解与认识异常深入,凭借青年时期就任西国军团长的经历,他更是与濑户内海广泛编织在一起,这也让他在织田信长死后脱颖而出,成为统一整个日本的"天下人"。

(1) 初入西国:西国军团长羽柴秀吉的初始努力

羽柴秀吉的努力开始于天正五年(1577)十月,他率领军队越过石山本愿寺继续向西进发,继而进入近畿地区的西大门播磨国。而羽柴秀吉平定天下的第一站,便是在同盟黑田官兵卫的姬路城,如今日本的世界文化遗产姬路城便是以当时的城池为始源。

既然进驻西国,那么羽柴秀吉便需要与霸主毛利家交锋。他以姬路城为主城,以电光火石般的速度大致平定了西播磨,逼迫各地播磨国人交出人质。接着十二月三日,羽柴秀吉攻克毛利家领地最东端的播磨国上月城,并交给意图复兴尼子家业的山中鹿之介。此举引发毛利家的反扑,天正六年(1578)三月,毛利军围攻上月城,与此同时,毛利辉元策反三木城主别所长治,由于三木城正处于东播磨的织田家后勤补给线上,这给羽柴秀吉出兵造成巨大麻烦。

姬路城

对前后两方面的敌人，羽柴秀吉只好分兵作战，一方面以围城断粮的方法攻击三木城，另一方面直接在六月二十一日来到上月城附近，向毛利军发起攻击，但以失败告终。七月五日，上月城被毛利军攻克，山中鹿之介被俘随后被杀，尼子家再兴的努力彻底化为泡影。

上月城虽然失守，但也使得羽柴秀吉不需要继续分兵，专心进攻三木城。十二月一日，织田军缩短后期补给线，不再从近畿直接送粮，而是要求正在平定丹波国的明智光秀向羽柴军输送军粮、火枪、弹药等物资。天正七年（1579）二月，羽柴秀吉借势攻克三木城附近的全部支城，就此将三木城彻底孤立。但三木城依然凭借着其长期的粮食储备坚守不出，于是羽柴秀吉从政治方面入手。九月，备前国大名宇喜多直家离开毛利家阵营，加入了织田阵营，这不仅确保日后羽柴秀吉继续向西进攻备中国的道路，也使得毛利军对三木城的增援成为不可能。天正八年（1580）一月十七日，经过近两年的坚持，别所长治自尽，三木城开城投降。

虽然攻克上月城是可喜可贺，但这一时期的羽柴秀吉却与主君织田信长产生明显的思维差异。由于西国毛利家过于强大，织田家并不想把全部精力投入与这位濑户内海之巨人的作战中，相反这一时期织田信长通过所有渠道向毛利家表达善意，希望双方能够议和。天正八年（1580），织田信长甚至向毛利家提出"操之趣三通"，即议和的三项条件：第一是毛利家不再以织田家为敌，全心进攻刚刚反叛的宇喜多直家；第二是让"毛利两川"之吉川元春与织田信长联姻；第三是织田信长承认被毛利家保护的十五代将军足利义昭为"西国公方"。很明显，一旦这种政治操作成功，那么织田家与毛利家将会携手合作，而受害最大的必然是意图扩充自身发言权的羽柴秀吉，以及遭到毛利家忌恨的宇喜多直家，也正因如此，羽柴秀吉与宇喜多直家被迫联合起来，日后的丰臣政权中的五名大老中能有当时极其弱小的宇喜多直家一席之地，也正是来源于此。

由于主君织田信长想与毛利家和睦，所以羽柴秀吉也暂时转变攻击方向，从濑户内海一侧的山阳道转向靠近日本海一侧的山阴道。之所以如此转换，是因为毛利家内部有着截然不同的分工，毛利辉元的三叔小早川隆景是山阳道与濑户内海水军的总负责人，他对待织田家的态度相对平和，而二叔吉川元春负责山阴道，他主张坚决与织田家对抗到底。所以这一时期进攻山阴道可以算是一个折中选择，既可以扩大羽柴秀吉的自身势力，又可以在一旦织田信长发难的时候宣称自己是歼灭反抗人士。天正九年（1581）六月二十五日，羽柴秀吉率领两万人围困毛利家的因幡国鸟取城。

对待鸟取城，羽柴秀吉依然采取围城断粮的策略，但他这一次做了非常周密的布置。首先以高于市价数倍的价格将因幡国的粮食全部集中，同时对支援毛利军的农民施以重刑，彻底封死鸟取城的粮道。经过四个月的围困，城中完全断粮，很多人骨瘦如柴，爬出城池寻找食物。但羽柴秀吉并无怜悯之情，而是派遣火枪队将出城者全部狙杀。看到城中百姓如此惨状，十月二十五日，守将吉川经家切腹自尽，开城投降。

三木城、上月城、鸟取城，三场战役成为羽柴秀吉在西国立足的基础，但作为一个睥睨天下的战国武将，他的目光没有仅限于一个毛利家，他更重视的在于连接西国与近畿的整个濑户内海。

（2）濑户内海：羽柴秀吉的海上谋略与水淹备中高松城

织田信长最初的计划是与濑户内海另一侧，即四国岛土佐国大名长宗我部元亲结盟。长宗我部元亲是永禄、天正年间突然崛起的土佐国大名，他们在颠覆土佐国司一条家的统治以后，迅速迎娶明智光秀的家臣斋藤利三妹妹为妻，这等于是与织田家表示友好。由于这一时期织田家刚刚消灭近畿附近的三好家残部，要进一步压迫石山本愿寺的补给线，而长宗我部元亲也正在攻击位于四国岛东部的阿波国三好家势力，这就让双方找到共同的敌人。如若能把三好家驱逐出去，那么位于濑户内海

黑田官兵卫

东端的阿波国就等于落入织田家势力范围内，不仅有利于羽柴秀吉捋顺补给线，也能够进一步封锁石山本愿寺。天正三年（1575），织田信长同意长宗我部元亲进攻阿波国，甚至允许"四国之土任由攻取"。

不过天正八年（1580）石山本愿寺的陷落却几乎改变所有情况，这个缠绕织田信长后半生的城池得手以后，织田家事实上就替代本愿寺势力，成为濑户内海东端以及现在大阪湾一带的主要势力，那么长宗我部元亲进攻阿波国的举动就不再是一种帮助，

反而是威胁。因此，织田信长立刻招降阿波国的三好家残党，要求三好家继续统治东阿波，而长宗我部元亲耗费巨大心力攻克的诸多四国岛北部伊予国、赞岐国领土（亦即濑户内海周边的土地）都要交给织田信长。起码在长宗我部元亲看来，织田信长这种行为无异于出尔反尔，立刻宣布与织田家断交，而随后又与毛利家结为同盟。

由于长宗我部家与毛利家合兵一处，双方等于是封锁了西濑户内海的所有海域，这就让羽柴秀吉有机会找到空隙插入。天正九年（1581）九月，正在攻击鸟取城的羽柴秀吉派遣已经在事实上成为家臣的黑田官兵卫前往濑户内海支援阿波三好家，羽柴秀吉甚至将自己妹妹的孩子过继给三好家，这也是日后的丰臣秀次在历史上第一次露面。黑田官兵卫出身于靠海的姬路城，对于濑户内海的海运情况有着深刻的理解，他不负众望，立刻以阿波国、本州岛近畿之间的淡路岛为据点，牢牢抓住濑户内海的东端，收服大量东阿波国人为己所用，到当年年底，长宗我部元亲被迫收缩战线，从四国岛北部的赞岐国撤退。

正因为有着淡路岛与东阿波在手，织田信长才敢在天正十年（1582）五月下令征讨四国岛，而由于明智光秀长期担任织田家与长宗我部家的调停人，他也受到很大刺激，这也成为本能寺之变发生的一大原因。而也正因为织田信长意图攻击四国岛，羽柴秀吉才在进攻备中高松城过程中采用众所周知的"水淹法"：从五月八日开始的短短十一日内，羽柴秀吉率领自己麾下的两万五千人军队修筑一条长 2.8 公里、高 7 米的环城大堤，并将附近足守川的水引入高松城周围。五月十九日，大堤完工，由于梅雨季节来临，河水水位猛涨，而羽柴秀吉突然下令将堤坝挖开，高松城很快被大水所包围。

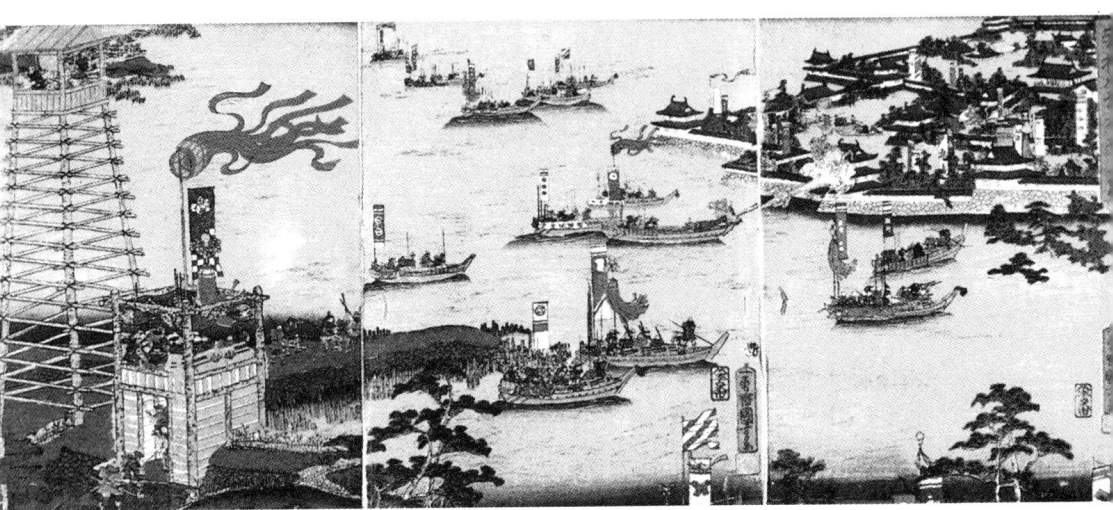

备中高松城水淹画作

其实从攻城本身而言，"水淹法"并不一定是夺取备中高松城的最好方案，但是能够吸引毛利家来到前线对峙的最佳方案。就在水淹过程中，毛利家主君毛利辉元与两位叔父吉川元春、小早川隆景三人尽数抵达备中高松城前线，如此众多的将领集中在对抗羽柴秀吉的前线，那毛利家就不可能支援四国岛的长宗我部家，织田信长即将打响的四国攻击战自然也就不会受到毛利家援军的骚扰。

而且更有趣的是，羽柴秀吉在这一时期大规模招降毛利家属下国人，尤其是村上水军的重要领导人，能岛村上家的村上元吉甚至在这一年四月向羽柴秀吉上书臣服。虽然这封臣服的书信显得不明不白，而且后来村上元吉也重新追随毛利家，但起码可以看到，村上水军在广义的毛利、织田之战中并不是一个单纯的毛利家所属国人，而是以一种相对独立的海上国人身份周旋于两大势力之间。这就让负责毛利家水军的小早川隆景颇为警惕，这种警惕让小早川隆景在本能寺之变后，选择坚定地站在羽柴秀吉一边。

（3）中国回转：本能寺之变结束后羽柴秀吉的动向及山崎之战

本能寺之变后第二天，天正十年（1582）六月三日，明智光秀派往毛利军的使者带着织田信长已死的消息前来报信，然而误入羽柴秀吉军营，这就让羽柴秀吉得知了这件事情。当然，这种误入的戏码显得不太可信，另据《黑田家谱》记载，通知羽柴秀吉的人并非是误入兵营的毛利使者，而是织田家家臣长谷川宗仁的信使。如果这个说法是真的，考虑到从近畿到前线需要至少两天时间，可以说这是织田家内部成员在知晓明智光秀拥有反意后的一次通风报信。

得到这个消息的羽柴秀吉不知所措，甚至有记载他当场就要切腹跟随主君而去，但在场的军师黑田官兵卫非常冷静，告诉他现在正是夺取天下的最好时机，应该迅速调转方向，以最快速度回到近畿地区，将明智光秀斩落马下。

羽柴秀吉顿时清醒过来，一面宣称织田信长、信忠父子已经从本能寺逃出生天，一面与毛利军展开会谈。这天晚上，毛利家使者安国寺惠琼来到羽柴秀吉军营，羽柴秀吉开出两个条件：一是城池守将清水宗治必须切腹自尽；二是备中、美作、伯耆三国的统治权要移交织田家。毛利军眼见城池将要陷落，只好答应羽柴秀吉的要求。六月四日中午，清水宗治切腹自尽，下午3点，双方交换了誓书，和约达成。

很多人都认为议和后的羽柴秀吉立刻开始了"中国大回转"（此处"中国"为"日本国中部"之意，意指濑户内海沿岸），但事实上,他在六月四日和五日上午均没有移动,因为毛利军并没有撤退,如果羽柴军撤退时他们前来追击,那么后果不可想象。

事实上,毛利军在和约达成后不到一个小时就接到织田信长的死讯,在场的毛利辉元二叔吉川元春颇为气恼,想要撕毁和约,立刻进攻羽柴军。但三叔小早川隆景予以制止,他的反对意见表面上是"刚刚议和就反悔是不符合武士道",但事实上小早川隆景对时局有着更加通盘的考虑。毕竟当时是村上水军一直摇摆于毛利家与织田家的关口,如果小早川隆景一定要进攻羽柴秀吉,那么村上水军内部甚至是毛利家内部都有可能会出现分裂,加之毛利辉元并不是一位如同祖父一样有着赫赫战功的武将,个人魅力与凝聚力都不足,那么这个时候的最好方法就稳定下来,先去收拾毛利家内部残局,再图进取。

六月五日中午,毛利军缓缓撤去,羽柴秀吉立刻在下午宣布

小早川隆景

全军撤退，但羽柴军在这一天并没有离开高松城太远。六日下午，全军再次出发，来到了东部十二公里左右的沼城。从前两天的行军速度可以发现，羽柴军的撤退与各路大河剧中所演的完全不同，羽柴秀吉在撤退途中一直观望毛利军的态度，可以说是一位十分严谨的战将。

六月七日是羽柴军真正的第一个搏命之日。清晨，羽柴军从沼城出发，连夜赶了五十五公里回到姬路城。在姬路城，羽柴秀吉下令全军休息一天，同时把城中储藏的所有粮食与金银分给士兵，拿到赏赐的将士欢欣鼓舞、士气高涨。九日早晨，羽柴军留下五千人左右守卫姬路城，看护好濑户内海的这个重要据点，随后率领其余两万人再次向东行军，在十一日抵达八十公里之遥的尼崎城，完成了第二个搏命之日。两次搏命后，羽柴军终于全体抵达近畿附近，准备与明智光秀决战。

这一时期，尼崎城东南部的大坂地区正有织田信长第三子织田信孝、重臣丹羽长秀驻扎。按照原本的计划，两人本来是要率领军队前往阿波国征讨长宗我部元亲，所以在父亲织田信长去世后，织田信孝的军队事实上是距离明智光秀最近的一波人马，但由于缺乏统兵经验，织田信孝并没有迅速回兵进取，反而是在大坂地区白白耽误数日时间。直到六月十一日羽柴秀吉来到尼崎城，近畿地区的织田家家臣才如梦初醒，第二天，近畿附近的织田家臣聚集一处，商议如何进攻明智光秀。

在会议上，织田信孝被奉为主帅，但由于羽柴军两万人是势力最庞大的，故而羽柴秀吉实际上成为战役指挥官。在会议上，羽柴秀吉要求近畿的高山右近、中川清秀两位织田家部将先行到京都西侧的山崎、天王山两地布阵，做出即将进京的样子，吸引明智军前来。明智光秀果然率一万余军队来到天王山东北部，两军先锋在晚间开始交火。

10.｜袭取织田　　274

山崎之战

六月十三日下午四点，羽柴军主力抵达前线，并与明智光秀的军队开始交战，不过战役没进行多久，明智军就彻底被击败，军队四散奔逃，明智光秀本人则在逃亡途中被京都小栗栖村的农民用竹枪刺死。这位不被神爱的男人，在织田信长去世后的十一天也走完了一生的征途。接下来的两天，羽柴秀吉分别攻克明智光秀的两座主要城池丹波龟山城与近江坂本城，明智一族全部灭亡。只是六月十五日，织田信长第二子织田信雄不知道前方消息，以为明智军即将进攻安土城，于是将这座举世闻名的城池烧毁，这也是战国时代的一大悲剧。

从中国大回转以及山崎会战的表现中，羽柴军强大的行动力体现得淋漓尽致。其实从备中高松城到尼崎城只需要走147公里，按照人类平均步行速度来算，七天时间绰绰有余。但两万人的军队一起行军，却需要考虑更多的事情，如后勤补给、掉队人数以及是否有敌军等等情况。能够排除万难，在交通不便的古代进行如此急行军，确实很难做到。

（4）清须会议：围绕织田家后继问题的政治斗争

天正十年（1582）六月二十七日，柴田胜家、丹羽长秀、羽柴秀吉、池田恒兴四位织田家重臣齐聚尾张国清洲城，商议织田家继承人以及领地分配等问题。由于织田信孝是讨伐明智光秀军队的大将，因此民间传言他会继承织田家督的职位，但羽柴秀吉不希望如此。

虽然羽柴秀吉由于讨伐明智光秀占据先机，但在织田家中，柴田胜家的地位仍然远高于他。如果织田信孝按部就班继承了家督之位，羽柴秀吉的地位不会有任何提高。他事先找到了织田信忠的嫡长子、年仅三岁的织田三法师，用各种玩具哄他开心，进而以父死子继的名义推举他为织田家督。

由于织田信忠已经继承织田家督的位置，而父死子继又先于兄终弟及，羽柴秀吉占据上风。同时，丹羽长秀、池田恒兴两人与羽柴秀吉关系甚笃，因此他的建议在一开始就占据了上风。对这个决定，织田信孝、柴田胜家表示不满，据《耶稣会日本年报》记载，羽柴秀吉私下自言自语道："无论天下几人称王，鹿死谁手还要靠各自的实力来定夺。"可以看出，此时的羽柴秀吉，早已有了角逐天下的野心。

会议商定：织田信长第二子织田信雄管辖尾张，以清洲城为

清洲会议上，羽柴秀吉抱着织田信长嫡长孙出现

主城；第三子织田信孝得到美浓，以岐阜城为主城；柴田胜家除原有的越前国之外，加封原属于羽柴秀吉的近江国三郡；羽柴秀吉除原有的播磨国等地区之外，加封山城与丹波两国，这等于是把京都、堺港等重要地区纳入掌中。至于织田家在上半年刚刚征服的武田家旧领则交予德川家康等同盟势力，当时征战于关东地区的织田家将领泷川一益也必须立刻回国，换言之织田家等于是整体变相放弃东国领地，这也给了德川家康、北条氏政等人以争夺领土之机。另外会议规定，织田家所有悬而未决的大事都要由重臣商议后决定。

　　清州会议是织田家重臣争夺主导权的一场分赃会。由于羽柴秀吉最终代替织田家统领日本，因而柴田胜家一直是以相对意义上的"忠臣"形象出现。九月三日，丹羽长秀曾收到过柴田胜家的信件，信中对羽柴秀吉的独断表示极大不满，同时认为应该继续维护重臣合议制，这也被当作他忠于织田家的证据。从某种意义上说，柴田胜家或许对织田家抱有强烈忠心，但他本身就是首席家臣，如果重臣合议制得以稳定，他的利益就能得到保障。但对于羽柴秀吉而言，只有打破重臣合议制才能使得自己地位予以提升，更好地保障自己的利益。从本质上看，清州会议上的双方都在为自己利益而争斗，并无忠奸脸谱之分。

十月十五日，趁柴田胜家回到领地之际，羽柴秀吉擅自在京都大德寺为织田信长举行了盛大的葬礼。按照古代礼法规定，葬礼应该由嫡长子担任"丧主"，即葬礼主持人。如果嫡长子不能到场，应该由嫡长孙代替。考虑到织田家的实际情况，安排第二子织田信雄担任比较合适，但羽柴秀吉却安排自己的养子、织田信长的四子羽柴秀胜担任丧主。这种安排暗示众人自己将会成为织田信长的后继人。

对羽柴秀吉擅自安排继承人和葬礼的事宜，柴田胜家非常愤怒，他迅速与织田信孝以及刚刚从关东地区返回伊势国的泷川一益等重臣联合起来，同时迎娶浅井长政的遗孀、织田信长的妹妹市，领养浅井三姐妹，强化自身与织田家之间的联系。如此一来，双方之间的矛盾已经无可避免，十月十八日，羽柴秀吉写信给织田信孝，正式表明自己与柴田胜家决裂，一场大战在所难免。

（5）攻灭柴田：羽柴秀吉与柴田胜家的决战

柴田胜家虽然是当时织田家第一重臣，但他的领地位于北陆西端的越前国，这就意味着他们也时常会遇到冬季大雪封山的问题。麻烦在于，虽然柴田胜家主城在越前国，但他的延伸领地北近江三郡却在琵琶湖东岸，盟友织田信孝、泷川一益更是不在目及范围内。于是羽柴秀吉抓住这个漏洞，在天正十年（1582）

持长弓的日本武士

十二月先后围困北近江三郡的长滨城与织田信孝的岐阜城，柴田胜家在远处看着却无法进军，只能眼睁睁看着两座城池陷入羽柴秀吉之手。

天正十一年（1583）一月，羽柴秀吉在姬路城接受家臣的新年祝贺，而出乎意料的是，毛利家的小早川隆景居然也派人送来新年礼物，这是让羽柴秀吉可以安心东进的好兆头。日后小早川隆景能够独立于毛利家，与侄子毛利辉元共同成为丰臣五大老，也来源于他对时局的敏锐认识与把控能力。随后二月十六日，羽柴秀吉着手进攻泷川一益所在的伊势国。

二月二十八日，忍无可忍的柴田胜家扫除积雪，整军出发。三月十二日，柴田胜家的两位部将前田利家、佐久间盛政的三万军队在长滨城北侧的柳濑布阵。羽柴秀吉则引兵五万北上，先来到长滨城，随后在十七日驻兵于木之本。木之本地处柳濑南部十二公里，双方交战最激烈的贱岳山，则是木之本西部3公里的一座高地。再到二十七日，羽柴秀吉率部分军队回到长滨城驻守，命令弟弟羽柴秀长在两军阵营之间的平原地带修筑了一条长长的防御工事，意图将战役变为持久战。

四月十六日，本已投靠的织田信孝突然在岐阜城举兵呼应柴田胜家，准备对羽柴军实施前后夹击。十七日，羽柴秀吉率领两万军队向东进攻织田信孝的主城岐阜城。

面对这个千载难逢的良机，柴田胜家兴奋不已，四月二十日中午，佐久间盛政的七千先锋队绕过防御工事，迂回攻击了木之本北部四公里的大岩山，羽柴军驻守大岩山的守将中川清秀战死。接着，佐久间盛政又乘胜追击岩崎山的羽柴守军，守将高山右近力战不支，只能撤退回木之本。

闻知后方出现问题，当时已经进军半途、身处美浓国大垣城的羽柴秀吉立刻决定回军决战。大垣城距离木之本营地有五十二公里的崎岖山路，加时至晚间，天色已暗，短时间回兵绝非易事。但羽柴秀吉另有高招，他派遣信使前往沿途的各个村庄，给予村民大量的金钱，要求每户在羽柴军过路时准备一个火把以及一升米饭资助羽柴军。

在沿途村民的支持下，羽柴军从下午四点离开大垣城后，仅仅耗费了五个小时就回到了木之本营地。这次回援再次显示了羽柴军恐怖的行动力，因为每小时十公里的速度几乎是步兵行军的极限。可以想象到，羽柴军所有将士几乎都是以马拉松一样的毅力在飞驰，如果没有足够训练和统一指挥，完成这一壮举谈何容易。

这时的佐久间盛政已经临近贱岳山，但当他看到羽柴军主力回返时，意识到大事不妙，立刻沿着余吴湖徐徐向北撤退。四月二十一日凌晨，两军正式交战。不过此时战役的胜负依然未分，

指挥战斗的羽柴秀吉

如果佐久间盛政与后方接应的前田利家两千人合兵一处，那么已经疲劳不堪的羽柴军不一定能够占到便宜。但出人意料的是，前田利家不但没有接应佐久间盛政，反而突然从战场上撤退，不久后投靠羽柴秀吉。经过一番激战，佐久间盛政全军败退，柴田胜家下达了总撤退的命令。

四月二十二日，战胜的羽柴秀吉来到前田利家的府中城，接受众多柴田胜家臣子的投靠。或许很多人对于前田利家等臣子是否忠诚颇有怀疑，但需要注意，柴田胜家本质上是织田家家臣，而前田利家也是从少年时期就跟随织田信长的家臣，虽然前田利家来到柴田胜家处效力，但本质上前田利家仍然是比柴田胜家地位略低但级别平齐的家臣，那么他对于柴田胜家与羽柴秀吉就都没有效忠的必要。当然在贱岳之战结束后，前田利家还是向羽柴秀吉表示忠心，特地作为先锋进攻柴田胜家。

四月二十三日，北之庄城被彻底包围，城内守军只剩下区区两百人，于是前田利家并没有急于进攻，而是给了对手以告别之机。第二天，柴田胜家在城内举行盛大的告别宴会，豪饮后，柴田胜家将收养的浅井三姐妹送入羽柴军中，接着杀死织田市，随后切腹自尽，享年62岁。

本次战后，羽柴秀吉第一次行使所谓"转封"权。一般而言，只有一家主君才有权调整下属家臣的封地，而羽柴秀吉无疑是借助军事胜利强化政治地位，在他的调整下，柴田胜家的旧领地被封给前田利家、丹羽长秀等人，至于反抗自己的泷川一益则被没收伊势国领地，而转给支持自己的织田信长第二子织田信雄。转封后，羽柴秀吉又在五月二日逼迫支持柴田胜家的织田信孝自尽，逼死主君之子，可以看到羽柴秀吉已经架空织田家，战国大名织田家已经在事实上灭亡，织田家的全部势力已由羽柴秀吉所继承。

不仅如此，羽柴秀吉与毛利家的关系也出现本质变化。贱岳之战结束以后的天正十一年（1583）七月，羽柴秀吉要求毛利家迅速履行一年前的承诺，将备中等三国交予自己，否则立刻开战。看到毛利家不是很想一下子让出这么多领土，羽柴秀吉也做出让步，提出如果毛利家送来两名人质，自己可以把西备中、西伯耆两地归还。于是十月底，毛利家送来"两川"的继承人吉川广家、小早川秀包两人，不过有趣的是，羽柴秀吉仅仅留下小早川秀包一人，反而将吉川广家送回毛利家。如此一张一弛，羽柴秀吉俨然成为毛利家主君，这也为他未来分拆毛利家打下基础。

（6）小牧战役：羽柴秀吉与德川家康之战

在羽柴秀吉与柴田胜家交战之际，德川家康并没有任何干涉，而是尽全力在新领地中巩固统治。

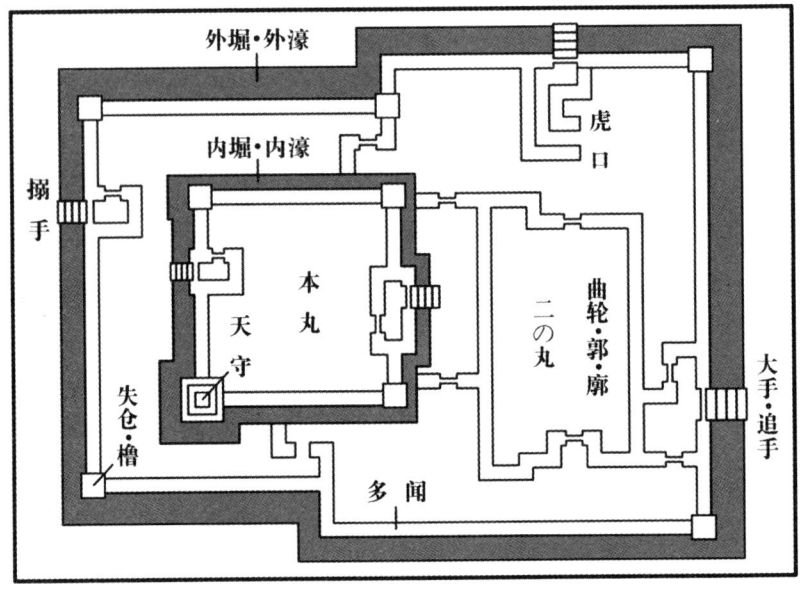

战国时代典型城池布局。"天守（阁）"担负着瞭望塔与指挥所的职能；"大手"、"搦手"、"虎口"为城池主要出入口，战时会切断护城河的桥梁，这些出入口会成为攻城战的主要据点；"橹"为箭楼

本能寺之变的当天，也就是天正十年（1582）六月二日晚上，德川家康得到织田信长已死的消息。为防明智光秀对自己的追击，他立刻横穿伊奈半岛，在六月四日返回三河国。再到六月十四日，德川军开至尾张国鸣海城，打起为织田信长报仇的旗号，但很快

他就接到羽柴秀吉胜利的消息，于是再度返回领地，专心经营新近征服的骏河、甲斐、信浓三国。

由于德川家康一直专心于领地经营并与关东北条氏展开领土争夺，而羽柴秀吉则与柴田胜家交战，双方在很长时间内相安无事，乃至互相赠送礼物，但随着政治局势逐渐复杂起来，羽柴秀吉作为织田家继承人还是与德川家康这个织田家同盟产生对立。

天正十二年（1584）一月，羽柴秀吉要求近畿大名全体来到正在修建的大坂城朝见自己，引得织田信雄非常不满，他以织田家继承人的理由拒绝要求。羽柴秀吉便将织田信雄的三位重臣请到大坂城，明是商议，暗是通过三人劝降织田信雄。三月六日，得悉此事的织田信雄将三人斩杀，并向德川家康求援。为了履行织田家与德川家之间的同盟，德川家康早早联合越中国的佐佐成政、四国岛长宗我部元亲乃至近畿地区的雇佣兵根来杂贺众，对秀吉形成包围网。

三月七日，德川家康率领八千精兵从滨松城出发，十三日在清洲城与织田信雄的一万军队合流，决战即将爆发。

就在三月十三日，羽柴军先锋池田恒兴的军队袭击北尾张犬山城，本想主动出击的德川、织田联军只得在十五日北上来到织田信长的旧主城小牧山城，与池田恒兴对峙。德川军到达后的第一件事，就是将小牧山城彻底翻修了一遍，并在周围挖掘深沟加固城防。德川家康明白羽柴军人数众多且来势汹汹，便不希望速战速决，而是要尽可能拖延时间。三月二十五日，羽柴秀吉亲自率军进入犬山城，总兵力达到十万。

数日对峙后，羽柴军的补给消耗非常快，羽柴秀吉决定派遣池田恒兴父子率领一支奇兵偷袭德川家康的大后方三河国，以求围魏救赵。四月六日，由羽柴秀吉外甥秀次作为大将、池田恒兴

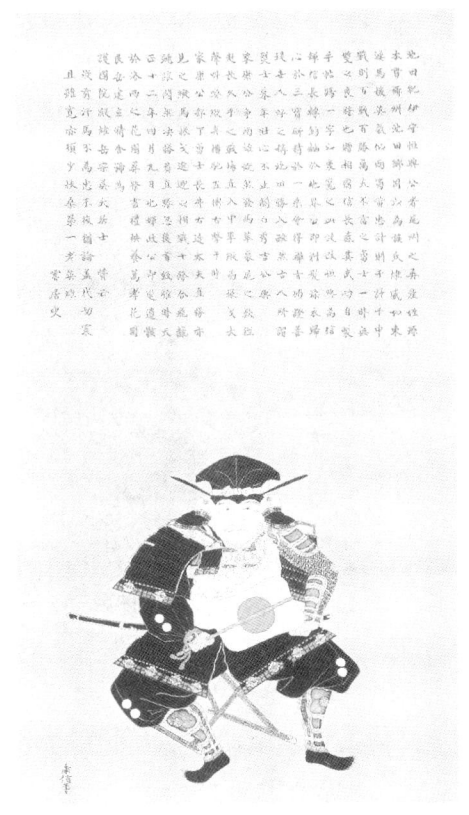

池田恒兴

作为先锋的两万军队开往三河国。谁承想,德川军的忍者集团事先打听到情况,德川家康迅速率领九千人出发拦截,仅留下数千人守卫小牧山城,这个颇具冒险性质的战略布局让德川家康收获一场惊世骇俗的胜利。

四月九日凌晨,池田恒兴的先锋军队突入三河国长久手地区,德川军九千人迅速从后方突袭。上午十点前后,德川军凭借有利地形向羽柴军发动进攻,偷袭军队的实际指挥官池田恒兴父子阵亡,羽柴秀次只能率领残兵败将逃回犬山城。兵粮消耗极大,偷袭又未能成功,羽柴秀吉只好选择在五月一日撤军,随后六月十二日,德川家康的主力军队也撤回清洲城。

小牧、长久手之战的规模在战国时代可谓空前,羽柴秀吉能够动员十万人军队出动,充分说明羽柴秀吉对于领地内的动员能力已经达到战国时代前所未有的层次。虽然羽柴秀吉在长久手之战中败给德川家康,但这仅是战术上的失败,从宏观战略角度,羽柴家的强势依然没有任何变化。这种战略强势为羽柴秀吉成功采用各种政治手段提供强大支持，也是羽柴秀吉一统日本的有力保证。

八月中旬，羽柴秀吉开始向德川家康递交了议和的申请，但由于和议条件中要求德川家必须送人质给羽柴家，遭到极大反对，九月七日，德川家康正式拒绝和议申请。

看到和议不成，羽柴秀吉着手分化织田信雄与德川家康之间的关系。十月中旬，羽柴军进攻德川军鞭长莫及的伊势国长岛城，织田信雄被迫在十一月十一日与羽柴秀吉议和。失去了出师之名的德川家康非常气恼，无奈之下，他只好在十二月十二日将第二子送给羽柴秀吉做养子，接受和议。

（7）信浓 1582：天正壬午之乱与战国大名真田家的崛起

本能寺之变一经爆发，原武田旧领甲斐、信浓、上野三国立即成为一块大肥肉，而德川家康、北条氏政两人双双加入争夺，只是双方没有想到，双方争霸却直接将原本从属于武田家的信浓国人真田家提格成为战国大名，也间接促成真田家在一年内更换五次主君的战国纪录。

天正十年（1582）六月二十三日，北条军派遣四万三千人出击上野国，在神流川之战击败织田信长先前派遣并驻守在上野国的泷川一益。不过北条氏政并没有为难泷川一益，只是要求他收拾行囊离开关东，此举彻底颠覆织田家在征服武田家领地以后对关东地区的未来规划，而北条家作为战国时代东国最强势力也无疑是抢得先机。夺取上野国大部分领土后，北条家希望能够进占西侧的信浓国，而就在这里，他遇到那个后来断送整个北条家的战国大名真田昌幸。

真田昌幸拥有两块领地，分别是东信浓的岩柜城与西上野的沼田城，两座城池均位于崇山峻岭中，道路曲折难通，只有土生土长的武士能够了解地形。2016年大河剧《真田丸》第一集就借真田昌幸之口提出：靠着道路封锁，岩柜城到沼田城这一片山地本身就可以形成巨大要塞。武田家灭亡之前，真田昌幸曾邀请武田胜赖到自己领地内避难，不过没有被采纳，而真田昌幸也只能看着旧日主君走向灭亡。武田家灭亡后，如同战国中微弱火苗一般的真田昌幸迅速投奔强大的织田家，但不到一个月以后织田信长就身死人手，真田昌幸便在第一时间与袭来上野国的北条氏政结盟，帮助北条军经过自己领地进入信浓国与甲斐国。见到北条军来势汹汹，七月中旬德川家驻守信浓国小诸城的军队徐徐撤退，北条军顺势占领。

真田昌幸这一时期的行动在2016年大河剧《真田丸》中有着丰富体现

德川家康对于武田旧领当然也不是没有私心,他早从六月中旬回到领地以后就着手谋划。由于原出身于武田家、后归降于织田家的穴山梅雪在本能寺之变后与德川家康一同逃难,却因为分道行走而惨遭杀害,德川家康便借助穴山梅雪名义,将扼守骏河国与甲斐国之间的道路据为己有,继而煽动该地甲斐国人颠覆织田家家臣的统治。在甲斐国人逐渐暴动起来以后,德川家康马上在七月九日出兵接收甲斐国,这就让他与进驻信浓国的北条军对峙起来。七月底,德川家康派遣酒井忠次率领三千军队突入南信浓。

双方各自打出大义名分的旗帜,德川家康是"帮助盟友织田家稳定地盘",北条家是"为了接收亲家武田信玄的旧领地"。八月初,北条家四万主力军聚集一处,从三个方向对德川军不足一万军队展开包围,见此状况,突入南信浓的三千军队迅速撤回甲斐,并将各路道路堵死,阻止北条军大规模集结。此举让北条军进展缓慢,只有一支规模在一万人的军队在北条家同族的率领下突入甲斐国郡内地区,八月十二日,德川军只用两千人就抵挡住北条军进攻。

长时间对峙让双方的后勤压力都逐渐增大,于是德川家康首先想到采用政治手段,先是将西南信浓国人木曾家策反到自己一侧,随即又在九月初策反北条家背后的真田昌幸,断绝北条军后路。

由于真田昌幸所控制的地区非常重要,位于信浓国的数万北条军立即成为无源之水,难以为继,德川与北条两家迅速开始谈判。十月二十九日,德川家康将女儿督姬许配给北条家五代家督北条氏直,双方达成分割武田领的协议:德川家占据甲斐、信浓两国,北条家占据上野一国。至于在信浓、上野两地都有领土的真田昌幸则归属德川家康,但德川家康需要让真田昌幸将上野国沼田城与附近领地割让给北条家。

就是这个决定，让德川与北条两家日后吃了许多苦头。

两家停战后，北条家开始催促德川家，让真田家迅速割让上野沼田领。真田昌幸表面答应，但内有私心，他借口割让沼田领是自身牺牲，便要求德川家康再为其设立一座城池。恰好当时德川家康与位于信浓国北部的上杉家处于对峙状态，所以德川家康就在天正十一年（1583）出资在信浓国千曲川支流尼之渊附近修建了一座城池，让真田家为自己镇守信浓北境，这座城池最初名为"尼之渊城"，而后改名"上田城"，成为日后真田家核心要地。

较之岩柜城地处深山，上田城却位于要冲：向西北方向走去，很快就能到达千曲川，进而临近当年武田信玄与上杉谦信鏖战之川中岛；东南方向可以直插佐久郡，更可以越过碓冰岭，杀入上野国。移居上田城后，真田家迅速做出一年内的第四次更换主君行动，真田昌幸将第二子真田信繁（真田幸村）送入上杉家成为人质，巩固北境，进一步以为根基，南拒德川。如此一来，德川家耗费巨资修建的上田城却成为上杉家对付自己的前线，不由得气恼异常，这也成为日后天正十三年（1585）八月上田城之战的导火索。

为了夺取上田城，德川家康派遣肱骨重臣大久保忠世率领七千士兵围困真田领，而真田昌幸将有限的两千人分为上田城守备军（五百人）与驻守在不远处户石城的别动队（一千五百人）两部分。

真田军利用地形优势，在上田城下布置一个又一个栅栏，让德川军七千人疲于奔跑，其间还要遭受真田军弓箭手的反复射击。等到德川军杀至上田城本丸时，真田昌幸忽然大开城门，亲率五百精兵杀入敌阵，杂以弓箭队、火枪队齐射，德川军阵型大乱，被迫撤离；但就在德川军撤退途中，真田军埋伏军队突然在城下

上田城

燃起大火,阻碍德川军退路。好不容易沿着原路跑出去,这时候真田昌幸的长子真田信幸从户石城杀出,率领一千五百人别动队一通乱杀,德川军猝不及防地向着东边的神川方向撤离,真田军这时又掘开大坝,大水瞬间涌向德川军营地。经此一战,大久保忠世损失三个儿子,总计战死一千三百余人(近两成),而真田方仅损失四十人。

虽然双方在第一次上田之战总计动用了不足一万兵马,但在从上田城到户石城不足五公里的范围内聚集如此人数,依然密度很大,如果是以硬碰硬,以德川军的严整阵型不会轻易被真田家撕开。面对战国后期兵员增加、战役规模增大、阵型设置更为完备,防御方逐步放弃坚守孤城,而是广泛在城下町设立防御体系,通过设置狭窄的木桥或土屯,让敌军被迫散开阵型,失去集团冲锋的兵力优势。这一战术虽然并非肇始于第一次上田之战，但无疑通过上田之战让更多人看到新战术的可能性，日后的小田原之战乃至大坂冬之战，守城一方都大面积扩展防御面积。

上田城之战结束后，德川家康还没来得及再度发起攻击，就被迫陷入同羽柴秀吉之间的战事（小牧长久手之战），而德川家康与真田家之间的梁子也就此结下。

11. 统一战争

丰臣政权体系的建立（1576—1590）

为什么日本会在16世纪的最后二十年突然走向统一？

对于这个问题，许多人看法不尽相同。"分久必合、合久必分"自然是一项颠扑不破的真理，但这个真理并没有办法解释为什么是羽柴秀吉（丰臣秀吉）而不是别人（比如德川家康）统一天下。

的确，织田信长留下的基盘非常重要，他在世时用一种不容置喙的态度扫清近畿五国与周边地区的国人体系，而羽柴秀吉到来后只需要稍显怀柔就能把它们收入囊中。但比起织田信长执政末期，羽柴秀吉依然有着很大不同：他集结军队的速度更快、属下家臣在归降后几乎无一反叛，甚至连武田信玄、上杉谦信等名将都未能攻克的小田原城，也在他的二十余万大军包围下开城投降。

为什么羽柴秀吉可以做到？或许第一个原因，就是因为所谓"太阁检地"。

（1）太阁检地：日本近世物流体系的构建

所谓"检地"，主要是指丈量土地、确定土地产能与领民数量。只有确定土地产能与领民数量，才能明确一个战国时代的国人势力所辖土地到底能供养多少军队，才能进而为国人势力规定赋税与兵役规模。

在战国时代前期，"检地"工作很少进行，促使各地国人广泛开垦新田，并收服新出现的自治村落，形成相对独立的势力；战国时代中期，许多拥有一定军事实力的战国大名，如毛利元就、武田信玄等人开始在领国内部试行检地，为下属国人制定相对固定的赋税与军役，但这一时期为争取更多国人势力投奔，战国大名普遍采用"指出检地"方式，即指派国人自己检地并上报，只要能满足自己短期内的出兵要求，普遍默许国人私藏一定土地产能，这也是战国时代最常见的所谓"本领安堵"（保障领地）的一种交换条件；但到了战国时代后期，随着战役规模越扩越大，战国大名逐渐形成庞大军事实力，于是开始派遣直属于大名本人的文官前往国人封地直接开展检地，即所谓"立入检地"，杜绝各地国人的瞒报现象。

总体来说，虽然织田信长一生锐意改革，但是他大部分的检地依然是"指出检地"，导致他无法切实掌握下属家臣的实际实力，造成本能寺之变身死人手。而在织田信长去世前后，羽柴秀吉吸取原主君的教训，开始大规模推行"立入检地"，这便是日后丰臣秀吉在全国推行的所谓"太阁检地"的始源。虽然"太阁检地"一词出现在丰臣秀吉退任关白后，但其核心精神却早在羽柴秀吉统一全国的过程中就开始推行。可以说，全国统一战争与"立入检地"几乎是同步展开的。

早在贱岳之战发生之前的天正十一年（1583）四月，羽柴秀吉政权就对自身的势力基盘播磨国实行"立入检地"工作，这也是他首次直接派遣文官测定所有土地产量。经过数年的发展，羽柴家以反、亩、步作为衡量土地的单位，以升、石为土地大米产量的单位，以上、中、下作为土地肥沃与否的评定标准，逐渐摸清下属国人的经济与军事能力底数，这就让各级国人从相对独立的地区领主彻底变成羽柴家的家臣，这也成为羽柴家日后统一调配生产与动员能力的基础。正由于确定每一块土地的实际产能，羽柴家政权也在向家臣分封土地的过程中首次打破国与郡的传统概念，而以某城及周边×万石领地作为分封标准，这一标准在未来也延续到江户幕府，成为分封藩国的重要依据。

检地数据十分惊人。以九州地区为例，在丰臣秀吉政府九州后的七年间，石田三成对九州的九大领国反复开展"太阁检地"。以萨摩国为例，此前岛津家一直报送的年产量为21万石，但实际却为58万石，高出原数据近三倍。由此可见，如若太阁检地不实行，战国大名的隐藏实力会更多。

随着检地工作的开展，羽柴家内部形成以石田三成为核心的官僚集团，虽然这些人依旧有着武士身份，甚至于石田三成本人也能够指挥战役，但他的主要工作已经从打打杀杀变为幕后的运筹帷幄与后勤补给线保障，这也事实上成为日后丰臣政权乃至江户幕府体系里文官体系的雏形。当然，石田三成的能力不仅限于

"太阁检地"负责人石田三成

此，他还是整个日本近世国家物流的奠基人。

　　早在征服石山本愿寺后，织田信长就希望修筑一座以经济效益为主的城池，用以替代堺港作为统御东濑户内海的主要城池。但城池还没来得及修建完成，织田信长身死人手，直到羽柴秀吉击败柴田胜家、成为近畿霸主以后，这座新生的大坂城才重新进入修建流程中。天正十一年（1583）九月一日，新城修建正式开始，来自近江国山林的优质木材顺着琵琶湖水道送入近畿，羽柴秀吉动员自己所属三十多个分国的六万余工匠参与施工，在短短四个月的时间内修筑了近两千五百座大小房屋，基建速度在当时的情况下可谓惊人。对于大坂城的核心建筑天守阁，羽柴秀吉更是在很多地方使用了镶金装饰，极尽奢华之能事。

　　与城池修建一同开工的，是以大坂城为中心的物流体系，这一体系的总设计师是当时不被人重视的石田三成。在城池的设计与建构中，就通过大坂遍布的河流浅滩全部利用起来作为物流场地，并将近畿能够筹集到的所有物资都首先运输到大坂，等需要时，大坂的粮食、军备就会输送至姬路城、堺港、佐和山城等主要城池，或通过海路直接送至濑户内海沿岸，最后通过各地大名向不同的战场进行输送。这种运输方式彻底颠覆了战国时代中前期杂乱无章的补给线，建立了完备、密集的物流网络，也使得大坂城迅速替代京都成为近畿地区的中心。虽然羽柴家（丰臣氏）仅仅两代而亡，但江户幕府却继承这一物流网络，并将物流网络扩展至全国四境，大阪直至今日的繁荣可以说是由石田三成打下基础。

　　应该说，只要确保大坂城的核心地位稳固，无论一两场战役是胜是负，这条近畿物流体系都能帮助羽柴秀吉立于不败之地。所以在小牧长久手之战败于德川家康后，羽柴秀吉并没有第一时间前去再攻，而是着手收拾后方。

（2）四国讨伐：羽柴秀吉平定杂贺众及四国岛

羽柴秀吉的第一个对手，便是织田信长曾经降服的根来杂贺众。

根来杂贺众的基础是对土地与领民的实际控制权，而织田信长在征服他们以后，仍然沿用旧日传统，只是对他们"本领安堵"，允许他们的首领继续管辖土地与领民，故而统治杂贺地区的土豪阶层并没有消失。当然这一点应该看作织田信长意图迅速扩大领地规模的权宜之计，但这一次既然是轮到羽柴秀吉来征服，那么他就要改用自己的方式。

天正十三年（1585）三月十七日，羽柴军首先联合小早川隆景的毛利水军一起封锁杂贺地区出海口。二十一日，羽柴秀吉率领十万大军从大坂城出发，以破竹之势在四天内接连烧毁根来寺、降服杂贺众的中心人物土桥重治，显示出恐怖的战斗力。四月二十二日，羽柴军夺取根来杂贺众死守的最后一座据点太田城，整个平定战以电光火石般的速度结束。有别于织田信长的"本领安堵"做法，羽柴秀吉在征服这一地区后将当地的土豪全部斩杀，并将土地全部还给实际耕作土地的农民，羽柴军还特地集资购买农具、耕牛，给予农民少量金钱，帮助他们重新置业。

根来杂贺众的溃败让其盟友，亦即支持德川家康的四国岛大名长宗我部元亲非常恐惧，立刻派遣军队从土佐国东进阿波国，试图与羽柴军抗衡。得知这一消息，羽柴秀吉开始一系列政治操作，他不仅要攻克四国岛的反对势力，更要趁机对毛利家进行分化，尤其是要把主管濑户内海方面作战的小早川隆景收入囊中。通过一系列谈判，羽柴秀吉同意将小早川隆景非常重视的伊予国整体划给毛利家，以换取毛利家作为羽柴军的一部分出兵伊予国，战后伊予国原本的守护河野通直事实上成为小早川隆景的家臣，这让小早川隆景的重心从广岛湾一带转向四国岛，弱化小早川家与本家毛利家之间的关系。

六月十六日，羽柴秀吉的弟弟羽柴秀长率领主力军队十万人从近畿出发，越过羽柴家已经掌控的淡路岛进入东阿波国，而黑田官兵卫率领的播磨国军队则越过濑户内海、南下进攻四国岛东北部的赞岐国，小早川隆景主攻伊予国。在三路大军的攻击下，长宗我部元亲只好在八月六日宣布投降，并将自己的两个儿子全部送到羽柴秀吉处作为人质。这场四国征伐战并没有任何大规模交战就得以结束，也体现出羽柴家实力强大到难以抗衡。

后八月八日，十万大军刚刚从四国岛得胜而回，羽柴秀吉便率领六万军队进攻在越中国反叛自己的佐佐成政。二十日，佐佐成政投降，不过羽柴秀吉并没有将其处死，反而是给予他越中国新川郡，继续让他为自己的统治保驾护航。

从这三场战役中可以发现，羽柴秀吉对自己的反对者佐佐成政、长宗我部元亲没有赶紧杀绝，这与其思想由征服转向劝降有很大的关系。作为羽柴秀吉一生中唯一一场完败的战役，小牧长久手之战让他认识到：如果每个大名都要消灭，那么他有生之年很难统一日本。事实上直到天正十八年（1590）全国统一为止，真正被毁灭的战国大名也只有北条一家。

正是在这一转变的基础上，羽柴秀吉开始了下一步举措，即对于官位的追求。

（3）就任关白：丰臣秀吉为什么不想做征夷大将军？

丰臣秀吉的历史称呼是"太阁"，亦即退休关白之意；而"关白"则是京都朝廷中的正一位公卿，是日本公卿系列中地位最高的官职之一。而同样可以授予正一位的官职，还有律令制系统中的常设最高官职"太政大臣",以及武家最高统领"征夷大将军"。

这一点恰好与织田信长生前面对的最后一个问题相似:织田信长当年之所以去本能寺暂住,就是为了第二天去见天皇,然后在"关白"、"太政大臣"、"征夷大将军"三个官职中选择一个。如今这个问题轮到织田信长的继任者羽柴秀吉,那他会怎么选择呢?天正十三年(1585)三月十日,羽柴秀吉就任正二位内大臣,距离最终选择已经不是很远了,那么他就需要好好谋划一下自己未来在官方的地位究竟如何。

根据当世留存的《丰臣秀吉谱》记载,秀吉这一时期曾经找到处于半退休状态的十五代将军足利义昭,希望能做他的养子,成为源氏一族,继而接任"征夷大将军"职位,不过遭到断然拒绝而作罢,这才让秀吉改选"关白"。但首先《丰臣秀吉谱》的说法是孤证,当时其他史料无一记载,而且当时足利义昭生活在备后国鞆浦,这是濑户内海水运重镇,也是毛利家领地的核心地段,如果他大张旗鼓去要,足利家、毛利家都应该会留下记录才对。尤其是《毛利家文书》随着江户幕府长州藩的存续几乎一篇不少留了下来,更不会找不到记载。

而且需要注意,战国时代毕竟是以实力论高下,秀吉当时已经雄霸天下,如果他真的铁了心想要成为将军,那么就算十五代将军足利义昭拒绝收他做养子,他也可以接着找其他足利家成员。比如足利镰仓公方家的后代当时依然存在,事实上后来秀吉还专门为镰仓公方家找到后代,专门册封在下野国喜连川,这也成为江户幕府的喜连川藩。而且就算整个足利家都拒绝秀吉,秀吉也可以找到其他的源氏一族成员,比如今川、吉良、细川等支系都是可以的,事实上日后德川家康能够获得将军之位,也是假托源氏新田一族后人身份。换句话说,以秀吉本身的能力而言,他并不会因为一个名分问题就放弃一种想法,只有可能是他本来就没有这种想法,他本来的想法就是去做公卿统领。

秀吉虽然行伍出身,也是织田信长的家臣,但本身并不太赞同织田信长"天下布武"观念。织田信长在公家、武家、寺家三部分中选择武家专政,剪灭寺家,压制公家,甚至有意另立中央,最终身死人手。秀吉总结原主君的失败经验,他的看法便更加明晰,虽然他以武家权力获得高位,但本质上还要与公家合作,共同创立属于新时代的政权,所以他一直朝着公卿统领"关白"之位努力。

关白一词来源于汉语,作为官职则产生于平安时代,并不属于律令制官位的一员,实质上却是公卿的首领。由于初代关白是平安时代藤原氏,故关白的继任者只能是藤原氏的五个分家,即近卫、一条、二条、九条、鹰司五家。

在当时,从内大臣进位至关白,需要先经过右大臣、左大臣两个官职。因此,与秀吉关系亲密的右大臣菊亭晴季准备让位,又由于关白二条昭实会在一年左右辞职,因此秀吉会在一年内完成就任右大臣和左大臣两个官位的步骤。不过,羽柴秀吉以"敝

右大臣菊亭晴季是帮助维系丰臣秀吉政权的重要人物

主君织田信长在就任右大臣后被杀"为由拒绝就任右大臣的建议，目标直接指向左大臣。慑于羽柴秀吉的军事压力，左大臣近卫信辅的让位只是时间问题。因此，近卫信辅逼迫关白二条昭实立刻让位给自己，否则近卫信辅不但得不到关白职位，还很有可能被秀吉直接踢下位置。

为了关白职位，近卫信辅与二条昭实双方在天正十三年（1585）五月至六月进行三次大规模的辩论，未分胜负。在辩论期间，两人也多次来到大坂城询问羽柴秀吉的意见。羽柴秀吉顺势提出，由自己成为近卫信辅之父——近卫前久的犹子，立刻接受关白职位。作为补偿，近卫家获得一千石的封地，其他四个藤原氏分支分别获得五百石封地。在菊亭晴季的政治运作下，这个提案最终被公卿接受，七月十一日，羽柴秀吉就任关白。第二年（1586）十二月十六日，在获得"丰臣"姓氏的同一天，丰臣秀吉获封"太政大臣"官位，在律令制官职中达到最高级别。

丰臣秀吉就任关白的决定使得武家关白制，即由武士世袭公卿首领关白的制度得以创立。关白的位置不仅让丰臣氏获得了大义名分，更融合了公卿、武士两大阶层，赋予了丰臣秀吉双重的权力。但相比之下，其漏洞也非常明显，即征夷大将军一职仍然属于足利义昭。这种"关白秀吉、将军义昭"的态势在日本存在了近两年的时间，也为后来德川家康以武家统领身份就任将军埋下了隐患。

（4）收服德川：丰臣秀吉就任关白与德川家康臣从

随着小牧长久手战役结束，德川家康也着手筹划一套与关东北条家、东北伊达家协作的政治体系，联合三家之力便可以共同应对丰臣秀吉的东进。早在天正十三年（1585）闰八月，德川家康就开始翻修少年时期曾经居住过的骏府城，准备以后将这里作为新的主城，这样一来可以离同盟北条家更近，二来也可以加快新领地骏河、甲斐、信浓等地的建设。

但就在刚刚踏入正轨时，十一月十三日，德川家原主城冈崎城的负责人石川数正突然离开冈崎城，孤身一人转投丰臣秀吉。石川数正是从德川家康起步阶段跟随的老臣，不辞而别不仅让德川家痛失一臂，更使得三河国防务完全暴露给丰臣秀吉，德川家在政治博弈中落于下风。

关于石川数正出逃的原因，可以从德川家康长子松平信康之死说起。早在天正七年（1579），当时的德川家康正处于对抗武田家的第一线，而身处包围网的盟友织田信长猜忌德川家与武田家可能有联系，于是要求自己的女儿亦即嫁给德川家康长子松平信康的五德向自己汇报情况。四月至七月间，五德写来十二封信

战国时代的最终胜利者德川家康

件，指控松平信康与其母亲、亦即德川家康正室夫人私通武田家。德川家康出人意料地未做辩解，而是直接要求家臣杀死正室夫人，并勒令松平信康自尽。

　　这起事件深刻影响德川家内部的权力构成。在德川家康移居于远江国滨松城以后，原主城冈崎城就交给松平信康管理，如此一来分别跟随德川家康与松平信康的家臣就形成所谓"冈崎派"与"滨松派"，甚至德川家康本人也对松平信康有所不满。松平信康去世后，"冈崎派"家臣石川数正接过冈崎城管理的重任，而由于三河国靠近丰臣秀吉领地，所以石川数正也成为德川家康与丰臣秀吉之间沟通的桥梁，这进一步加深"冈崎派"与"滨松派"之间的矛盾。当然，到目前为止，仍未发现石川数正本人关于此次事件的记录或解释，因而对他的出逃也仅限于推测阶段。

　　借助石川数正出逃之机，十一月二十日，丰臣秀吉派遣三名使者要求德川家康归顺。德川家康在天正十四年（1586）三月来到伊豆国三岛与北条氏政会面，再度强化同盟关系。所以为了拉拢德川家康，丰臣秀吉强迫妹妹朝日、妹夫副田甚兵卫离婚，并在四月二十三日将44岁的朝日许配给45岁的德川家康。

　　对于这次怀柔举动，德川家康并没有因为朝日年老色衰而拒绝，反而是在五月十四日成婚，毕竟这位妹妹既是婚姻对象，又相当于是送到德川家的一名人质。不久后，丰臣秀吉又送来另一位人质，即母亲大政所送至冈崎城做人质，但为了掩人耳目，大政所并非以人质，而是以探望朝日的名义前往。

　　而且就在当年六月，北陆大名上杉景胜将人质送到丰臣氏，宣布臣服。一直以来采取对立态度的德川家康感受到丰臣秀吉的诚意与威慑，便在九月二十六日开会讨论是否应该进京称臣。会议上，德川家臣始终认为应与丰臣氏对抗到底。但考虑到丰臣秀吉已经就任关白，石川数正又已出逃，反秀吉包围网的根来杂贺众、长宗我部元亲、佐佐成政又在短时间内相继归顺，如果不及时归附丰臣氏，德川家恐怕下场不会太好。德川家康力排众议，决定进京。

十月十三日，大政所从京都出发，十六日到达冈崎城。出于对丰臣氏的不信任，德川家臣在大政所的房屋周围放置大量木柴，如果德川家康一旦出事，他们会立刻将房屋点燃。怀揣着复杂的情绪，德川家康在二十四日进入京都。

十月二十六日，德川家康进入大坂城，据说当晚，丰臣秀吉来到德川家康住所探望，以低微姿态请求德川家帮助自己。但当天，丰臣氏臣浅野长政也拜访了德川家康，请求他在第二天务必要向丰臣秀吉索要其身上所穿着的阵羽织。十月二十七日会面时，德川家康在丰臣氏各位大名面前向丰臣秀吉索要阵羽织，丰臣秀吉便在与会的各位大名面前表示：家康将会穿上我的战袍、代替我出战，于是当场脱下阵羽织交给了德川家康。丰臣秀吉自导自演之戏不只将德川家康置于家臣之位，更让其他大名认为德川家已经完全归附于丰臣氏。看到主君无事，十一月十二日，德川家臣护送大政所返回大坂城。

德川家康的归顺让丰臣秀吉消除心头大患，丰臣秀吉在统一日本之路上迈出重要一步，现在的日本，只剩下九州、关东、东北三个地区没有臣服。

（5）征讨九州：丰臣秀吉大败萨摩岛津家

如果说近畿与关东地区的局势非常复杂，那么当时九州的局势应该说非常简单。在天正年间，萨摩大名岛津家涌现出义久、义弘、岁久、家久四名悍将，加之九州南部民风彪悍，军队战斗力强大，岛津家迅速发展起来。尤其是在耳川之战结束后，岛津家进一步扩张开来，十年征战后，岛津家已经渗透进大友家的权力基盘丰后国，于是天正十四年（1586）四月五日，大友宗麟被迫乘船来到大坂城求援。

丰臣秀吉对岛津家的崛起早有警惕，很早就以关白身份下达"总无事令"，要求岛津家停下战争脚步，但遭到家督岛津义久的拒绝，甚至明言绝不接受僭越关白之位的这份"总无事令"。这种不加遮掩的态度触怒丰臣秀吉，他在大友宗麟抵达大坂后的第五天就决定进攻九州岛津家，并要求四国岛驻守的各位将领迅速筹集粮食和军备，先行出发攻击九州岛。

应该说，征服四国岛的战争过程过于简单，无论是表现出色的小早川隆景还是新近归降的长宗我部元亲，抑或是原本属于丰臣氏的家将仙石秀久都没有经历高烈度战争的考验，所以九州征伐战时期，这些人都被派遣在一线。十二月初，岛津家久率军一万逼近丰后国，仙石秀久、长宗我部元亲率领两万四国军则前来支援，大友宗麟的军队也出城迎敌。十二月十二日，两军交战于丰后国户次川，岛津军凭借一直以来的彪悍作风迅速击败对手，仙石秀久只好率领残兵败将撤退。丰臣秀吉大怒不已，当即下令剥夺仙石秀久领地。

当然，岛津家虽然一路取胜，却也因为扩张过快出现后勤补给的问题。为了应对丰臣秀吉来袭，岛津军强行把被征服地的百姓带回九州南部，不从者立刻予以斩杀，激起沿途各国人的强烈不满。岛津家虽然金玉其外，实则败絮其中，一击即溃。

天正十五年（1587）三月一日，丰臣秀吉率领主力军队从大坂城出发，前往九州。行军中的三月二十一日和二十三日，丰臣秀吉分别组建了东、北两路军，东路由羽柴秀长率领毛利军与四国军进攻日向国，北路军则由丰臣秀吉统领，直接向肥后国发起进攻，两路军总兵力达25万之众。为了保障军队的后勤补给，石田三成特地以尼崎城的港口作为战时物流中心，并命令濑户内海的各港口做好准备，输送物资。

不过有趣的是，丰臣秀吉并不急于进攻九州。对他来说，九州岛势在必得，处于强弩之末的岛津军也并不难打，但在进攻过程中如何加强丰臣氏各大名内部的协作与整合,却是一个更麻烦的问题。更何况，丰臣秀吉也要考验一下毛利家对自己是否忠心，毕竟毛利家并非被征服而是主动归附，而丰臣秀吉则从未涉足毛利家核心领地。而且，毛利家领地内还有一位丰臣秀吉迫切想要面见之人。

现代广岛县鞆町，依然是濑户内海的主要港口

三月十二日，丰臣秀吉经过备后国，十五代将军足利义昭到此迎接，双方互相交换太刀，完成两位古代武士之间最高规格的友谊，足利义昭也接受丰臣秀吉的要求，决定退位归隐。第二年（1588）一月，足利义昭主动请辞十五代征夷大将军职位，回到京都安度晚年，室町幕府到这里才算是彻底走完其历史旅程，而丰臣政权也从此拉开序幕。

三月二十九日，丰臣秀吉结束在毛利家领地近一个月的观光旅行，正式率军进入毛利军在九州东北部设立的桥头堡小仓城。闻知丰臣秀吉大军来袭，九州国人纷纷望风归降。四月十七日，丰臣军在日向国根白坂包围岛津义久、义弘、家久三兄弟，虽然三人最终力战而出，但战局已然无可挽回。五月八日，岛津义久剃发出家正式投降；五月二十二日，岛津义弘投降；六月五日，岛津家久暴病身亡。九州征服战在丰臣秀吉出动后不到三个月全部结束。

九州征服战中丰臣秀吉固然展示了强大的实力，但到五月的时候，兵粮补给已经出现了很大问题。与此同时，军中疫病横生，死者频出，如果岛津家继续坚持，双方很有可能陷入两败俱伤的局面。可以说，丰臣氏虽然建立近畿地区的物流体系，但战事一旦脱离丰臣氏与毛利家合作掌握的生命线濑户内海太远，那么整支军队的后勤补给线依然呈现出严重问题，这个问题在小田原之战时险些让丰臣军失败。

六月七日，丰臣秀吉来到筑前国箱崎，对各位大名进行了赏赐。从结果来看，除了将小早川隆景、黑田官兵卫等人安置在九州之外，其他九州国人几乎没有变动，即便是反抗丰臣氏最为激烈的岛津义久、义弘兄弟也分别获得萨摩、大隅国领地的保障。但区别在于，大名领土产能与领民多少已经不再取决于其领国势力是否强大，而取决于为丰臣氏立下多少功劳，获得多少表彰，这种变化让越来越多的战国大名逐渐放弃战国中期以前的互相算计、合纵连横的想法，而愿为丰臣氏效命，进而用功劳换取更大的领土，这就等于事实上承认丰臣氏作为日本全国武士统领的地位。

接下来，全日本就只剩下两块地区没有臣从于丰臣秀吉，那就是关东与东北，而丰臣秀吉却已经不愿意等待，他希望用一次交战同时收服两块土地。

（6）沼田谈判：围绕上野沼田领的恩恩怨怨

当然，对于关东的相模北条家，丰臣秀吉一开始也并不想一口吃进肚子，毕竟北条家已经是拥有关东七国领地的超级大名，扎根上百年时间，再加上一座小田原坚城，一旦打起来绝不会像进攻四国岛与九州岛那么容易。也正因如此，丰臣秀吉要求上杉景胜与德川家康作为中间人，反复奉劝北条家早日归降。

北条家的退隐家督北条氏政出乎寻常的固执，他执着地要求获得天正十年（1582）德川家与北条家和议时约定交给北条家的上野国沼田城领地。如今真田家与德川家均已归顺丰臣氏，而且真田家还被当作一家独立大名对待，那么真田家与北条家之间的纠纷自然就要交给丰臣秀吉来调停。九州征服战后的天正十七年（1587）十二月，丰臣秀吉对关东、东北地区发布"总无事令"，不许各大名之间私自交战。然后天正十六年（1588）一月，北条氏政却下令加固小田原城防，摆出对抗架势。

五月二十一日，德川家康受命向北条氏政父子写作誓文，言及三点要求：一是北条家必须进京称臣，只要做到一定会保证北条家领地；二是不仅北条氏政一人前来，北条氏政的所有兄弟亦即北条家散布领地的全部城主都要一同进京；三是如果不进京称

北条家退隐家督北条氏政持续与丰臣家对抗

臣,德川家只能要求自己的女儿与北条家督北条氏直离婚。若真如此,那德川家就等于是宣布与北条家决裂。这番警告对北条家影响甚巨,八月二十二日,北条氏政派遣弟弟北条氏规进京拜见丰臣秀吉,事态出现大幅度好转,丰臣秀吉也终于能调停真田家与其他家的矛盾。

天正十七年(1589)二月十三日,德川、真田两家正式和解,真田昌幸将长子真田信幸送到德川家作为人质。但同样作为人质出身的德川家康并没有亏待他,反而是把真田信幸当作家臣一样看待,甚至将另一家臣本多忠胜的女儿嫁给他。日后分封时,真田信幸不再是丰臣秀吉的直属大名,而是从属于德川家康的家臣,这也为他最终在关原之战支持德川家、反对父亲而埋下种子。

随着德川家与真田家和解,北条家派遣家臣板部冈融成来到京都拜见丰臣秀吉,表示北条氏政父子不愿进京,原因在于真田昌幸不愿意将沼田城交付给北条家。面对这种小事,丰臣秀吉当即作出决断,将包括沼田城在内的三分之二的领地让渡给北条家,另外三分之一领地是真田家祖先墓地所在，仍属于真田家。后要求德川家康将信浓国南部三郡（小县、佐久、伊那）让渡给真田昌幸作为补偿。

这个裁决让北条家大喜过望，家督北条氏直立刻送来感谢信，表示北条氏政会在当年冬季进京称臣。后七月底，北条家接管沼田城。到此为止，北条、真田两家的矛盾顺利解决，而十月十四日开始，北条家为北条氏政的进京准备各项仗仪与礼物，如果不出意外，北条家会按部就班地成为丰臣氏家臣。这场政治博弈充分体现了丰臣秀吉高超的政治手腕，他借助德川家康对北条家的影响说服北条氏政父子，最后关于沼田城领地的解决虽然稍显不妥，但从德川、北条、真田三家的博弈来看却没有大的问题，不失为一份恰当方案。

十一月三日，就在北条氏政决定进京后的一个月，沼田城北条家将夺取沼田城另外三分之一的领地，即名胡桃城。这位战国武将极度信奉实力决定论，所以他还是认为比起丰臣秀吉刚刚建立的所谓"公仪"（公权力），沼田领三分之一领地必须靠自身实力夺取，这就让他的政治嗅觉全然不如同时代的小早川隆景等人。

关于北条氏政一直有一个趣闻：每次吃茶泡饭，北条氏政都掌握不好茶与饭的比例，要不然是放米饭太多，要不然是倒茶太多，总之每次添食材都达不到一个很好的比例，父亲北条氏康看到他这个样子，便觉得自己的领地早晚要葬送在这个儿子手中。这则趣闻在江户时代以后流传甚广，一手史料自然也没有什么记载，可以看作是后世的艺术化创作。但之所以有这番创作，恐怕也与北条氏政在沼田领问题上始终找不准政治定位有关。

其实若真是前线将领擅做主张，夺取这个名胡桃城，那么北条家应该予以惩罚，并将领地退还给真田家。然而北条氏政不但没有惩罚前线家将，反而派遣其他家臣前去勘察地形，这件小事激怒丰臣秀吉。十一月二十一日，丰臣秀吉在给真田昌幸的书信中表明要讨伐北条家；三天以后，丰臣秀吉发布讨伐北条家的檄文，正式宣战。

出人意料的是，北条家第一件事并不是迎敌，而是通过德川家康求情。十二月九日，北条家家督北条氏直给德川家康写信，希望他能够调停双方关系。但德川家康并没有理会，天正十九年（1591）一月十三日，德川家康要求第三子长丸进京作为人质，由丰臣秀吉亲自为其进行成年礼，并授予"秀"字，将其取名为德川秀忠。德川家康完全倒向丰臣氏，北条家的议和梦想彻底破灭。

稍早一点的一月九日，丰臣秀吉命令上杉景胜从北路进攻北条家；二十一日，西路军先锋德川家康将家臣召集在一起召开军事会议；二十八日，毛利家命令小早川隆景率领水军出战。三路军马就此全部敲定，总兵力达二十二万。

（7）小田原城：1590年灭亡北条家之战与政治博弈

虽然北条家在政治上缺乏嗅觉，但在军事方面却不是省油的灯。为防御丰臣军攻击，北条家彻底颠覆战国时代守城战的一贯模式。

一般而言，所谓守城战，都只是守备主城城堡之战，至于城外的农田、商业区等百姓居所则全部予以放弃。然而北条家考虑到要尽可能拖延守城战的时间，等待东北地区的伊达家等盟友前来支援，那么必须能够维持城内补给，于是他便把守备圈大面积扩宽，围绕小田原城等诸多城池周围挖掘所谓"障子堀"。

北条家山中城的"障子堀"遗迹

"障子堀"是指一条"四"字型的深沟。如文字一样，每段深沟中间会留有细长的土地，敌人只能从中间走过，方便守城士兵用火枪、弓箭等武器瞄准，形成一夫当关、万夫莫开的局面。在所有城池的防御工事中，最长的是小田原城的障子堀，周长达九公里，从小田原城北侧山地一直延伸到南侧的海岸附近。北条家坚信，这座曾经抵挡过上杉谦信、武田信玄等绝世名将的坚城足以抵抗丰臣军攻击。

三月一日，丰臣秀吉率领三万余人军队从京都出发，并在三月十九日与西路军先锋德川家康相会于骏府城，商定全部攻城计划。随后二十九日，西路军丰臣秀次攻克小田原城的门户山中城，随即南下包围韭山城。四月三日，丰臣军主力军队二十二万人包围小田原城，而城中守军只有五万六千人。然而北条家的策略非常固定，任你如何来攻，全体士兵就是不外出主动求战，而是在城中把守各路据点，防范偷袭。北条家的战略就是赌定丰臣秀吉没有足够粮草支援庞大军队，敌军越是数量众多，那么后勤补给线的压力就越大，那么就越不可能长久支撑。

这点确实是算准了丰臣氏的软肋。的确，虽然石田三成建立了一套物流体系，但延伸至关东地区的粮草补给线却并不畅通，虽然丰臣军早早派遣九鬼嘉隆等水军大名封锁小田原城外海，并把二十万石亦即相当于整个四国岛土佐国一年产量或是相当于甲斐国半年产量的大米送往前线。按照1石=150公斤的计算方法，二十万石大米便是3000万公斤，按照每人每天消耗一公斤算来，二十二万人的大军只能消耗136天，也就是四个半月左右。从三月一日丰臣军出兵开始算起，如果没有新近补给，那么最多到七月底，丰臣军就会把这些看似天文数字的粮食吃完。更重要的是，主管后勤补给线的石田三成正在领兵作战，进攻武藏国忍城，所以后勤运输计划就遭到耽误。

正是计算到这一点，丰臣秀吉巧妙利用起中间四个半月的时间差，开始实行三条针对北条家以及东北地区其他家族的战略：一是绕过小田原城，对北条家领地整体发动攻击，切断北条家与各地守将之间的联络；二是对于小田原城围城不攻，但要求身处关东与东北各地想要归降自己的势力率军前来小田原城报道，很明显不仅要夺取小田原城，更要凭借这场战役降服东北地区的大名；三是从四月六日起，在小田原城西南部三公里左右的石垣山建立一座城池，城池修建必须位于高大森林后，不能让小田原城守军看到，丰臣秀吉又要玩起自己青年时期的好戏"一夜城"，与北条军打一次心理战。

丰臣政权体系的建立（1576—1590） 313

　　四个月间，大量关东与东北地区的大名前来投奔丰臣秀吉，而丰臣军也在四个半月时间内大举吞并北条家领地，到六月底，北条家主要城池全部遭到攻克，基本上只剩下一座小田原孤城。到六月二十六日，位于小田原城附近的石垣山城也竣工，不过由于树木遮挡，北条家并没有关注到有一座城池在这个山头修建。丰臣秀吉在竣工当天晚上下令砍去周边树木，于是第二天，北条氏政父子看到这座石垣山城时，以为城池是一夜建造，再加上秀吉本人青年时代确实有着"一夜城"传说，虚虚实实，这就让北条家彻底失去战斗信心。北条家的坚城战术一直无往不胜，主要在于攻城方无法满足长时间的补给消耗，根本原因则是在于内政能力的不足。石垣山城的建立，让北条家误以为丰臣秀吉的内政水平已经强大到一夜时间足以建城，对坚城战术的必要条件产生质疑。

从石垣山看小田原城

七月一日，家督北条氏直做出人生中第一个自主决策，即向丰臣秀吉投降；五日，他单独离开小田原城来到丰臣氏营地，表示愿意以自己切腹的代价换取城内将士与百姓的性命。就在当天，丰臣秀吉对北条家下达了处分命令，他本想将北条氏直处死，在黑田官兵卫的劝谏下改为流放，随后退休家督北条氏政与三名家臣被勒令切腹。北条氏直以戴罪之身遭到流放，不过一年后便解除刑罚回到京都，其继承者成为江户幕府的河内狭山藩藩主，作为一个普通大名延续到江户时代。

　　北条家灭亡标志着日本战国时代的大型内战全部结束，借助这场16世纪末期的世纪大战余威，丰臣秀吉开始在关东与东北地区重新开展检地与土地分配，同时将大量战国大名一个又一个更换封地，弱化武将与土地之间的紧密联系，让战国大名从地方领主渐渐变成附属于中央政权的官僚：首先是针对德川家康这位东海道霸主，丰臣秀吉要求他放弃原有五个领国，并来到江户城接管这里的6个领国、共240万石的领地①，德川家康也借此成为丰臣氏属下的第一大名。

　　随后天正十八年（1590）七月十七日，丰臣秀吉从关东南部北上来到宇都宫城，在这里对其他关东与东北大名做出领地分配，对及时参战的佐竹、最上、相马、秋田、南部等家保障领地安稳；八月九日，丰臣秀吉继续北上进驻陆奥国黑川城，剥夺未参加小田原之战的大崎、葛西、黑川、白河等大名封地，又将自己手下的蒲生氏乡等大名转封至东北地区。如此一来，日本本州岛、四国岛、九州岛三大岛屿全部统一在丰臣氏下，由于当时的北海道岛仍然属于未开化的"虾夷地"，可以认为日本已经从混乱的战国时代走向统一。

---

① 加上德川家直属家臣的18万石领地，一共是256万石左右。

可以看到,丰臣秀吉不希望纯粹以武力统一全国,而是在双赢的理念下保持均衡,借助这种理念,他在织田信长死后不到十年时间就一统全国。与此同时,石田三成建立的近畿与濑户内海物流体系让丰臣氏获得人员与物资快速调配的经济基础。天正十九年(1591),随着天下统一,丰臣秀吉辞去关白与太政大臣职务,以"太阁"之名扬名四海。

只不过,丰臣秀吉一统全国的速度确实太快,如若让全国处于战争状态上百年的各地大名与国人继续保持着一种战时状态,他唯一能想到的方法,就是进一步展开海外扩张,这也就有了所谓"文禄庆长之役"(万历朝鲜战争)。只是,丰臣秀吉没有想到,由于侵略朝鲜的战争消耗丰臣氏过多实力,也让他亲手创立的丰臣政权仅仅延续两代就走向终点,在丰臣秀吉于庆长三年(1598)去世后短短五年,原本的家臣德川家康就接过衣钵,成为新一代幕府的征夷大将军。

(8)南陆奥1586:伊达政宗的军事失败与战略胜利

反映南陆奥霸主伊达政宗最出名的文艺作品,莫过于1987年大河剧《独眼龙政宗》。这位单目失明的武将率领着走入穷途末路的奥州伊达家重新崛起,在短时间内成为新一代战国名将。很多人都认为,如果能让他早出生二十年,或是战国时代能够再延续二十年,这位南陆奥出身的大名很有可能建立一个属于自己的幕府。

仅从可见的历史上看,伊达政宗并不是一个战无不胜的名将形象,相反他的一生甚至可以说是从无胜绩。但这种没有胜绩的背后,事实上又是南陆奥复杂的政治结构所致,伊达政宗终其一

伊达政宗

生都没能突破这种复杂结构带给自己的限制,只能加入丰臣秀吉带来的新体系。

如果仔细观察日本历史可以发现,近畿、东海道海滨、濑户内海两岸这些日本古代最富庶的核心地区统治权经常是频繁易手,到战国时代开始以后不到一百年时间,近畿更是在畠山、细川、三好、织田、丰臣之间来回摇摆。然而在九州、关东东部以及陆奥等当地经济条件落后地区,许多苗字却能生根发芽数百年之久。比如九州南端的萨摩岛津家,又比如南陆奥的伊达、芦名、大崎等家族都是在镰仓幕府建立之前就落户于此,许多地区的名称与家族苗字甚至都完全一致,这象征着他们从诞生之日起,就从未离开过这片土地。

高度稳定的结构让当地对贵族苗字的依赖非常强,哪怕在某一时期某个大名拥有一定势力,他也不可能把周围所有国人全部消灭,只能是尽可能怀柔兼收。比如战国时代刚开始时,伊达政宗的曾祖父伊达稙宗就一口气把七个儿子与四个女儿嫁给周边南陆奥国人，虽然西国大名毛利元就也在同时做这些举动，但不同在于毛利家始终处于大内、尼子两大家族的夹击中，危机感让国人可以团结一致；东北地区常年无人问津，附近大名也大多没有侵略性，那么仅靠着室町幕府给予一个"陆奥守护"职务就把如此多的国人都凝聚在同一个苗字下，这就很难看作是一个具有凝聚力的战国大名"家"。

时人也注意到这一点，关东东部与南陆奥的战国大名在书信中基本不用"××家"的称呼，而是用"洞"代替"家"，比如"家中"变成"洞中"、"本家"变成"本洞"。但与其说"洞"是一个家族，不如说是一种松散的家族联盟，这也意味着东北地区长期处于"家"与"洞"之间的转化：某个"家"强大起来，就会联合周遭形成"洞"；而如果某个"洞"过于强大，就会碎裂出很多"家"。

在伊达稙宗建立起"伊达洞"以后，意图在"洞"中建立集权体制，这让嫡子伊达晴宗十分不悦，于是在天文十一年（1542）决心流放父亲。双方交战数年之久，将陆奥国南部的芦名、大崎、葛西、相马乃至出羽国最上家都卷了进来。最终到天文十七年（1548）伊达晴宗取胜，庞大的"伊达洞"重新碎裂为许许多多的家。到天正十二年（1584）十月伊达政宗即位家督时，南陆奥仍然是一盘散沙，而且由于伊达家曾经是"伊达洞"，许多南陆奥国人对伊达家都略有敌意。

伊达家当时最大的对手就是领地西南侧的黑川城城主芦名家，两家在这片土地上共生共存几百年，却也是相爱相杀几百年。天正十三年（1585）五月，趁着芦名家家督更换之机，伊达政宗迅速率领三千人进攻黑川城附近的支城，不过这次莽撞举动遭到芦名家的防备，芦名军只用不足五百人就将伊达政宗击溃。懊恼的伊达政宗随即回兵，在九月对叛逃至芦名家的陆奥国人大内定纲发动攻击，而大内定纲则顺势找到南陆奥另一大家族、也是幕府管领家族分支的二本松城城主畠山家寻求帮助。

但接下来几方人马的操作就让人窒息。畠山家明面上邀请伊达政宗的父亲伊达辉宗出面调停，但十月八日这位父亲刚刚露面就被畠山家绑架。本来期待着和平的伊达政宗随即跟了上去，畠山家便以父亲生命为要挟，逼着伊达家退兵；怎奈伊达政宗初出茅庐，集结全部火枪手向敌军开枪，不仅把畠山家家督杀死，作为人质的父亲也身死己手。伊达政宗立即率领一万三千人包围二本松城。

不管不顾的性格让伊达政宗迅速成为南陆奥国人的共同敌人。十一月十日，芦名家纠结南陆奥多家国人，联合常陆国大名佐竹义重一同北上，总数三万人；伊达政宗留下五千人围城，亲率主力七千人在二本松城南边河流——阿武隈川迎敌。

阿武隈川河水湍急，中将只有一座称为"人取桥"的桥梁，伊达政宗没有在桥上迎敌，而是等佐竹家先锋渡过阿武隈川以后，再击其半渡。十一月十七日，佐竹与南陆奥联军北上渡过阿武隈川，不过事情没有如同伊达政宗所想，佐竹军阵容严整，渡河后立即重整队形，这让伊达军在这场战役中处境异常艰难，如果不是坚持到太阳落山，两军回军休整，可能当晚伊达军就要丢掉大部分领土与士兵。

不过就在当晚，佐竹军出现内乱，再加上常陆国受到北条家、里见家攻击的消息传来，刚刚在沼尻之战里败退的佐竹军如同惊弓之鸟，迅速南撤。虽然这场战役伊达军损失人数超过一千，但还是勉强稳住战略局势。大难不死让伊达政宗有了后福，凭借南陆奥国人之间彼此联动的关系，二本松城最终在天正十四年（1586）七月投降伊达家，伊达家开始重组"伊达洞"。

应该说，伊达政宗在此战中的表现很难说露脸，但他的境遇却也如同其他初出茅庐的小将一样，最终能通过政治调度完成军事指挥上不能完成的任务，也是伊达政宗敏锐政治嗅觉的一种体现。

（9）南陆奥 1589：伊达政宗的唯一胜绩与南下小田原

就在二本松城投降后的天正十五年（1587）十二月，丰臣秀吉发布关东与奥羽（陆奥国与出羽国）两地"总无事令"，禁止大名之间私下交战，如有私战，那么即便成功以后，夺取的领土也要如数归还。不过一开始，由于关东的庞然大物北条家始终没有听从，伊达政宗也觉得自己比较安全，因而继续南下与芦名家展开生死决战。

其实伊达政宗之所以急切攻击芦名家，源头是天正十二年（1584）芦名家家督芦名盛隆遭到家臣刺杀，家中只有一个出生刚满月的嗣子，如果抓住机会便可以大捞一笔政治资源，甚至有可能将芦名家纳入"伊达洞"中。虽然当时没有成功，但到了天正十四年（1586）十一月，芦名家嗣子年仅三岁就夭折，芦名家面临无人可用的局面。于是当时最好的候选人就只有两人，一是常陆大名佐竹义重第二子，二是伊达政宗的同母弟，而能否争夺到这个芦名家家督，几乎就成为伊达家与佐竹家能否把芦名家争取到自己"洞"中的关键要素。

最终结果是佐竹家取胜，原因也很简单，那就是佐竹家早已与丰臣秀吉暗通款曲，获得认可。拿到芦名家家督之位后，佐竹家立刻把许多自己的家臣安置到芦名家家臣体系中，这就让不希望加入"佐竹洞"的芦名家家臣非常不满。其中芦名家主城黑川城附近的一座支城——猪苗代城原城主猪苗代盛国便是最不满意的人群之一。

不过，猪苗代盛国也面临很严重的问题。他早在天正十三年（1585）就把城主让位给长子，不过退隐后，长子与自己的政治观点迥然不同，不但不支持让伊达家成员成为芦名家家督，反而还支持佐竹家成员。再加上猪苗代盛国开始宠爱后妻所生幼子，废长立幼的冲动也逐渐涌动起来。于是天正十六年（1588）五月十日，趁着长子前往黑川城汇报工作时，猪苗代盛国迅速纠集家臣开会，宣布废黜长子的城主之位，并将支持长子的家臣全部斩杀。对于这一事件，芦名家由于需要安抚军心而没有处分任何一方，允许猪苗代盛国继续保持领地。如此一来，猪苗代盛国就在不经意间成为伊达政宗的带路人。

天正十七年（1589）四月底，伊达政宗在二本松城聚集军队两万，五月五日，伊达军先锋距离猪苗代城只有不到五公里距离，扫荡多座小型城寨。同一时期，得知消息的芦名家盟友佐竹家聚集两万军队抵挡，反对伊达家的诸多南陆奥国人也从四面八方围堵伊达军。于是伊达政宗为了扫除抵抗而一直战斗到五月下旬，直到六月一日，伊达军才完全扫除后顾之忧，来到猪苗代城附近，并获得猪苗代盛国送来的人质；六月四日，伊达军强行进驻猪苗代城，由于事先策反之事并不为人所知，芦名军得知消息后士气大跌。

六月五日，芦名军不到两万人军队在猪苗代城西侧八公里展开阵列，而伊达军则迅速出城迎战，双方在两地中间的折上原交战，芦名军溃败。再到六月十日，从佐竹家过继的芦名家家督逃出黑川城，伊达政宗凭借着自己人生中的首场胜利，终于消灭伊达家数百年的敌手芦名家，并把领地扩展到黑川城。随后，伊达政宗把主城迁至黑川城，想在这里放开手脚大干一番。

然而随着第二年（1590）三月丰臣秀吉发起小田原之战，伊达政宗也遇到人生中的重大政治转折点。到底是归附于丰臣秀吉更好，还是继续与北条家交好、抵抗丰臣秀吉更好？针对这个问题，伊达政宗犹豫两个月以后，才在五月中旬缓慢出发，其间又在丰臣秀吉家臣上杉景胜的领地中转悠一个月。

我们现在已经很难了解伊达政宗当时的心态，但结合伊达政宗人生晚年曾在1613年派遣一支180人的使节团前往罗马教廷参拜，还把使节团带回来的珍品予以收藏，起码可以知道伊达政宗本人对西方世界已经有着相当清楚的认知，那么他也自然会思考在西方世界已经逐步强大的情况下，日本未来应该形成一个什么样的体系。就算他不去思考，他起码也会想，自己前半生反反复复受到四邻的觊觎与攻击，日本经历上百年的战国时代而未停歇，到底能不能结束、什么时候才能结束呢？

经历一个月的思想斗争，伊达政宗最终在六月五日抵达小田原前线，虽然这个时候距离小田原城破已经只剩不到一个月，伊达政宗这个时候才来实在是晚了许多。但毕竟还是来了，于是拖了四天以后，丰臣秀吉还是决定在六月九日接见伊达政宗，双方最终和解并结成主从关系。

（10）中陆奥1591："奥州仕置"与伊达政宗的政治危机

虽然来是来了，但毕竟来得晚，而且伊达家实力又是南陆奥国人中最强的，又刚刚挟攻克黑川城之余威，丰臣秀吉对他自然要有防范。于是在所有小田原战役时期归降丰臣秀吉的东北大名里，伊达政宗成为唯一一个遭到"减封"处罚的大名，即没收包括黑川城在内的三郡领地，领地规模也从115万石减少到72万石；至于没收走的会津黑川城直接赏赐给丰臣家武将蒲生氏乡，而蒲生氏乡用自己幼名"鹤千代"的"鹤"字为重建后的新城池命名，又用自己最早领地附近"若松"森林为此地改名为"若松"，这也成为如今"会津若松市"与"鹤城"的来历。

黑川城后来原址重修，成为如今的会津城

只不过，削减封地还不完全是伊达政宗在丰臣政权下的终局，接下来的中陆奥暴动更是让伊达政宗险些断送政治前途。

天正十八年（1590）十月，原葛西、大崎两家的领地内部爆发国人暴动，各路城池的原城主纷纷回归，率领家臣与领民占据城池，驱逐丰臣秀吉派遣而来的官僚，而受命领有这一地区的丰臣家家臣木村吉清只得困守主城不出，甚至连使者都没能来得及派遣。恰好这一时期在丰臣家手下担任检地工作的浅野长政路过附近，听说消息后迅速从中陆奥回到南陆奥，找到蒲生氏乡与伊达政宗，请求他们出兵北上镇压暴动。

十月底，这两位位于南陆奥的丰臣家大名经过短暂商议后决定北上，两人约定回到领地聚集兵力后，于十一月十六日共同出兵。不过就在约定出兵日的前一天，突然有数名伊达政宗的家臣携带伊达政宗亲手书写给暴动人士的密信来到蒲生氏乡宅邸，告发自己主君才是暴动的始作俑者，还举报伊达军这一次携带的火绳枪全部都没有携带弹丸。一串告发下，蒲生氏乡决定不与伊达军合流，而是单独出兵，并将问题通过快马上报给丰臣秀吉。另外，伊达政宗确实按照约定迅速出兵，并且在十一月二十四日就把受困于中陆奥的木村吉清援救出来。不过这番功劳还是没能打消丰臣秀吉的疑虑，他要求伊达政宗迅速进京说明情况。

虽然国人暴动仍然没有平定，但天正十九年（1591）一月，受到怀疑的伊达政宗不得不给蒲生氏乡送去人质，表明对于丰臣家的忠心；随后整个东北地区的平乱活动暂时停止，二月二十四日伊达政宗与监督自己的蒲生氏乡、自己营救的木村吉清两人一同抵达京都，接受丰臣家质询。丰臣家从暴动军收缴许多伊达家旗帜，又从告密者获得具有伊达政宗本人签名的煽动造反书信，面对这些指控，伊达政宗提出这些均为仿品，虽然签名笔迹伪造真切，但自己常用的花押亦即"鹡鸰"图案却明显是伪造，因为自己在绘制花押后，都会特地用针在"鹡鸰"图案的"眼睛"位置扎开一个小洞。丰臣秀吉接纳这番辩解，谅解伊达政宗，让他继续回到领地平定暴乱。

那到底伊达政宗有没有鼓动旧日国人作乱呢？虽然丰臣秀吉接纳伊达政宗的辩解，但这更像是出于政治考虑而非追究事实真相后的决断。事实上从动机来看，伊达政宗或许没有反心，但丧失会津黑川城40万石领地还是有些不爽，如若能煽动暴乱再反过来平定暴乱，那么或许就能靠着这份功劳重获领地。在受到丰臣秀吉质询后，伊达政宗似乎是担心事情败露，在日后征战中对暴乱国人非常狠毒，甚至将沿途逮捕的国人在当年八月集中一起斩杀，看起来也确实像是在隐瞒真相。

丰臣秀吉似乎也是看明白这一点。既然伊达政宗是追求在丰臣家手下立下"功绩"，那么虽然有私心，却也没有必要赶尽杀绝。于是这起暴乱后，丰臣秀吉仿效德川家康例子，把中陆奥叛乱领地，即岩出山城58万石全部交给伊达政宗，却将伊达政宗原本的米泽城72万石领地全部剥夺，这不仅是又一次变相减少封地，更是把富庶的南陆奥交给自己人，而历经战乱的中陆奥却交予伊达政宗。

在这片土地上，伊达政宗休养生息，放弃位于丘陵的岩出山城，而开始在海滨建设青叶城。进入江户时代，伊达政宗的领地未有变动，而这片土地也成为后来的仙台藩亦即鲁迅先生曾经求学的仙台市所在地。

尾声：丰臣秀吉与日本战国为后世留下了什么？

广义而言，日本战国时代到丰臣秀吉统一全国为止并不能算结束，但从叙事结构而言，如果涉及太多丰臣秀吉去世以后的内容，便又与下一册关于江户幕府开启的著作重复过多。毕竟庆长五年（1600）爆发的关原之战的本质是丰臣政权内部动乱，而德川家康虽然最终登上幕府将军位置、统领天下，但他的江户幕府某种程度上依然是对丰臣政权的重构。

比如江户幕府在建构之后，其物流体系仍然沿用以大坂为中心的米粮体系，除去关东八国之外，幕府在全国征收的所有米粮都会通过海运抵达大坂城下，然后通过大坂再转运至全国。所以有趣的现象就是，即便是距离江户城并不算很远的陆奥国东部，其收上的米粮也都没办法直接送抵江户城，而是要顺着海岸线北上，穿过津轻海峡，绕过整个日本海的海岸线，再从关门海峡进入濑户内海，最终抵达大坂城。这种"重航线、轻距离"的物流组织模式已经与近现代物流有着非常相似的状态。甚至可以说，日后明治维新时期的日本能够在第一时间接受西方产业模式，也与这套体系有着密不可分的关系。

正因为大坂城长期是全国米粮集散地，所以这里的米粮商人经常会面临着物资供应波动导致米价波动。为了尽可能减少未来投资造成的损失，到18世纪末期，大坂建立所谓"堂岛米市"，但这个米市并没有任何一粒实物大米，大家都是在以某一个既定价格买卖尚未到来的大米，用日语说法就是卖"空米"（非实物米），亦即日本历史乃至世界历史上第一个成熟的期货市场，如今股市中通行的"K线图"，也是近代美国人根据日本商人记录米价的方法改造而成。任何人都可以拿钱进门买卖"空米"，而如果不需要实物米，也完全可以在到期日将"空米"售卖出去，许多大坂人开始专精于期货交易，这也形成大坂人注重银钱的城市性格，大阪市至今都广泛存在大量"暗金"（亦即地下贷款企业，一般为高利贷）行业也来源于此。

又比如江户幕府广泛实行"参勤交代"制度，亦即让所有大名每一年（关八州为半）来到江户城，居住满一年（关八州为半）以后再回到领国。目前历史书中，都会把"参勤交代"解释为"幕府试图削弱大名势力"的举动，但从实际情况看，这本质上也是对丰臣政权无休止动员属下大名的一种延续，只不过丰臣政权没有掌握好其中分寸，最终把战火燃烧到海外、引发丰臣政权土崩瓦解；而江户幕府则找到一个相对和平的方式，让大名的军事动员最终成为一种国家仪仗，同时随时保留着对于紧急状态的动员能力。事实上一直到江户幕府末年，这种动员能力都依旧留存，到元治元年（1864）江户幕府征讨长州藩时还能动辄调动上百个藩的军队，这都说明大名依仗本质上也是无休止动员的一个侧面。

这种无休止动员造成了一个延续至今的副产品，那就是全国政治负责人的中央化。由于江户幕府要求藩主必须要把继承人放在江户城抚养，所以数代之后，几乎全国的藩主都是江户成长起来的孩子，那么他们无论是从方言口音到生活习惯乃至政治观点，都会与身处本土的家臣团乃至于同族观念不同，这就让藩主与藩政之间的疏离感越来越强，导致藩主最终成为一个荣誉性职位，唯一的用处就在向江户城为本藩争取更好的政策。这种现象与如今日本政治家非常相似，由于战后日本重新进入一种超稳定结构，日本各地逐渐形成政治门阀，三代、四代议员比比皆是，这些人虽然选举区都在父亲或祖父的老家，但他们本身是出生在东京的名门之后，很多人甚至从未回到过选区，于是国家选举本质上成为一台汇集众生的个人秀，而地方政治只能由地方政府乃至更基层的自治团体管辖，这一点让现代日本的国家治理模式与战国时代甚至都有着一定程度的类似。

  其实每逢提到日本战国时代，很多人都会问：了解一个数百年的日本对现在到底有什么借鉴意义？的确，相比于明治维新与近代风云，日本战国时代除去为游戏、大河剧粉丝增添一些必要的基础知识以外，似乎并不存在太多其他意义，但需要了解的是，任何一个国家与文明发展至今，之所以会存在一些形形色色的制度与现象，其源头都未必是一个特定的原因，更有可能是一种路径依赖。那么这种路径依赖究竟从何而来，如何延续，又是如何变化，这才是历史的有趣之事。

大事年表

公历纪年	日本纪年	主要事件
1441	嘉吉 1	六代将军足利义教遇刺身亡，混乱时代开启。细川、山名两家为对抗畠山家而结为同盟。
1455	享德 4	五代镰仓公方足利成氏发动享德之乱，关东陷入内战。
1459	长禄 3	足利义政命令斯波家作为先锋平定享德之乱，但斯波家与位于越前国的家臣甲斐家开战。斯波家战败，家督斯波义敏被剥夺职位。
1462	宽正 2	斯波家家督改授予九州涩川家出身的斯波义廉，是为斯波家内乱的始源。
1464	宽正 4	八代将军足利义政邀请弟弟足利义视还俗。但第二年足利义政的儿子就出生，是为足利将军家内乱的始源。
1466	文正 1	文正政变爆发，幕府官员伊势贞亲失势逃出京都，细川家与山名家走向分裂。
1467	应仁 1	五月底，细川家与山名家各自成立东西两军，焚烧京都大小建筑，应仁之乱爆发；七月，周防守护大内政弘率军进入近畿。
1468	应仁 2	足利义视逃出京都投奔西军，成为"西幕府将军"。
1471	文明 3	西军朝仓孝景投奔东军，攻击主君斯波家的越前国，是战国时代第一起"下克上"事件。朝仓孝景反叛主君后，又用了近十年时间平定越前国的反对势力。

续表

公历纪年	日本纪年	主要事件
1474	文明6	细川、山名两家达成和议，但东西两军仍然对峙。
1477	文明9	足利义政、足利义视兄弟和解。西军主将之一的大内政弘献上钱粮，向足利义政申请议和。十二月，大内政弘烧毁西军大本营返回领地，应仁之乱结束。
1482	文明14	关东的古河公方足利成氏与反抗者和解，享德之乱结束。
1484	文明16	除夕夜，尼子经久施计夺回原主城月山富田城；关东管领上杉家出现内乱征兆，扇谷上杉家名将太田道灌遭到主君猜忌而死。
1488	长享2	关东长享之乱爆发。本愿寺八代宗主莲如发兵介入加贺国内乱，本愿寺势力逐渐拥有世俗化大名的势力。
1489	长享3	三月，九代将军足利义尚去世，由足利义视之子足利义稙就任将军。但足利义稙骄横的作风引起周围人的不满。
1493	明应2	二月，足利义稙参与仍然在持续中的畠山家内乱，出征河内国；四月，身处京都的管领细川政元宣布废黜将军足利义稙。伊势盛时（北条早云）借机从骏河国发兵夺取伊豆国。
1496	明应5	伊势盛时夺取小田原城。
1507	永正4	近畿，管领细川政元遭到长子细川澄之家臣刺杀身亡，次子细川澄元与三子细川高国合力攻灭细川澄之。越后国守护代长尾为景发动"下克上"，杀死越后守护上杉房能。

续表

公历纪年	日本纪年	主要事件
1508	永正 5	细川高国与细川澄元发生矛盾，联合周防守护大内义兴进入京都驱逐细川澄元，细川家内乱正式爆发。七月，细川澄元军队惨败于京都船冈山。细川澄元辗转多地后前往四国岛避难。十代将军足利义稙回归京都执政。
1518	永正 15	出云尼子家有意南进，联合安艺国大名武田元繁攻击安艺毛利家，被毛利元就初战击杀。
1519	永正 16	大内义兴离开京都归国。
1521	大永 1	十代将军足利义稙与细川高国反目，逃离京都。
1527	大永 7	三好元长（细川晴元家臣）、细川高国的军队交战于京都西部的桂川原，并拥立堺公方，与京都将军政权相对抗。
1531	享禄 4	三好元长在摄津国逼死细川高国，细川家内乱结束。
1532	天文 1	细川晴元借助本愿寺僧兵攻灭家臣三好元长，随后又借助佛教日莲宗僧兵攻击本愿寺，京都山科本愿寺焚毁。
1538	天文 7	第一次国府台之战，北条氏纲获胜
1541	天文 10	武田信贤流放父亲武田信虎掌握权力，美浓国守护代斋藤道三掌握大权。出云大名尼子晴久围攻毛利元就遭到击退。
1542	天文 11	周防大名大内义隆率军进攻尼子晴久，无功而返。今川义元与织田信秀进行第一次小豆坂之战。
1546	天文 15	河越夜袭战，北条氏康大败上杉家联军。

续表

公历纪年	日本纪年	主要事件
1548	天文17	越后守护代职位交给长尾景虎（上杉谦信）担任。今川义元与织田信秀进行第二次小豆坂之战，松平竹千代（德川家康）正式作为人质前往今川家。
1549	天文18	三好长庆公开反叛主君细川晴元，并杀死支持主君的叔父三好政长。
1550	天文19	毛利元就击杀家臣井上家30多人，确立自身统治地位；
1551	天文20	周防大内家内部动乱，家臣陶隆房（陶晴贤）杀死主君大内义隆
1553	天文22	武田信玄击败北信浓国人村上义清，并与前来援助的长尾景虎展开第一次川中岛之战。
1554	天文23	武田、北条、今川三家的甲骏相三国同盟成立。
1555	弘治1	武田、长尾（上杉）的第二次川中岛之战；毛利元就在严岛大败前来进攻的陶隆房（陶晴贤）。
1557	弘治3	武田、长尾两家爆发第三次川中岛之战；织田信长杀死两次反叛自己的弟弟织田信行；毛利元就基本平定周防、长门等大内家领地。
1560	永禄3	今川义元进攻织田信长，死于桶狭间之战；长尾景虎率军翻越三国岭，将北条家围困在小田原城。
1561	永禄4	长尾景虎（上杉谦信）在镰仓鹤冈八幡宫接受关东管领职位与上杉苗字，撤除对小田原城的包围；武田、上杉展开第四次川中岛之战，战况惨烈。

续表

公历纪年	日本纪年	主要事件
1562	永禄 5	毛利元就夺取石见银山附近的山吹城，垄断白银产出。
1564	永禄 7	武田、上杉第五次川中岛之战；北条氏康在第二次国府台之战中击败里见军。
1565	永禄 8	三好长庆去世，松永久秀刺杀十三代将军足利义辉；羽柴秀吉在斋藤家领地的墨俣川建筑"一夜城"
1566	永禄 9	毛利元就攻克月山富田城，尼子家灭亡。
1568	永禄 11	织田信长发动进京之战，并拥立足利义昭为十五代将军；毛利元就介入伊予守护河野家的继承人问题；上杉谦信平定本庄繁长之乱；武田家撕毁盟约进攻今川家。
1569	永禄 12	上杉、北条和解，上杉谦信迎来北条氏康七子为养子，武田、北条打响三增岭之战。
1570	元龟 1	足利义昭不满织田信长，组织朝仓、浅井、松永等势力结成"信长包围网"。六月，织田、德川联军与浅井、朝仓联军打响姊川之战；九月，浅井军越过琵琶湖进取京都；十二月，天皇下诏命令双方和解。
1571	元龟 2	织田信长火烧比叡山延历寺。
1572	元龟 3	武田信玄发动"西上作战"，在三方原之战中大败德川家康。
1573	天正 1	武田信玄去世，织田信长驱逐十五代将军足利义昭。
1574	天正 2	织田信长屠杀长岛愿证寺僧众。
1575	天正 3	织田、德川联军与武田军爆发长筱之战，大获全胜。

续表

公历纪年	日本纪年	主要事件
1576	天正 4	织田家开始建设安土城；织田水军围困石山本愿寺，但在第一次木津川口海战中败于毛利水军；
1577	天正 5	上杉谦信攻克七尾城，并南下在手取川之战中击败织田军。
1578	天正 6	上杉谦信去世，死后两位养子展开"御馆之乱"，最终上杉景胜继任，但上杉家实力大减；织田水军在第二次木津川口海战中击败毛利水军；岛津家在耳川之战中击败大友家。
1580	天正 8	本愿寺十一代宗主显如退出石山本愿寺，反叛织田家的三木城开城投降。
1582	天正 10	三月，织田家攻灭武田家；六月，织田信长遭到家臣明智光秀反叛而身亡于京都本能寺，长子织田信忠一并去世；随后羽柴秀吉率领西国前线军队回转，数日内返回近畿并击败明智光秀；八月，德川家与北条家围绕原武田领问题大打出手，北信浓国人真田家在中间摇摆。年底，羽柴秀吉与柴田胜家的矛盾升级。
1583	天正 11	羽柴秀吉击败柴田胜家等人，继承织田家势力范围，在原石山本愿寺的基础上修筑大坂城。
1584	天正 12	羽柴秀吉在小牧长久手之战中败于德川家康。
1585	天正 13	德川家康在上田之战中败于真田家；羽柴秀吉击败根来杂贺众，平定四国岛，并在七月就任关白。
1586	天正 14	羽柴秀吉正式获得"丰臣"姓氏与太政大臣官位，德川家康宣布归降。
1587	天正 15	丰臣秀吉巡视毛利家领地，后平定九州。

续表

公历纪年	日本纪年	主要事件
1589	天正 17	德川、真田两家和解，真田信幸作为人质来到德川家；真田、北条两家达成沼田领分割合意，但北条家很快打破协议占领属于真田家的领土，引发丰臣秀吉的怒火；伊达政宗攻克陆奥黑川城。
1590	天正 18	小田原征伐，北条家灭亡；伊达政宗归降丰臣秀吉；丰臣秀吉开始对关东、东北各大名进行分封与惩罚，德川家转封至关东。
1591	天正 19	伊达政宗涉嫌鼓动中陆奥国人反叛，封地被转移到仙台。

后记

记得2016年10月前往上杉谦信原主城春日山城巡礼时，曾有一幕很是有趣的图景。沿着春日山城大手道（正门通道）向上爬，到一个缓坡之后眺望附近的上越市景色，正在这时，突然身后传来马达声，回首一看，原来是一位中年农妇开着小型农用车载着大包大包的化肥爬坡。当时有一种错愕感，我们战国迷一直热爱的城郭，或许对当地人而言却是再熟悉不过的农田。但就是这片普通到不能再普通的农田里，却深深种植着一代又一代人的回忆，能将其挖掘出来并陈列在学术研究中，是历史学家的工作；而把这些研究成果告知众人，则是历史作家的工作，希望以后能继续在这条路上更久远地走下去。

感谢谢妮姗女士帮助整理材料与搜寻图片，希望以后能够继续合作。